Henri VAGNON

W0301295

GUIDE VAGNON LACS et PLANS D'EAU

Les Éditions du Plaisancier
Porte du Grand Lyon - NEYRON
01707 MIRIBEL CEDEX
Tél. 04 72 01 58 68 - Fax 04 72 01 58 69
3615 VAGNON

SOMMAIRE

Présentation

Qui n'a pas rêvé de goûter le silence et la sérénité d'un lac enchâssé dans un écrin de collines ou de montagnes ? De tirer des bords sur le calme plan d'eau avec le seul accompagnement de la brise et du sillage ? Ou, au contraire, de se défouler à toute vitesse au large, avec la pleine puissance de son moteur ? Ou encore de franchir les vagues en amateur de ski nautique ou de jet-ski®, sans parler de la promenade en bateau à passagers, de la plongée lacustre, de la baignade et de la pêche... Les lacs de France, et spécialement ceux du Sud-Est, vous attendent pour combler ces désirs et ces pulsions. Et ce guide a été écrit dans cette intention pour vous fournir, en ce qui les concerne, les informations qui vous seront nécessaires.

Il traite aussi bien des lacs naturels comme le Bourget que des retenues de montagne comme Serre-Ponçon que des retenues sur un grand fleuve comme le Rhône. Il en donne les caractéristiques, les activités autorisées ou interdites - ce qui est primordial -, la réglementation particulière du plan d'eau, qui peut varier de l'un à l'autre et les indications utiles à l'usager qui sera venu sur ses rives. Une cartographie claire précise en outre les moyens d'accès par la route.

Ce livre est le résultat d'une longue enquête menée au cours de l'année 1998 auprès de maires, de directions de l'Équipement et de Services de navigation, de syndicats gestionnaires de plans d'eau, de la C.N.R. et de l'E.D.F., d'offices de tourisme et de clubs nautiques.

Il s'agit avant tout d'une **sélection** de lacs et plans d'eau du Sud-Est. Et cela pour plusieurs raisons :

1 - Nous n'avons pas voulu prendre en compte les petits plans d'eau de moins de 30 hectares.
2 - Volontairement, nous n'avons pas retenu certains lacs dont les gestionnaires n'ont pas voulu répondre à notre enquête, montrant par là qu'ils se désintéressent de la promotion de leur plan d'eau.
3 - Enfin - et c'est bien normal - il y a la subjectivité de l'auteur, qui a tenu à privilégier ici et là ses coups de cœur et faire des choix.

Mais nous restons à la disposition des responsables de certains lacs peut-être oubliés. Qu'ils prennent contact, arguments à l'appui, en vue des éditions ultérieures du guide.

Cette enquête a aussi permis de mesurer le chemin à parcourir dans les mentalités si l'on veut œuvrer pour la promotion des sites de notre pays (dont les lacs sont un élément essentiel). Si tous les clubs nautiques (sauf quatre) ont répondu et parlé avec enthousiasme de leur plan d'eau, si beaucoup de services de l'Équipement et la C.N.R. ont joué le jeu, on ne peut pas en dire autant de certains maires, de certains syndicats d'aménagement de lacs, d'organismes publics ou d'administrations dont le souci de la communication ne semble pas être la vertu première.

Heureusement, nous avons pu, pour l'essentiel, pallier ces carences. Le plus important, c'est de permettre à chacun de découvrir et de profiter de la richesse incomparable de nos lacs et plans d'eau du Sud-Est. Ce guide a été élaboré uniquement dans ce but.

L'auteur,
Henri VAGNON

Introduction

Who has never dreamed of savouring the silence and the serenity of a lake, set like a glittering jewel, amongst surrounding hills or mountains? Or of tacking across the calm expanse of water, with only the accompanying noise of the breeze and the wake? Or, on the contrary, experiencing the thrill of skimming at high speed across the open water, propelled by a powerful motor at full throttle? Or else of bucking over the waves as a water-skier or jet-ski rider, or yet again taking a trip on an excursion boat, lake diving, swimming or fishing? The lakes of France, and most especially those of the south-east, await you to gratify these desires and impulses. And this guide has been written to provide you with the information that will enable you to make the most of these resources.

It covers natural lakes, such as that of Le Bourget, as well as those created by mountain dams, like the Serre-Ponçon one, and those upstream of barrages on a great river such as the Rhône. It gives their characteristics, the activities that are permitted or prohibited (of prime importance, this) the specific regulations in force for each stretch of water, as these vary from one place to another, and all useful information for those visiting their shores to practise leisure activities. Clear maps also show access routes by road.

This book is the result of a long survey carried out throughout 1998, obtaining information from mayors, services responsible for local infra-structures, navigation authorities, lake management bodies, the Compagnie Nationale du Rhône (C.N.R.), the electricity board, tourist offices and sailing and water sports clubs.

We have made a selection of the lakes and expanses of water to be included, for several reasons :

1.- We have chosen to exclude small stretches of water with an area less than 74 acres.
2.- We have deliberately left out certain lakes whose management bodies have not seen fit to reply to our enquiries, thus showing that they were not interested in promoting the use of their stretch of water.
3.- Lastly, there is the influence of the natural and inevitable subjectivity of the author, who has now and again wanted to give pride of place to localities that have charmed him and has reserved the right to make personal choices.

But we remain at the disposal of those responsible for certain lakes that may have been overlooked. We ask them to contact us and to present their arguments with a view to inclusion in future editions of this guide.

This survey has also made evident the extent of the progress that still needs to be made if one wishes to see the proper promotion of the sites of natural interest in France (and lakes are an essential part of these). While all the water sports clubs (except for four) have replied and spoken with enthusiasm about their piece of water and many of the services responsible for local infra-structures and the C.N.R. have shown a willingness to co-operate, the same cannot be said about a number of mayors, bodies for the improvement of lake amenities, local public authorities and government organs, for whom communication does not appear to be a primary concern.

Fortunately, we have been able in large measure to compensate for these shortcomings. The important thing is to enable everyone to discover and enjoy the incomparable riches of the lakes and expanses of water of south-east France. This guide has been produced with this sole aim.

The author
Henri VAGNON

Einführung

Wer träumt nicht von der Stille und Reinheit eines Sees, umgeben von Bergen oder Hügeln, von einer ruhigen Fahrt den Ufern entlang, nur vom Wind und dem Kielwasser begleitet? Oder aber – im Gegensatz dazu – von einer Fahrt mit voller Motorenkraft über eine glitzernde Wasserfläche, dem weiten Horizont entgegen? Als Wasser- oder Jet-Skifahrer über die Wellen zu gleiten, eine Fahrt mit dem Ausflugsschiff zu genießen, auf den Seegrund zu tauchen, im kühlen Nass zu schwimmen, zu fischen... ? Die Seen Frankreichs, besonders die im Südosten, erfüllen die vielfältigsten Erwartungen und Wünsche. Der vorliegende Führer soll die notwendigen Informationen und Hinweise dazu liefern.

Das Buch beschreibt natürliche Seen wie den Lac du Bourget, aber auch Stauseen wie den Lac de Serre-Ponçon oder gestaute Flussstrecken, wie man sie an der Rhone findet. Er zeigt die landschaftlichen Besonderheiten, gibt Hinweise auf erlaubte und verbotene Aktivitäten und – was von größter Wichtigkeit ist – auf spezielle Verordnungen, die von einem Gewässer zum andern verschieden sein können. Darüber hinaus findet man alle weiteren Angaben, die für den Wassertourismus von Bedeutung sind. Die klare, präzise Kartendarstellung gibt Aufschluss über die Lage des Gewässers und mögliche Zufahrten.

Dieser Führer ist das Resultat gründlicher Nachforschungen im Laufe des Jahres 1998 bei Gemeinden, Wasser- und Schifffahrtsbehörden, bei der C.N.R. und der E.D.F. sowie bei Fremdenverkehrsämtern und Wassersportklubs. Er enthält jedoch nur eine **Auswahl** der Seen und Wasserflächen des Südostens, und zwar aus folgenden Gründen:

1. Seen mit einer Wasserfläche unter 30 Hektaren wurden nicht berücksichtigt.
2. Seen, für die die zuständigen Instanzen nicht bereit waren Auskünfte zu liefern, wurden nicht mit einbezogen, da dort offensichtlich kein Interesse am Wassertourismus besteht.
3. Zu guter Letzt spielt natürlich auch die Subjektivität des Autors eine Rolle, der da und dort seine Vorlieben hat und eine bestimmte Auswahl treffen musste.

Damit der Führer aktuell bleibt, bitten wir Sie, Kontakt mit uns aufzunehmen, wenn Sie Ergänzungen, Änderungen oder Präzisierungen vorschlagen möchten. Wir werden Ihre Hinweise in einer nächsten Ausgabe gerne berücksichtigen.

Unsere Nachforschungen haben gezeigt, dass viele Städte, Ortschaften und Regionen ein Interesse haben, etwas zu tun für den Fremdenverkehr und auf ihre Vorzüge – zu denen die Seen unbestritten gehören – gebührend hinweisen möchten. Die meisten Wassersportklubs haben unsere Anfragen beantwortet und mit Begeisterung ihr Revier beschrieben, viele Behörden und Amtsstellen haben uns mit allen zur Verfügung stehenden Informationen versorgt.

Glücklicherweise waren wir in der Lage, fehlende Angaben zum großen Teil selbst zu ergänzen. Wichtig ist, dass allen die Möglichkeit offen steht, den unvergleichlichen Reichtum unserer Seen und Wasserflächen zu entdecken und daran teilzuhaben. Das ist das einzige und alleinige Ziel dieses Führers.

Der Autor,
Henri VAGNON

Les lacs de barrages hydroélectriques :

"une richesse *partagée*"

Plusieurs lacs que vous découvrez dans ce guide ont été créés par l'aménagement de barrages hydroélectriques d'Electricité de France. Grâce à l'hydroélectricité, Electricité de France est le premier producteur d'énergie renouvelable d'Europe. L'hydraulique présente plusieurs qualités : c'est une énergie propre, renouvelable, souple et compétitive. Mais, les retenues des barrages offrent aujourd'hui bien d'autres ressources à la collectivité.

Grâce aux réserves d'eau ainsi constituées, de nombreux usages, outre la production d'électricité, se sont développés. Ils représentent pour le Sud-Est de la France une richesse partagée, utile à l'agriculture, au tourisme, aux loisirs et au développement de l'économie locale.

Lakes formed by hydropower dams : "a shared asset"

Several of the lakes to be found in this guide were created by the construction of hydropower dams by Electricité de France. Through hydropower, Electricité de France is Europe's foremost producer of renewable energy. Hydroelectricity has several advantages : it is a clean, renewable, flexible and competitive form of energy. Today, however, the reservoirs offer many other resources to the community. Thanks to the reserves of water constituted in this way, a number of uses have been developed, other than the generation of electricity. In the south-east of France, they represent a shared asset, useful for agriculture, tourism, leisure activities and for the development of the local economy.

Stauseen und Wasserkraftwerke : "eine Bereicherung für alle"

Mehrere Seen, die in diesem Führer erwähnt werden, sind durch hydroelektrische Staudämme entstanden, die von der Electricité de France errichtet wurden. Dank der Wasserkraftwerke ist die Electricité de France der führende Erzeuger erneuerbarer Energie in Europa. Wasserkraft bietet folgende Vorteile : saubere, erneuerbare, flexible und wettbewerbsfähige Energie. Aber die Staudämme bieten heutzutage auch andere Vorteile für die Öffentlichkeit. Außer zur Stromerzeugung kann man die so gebildeten Wasserreserven auch zu anderen Zwecken nutzen. Für den Südwesten Frankreichs bedeuten sie eine Bereicherung für alle und werden für die Landwirtschaft, den Fremdenverkehr, die Freizeitgestaltung und zur Entwicklung der lokalen Wirtschaft genutzt.

Le lac de Serre-Ponçon représente 40% du tourisme estival dans les Hautes-Alpes.

Irrigation *et eau potable*

- Les retenues des barrages permettent de répondre aux besoins en irrigation des agriculteurs et en eau potable des populations.
- Les barrages jouent un rôle actif dans la régulation des crues.
- Ils sont également utiles pour lutter contre la sécheresse.

Développement *économique et touristique*

Les retenues des barrages sont aussi de véritables pôles de développement économique. Beaucoup d'entre elles ont rendu possible l'essor des activités liées au tourisme et aux loisirs : pêche, sports d'eaux vives, navigation, baignade, et autres activités liées à l'eau.

Barrage de Grangent (Loire, Haute Loire) : réserve naturelle, site classé.

Irrigation and drinking water

- *The reservoirs serve to satisfy farmers' needs for irrigation and the population's requirement for drinking water.*
- *The dams play an active role in the control of floods.*
- *They are also useful in the fight against drought.*

Development of tourism and the economy

The reservoirs also constitute a real hub for economic development. Many of them have enabled activities associated with tourism and leisure to burgeon: fishing, white-water sports, navigation, bathing and other aquatic activities.

Bewässerung und Trinkwasser

- *Das Wasser der Stauseen dient zur Bewässerung der landwirtschaftlichen Kulturen und zur Trinkwasserversorgung der Bevölkerung.*
- *Die Stauseen haben eine aktive Rolle bei der Kontrolle von Hochwasser*
- *In trockenen Zeiten sind sie ebenfalls nützlich im Kampf die Trockenheit*

Wirtschaftliche und touristische Entwicklung

Die Stauseen sind wichtige Faktoren für die wirtschaftliche Entwicklung. Viele dieser Seen haben den Aufschwung im Fremdenverkehrs und Freizeitbereich erst möglich gemacht : Angeln, Wildwassersportarten, Segeln, Schwimmen und andere, wasserabhängige Freizeitaktivitäten.

Retenue du Verney (Isère).

EDF
Electricité de France

Nous vous devons plus que la lumière.

Sud Processing : 04 91 84 00 84

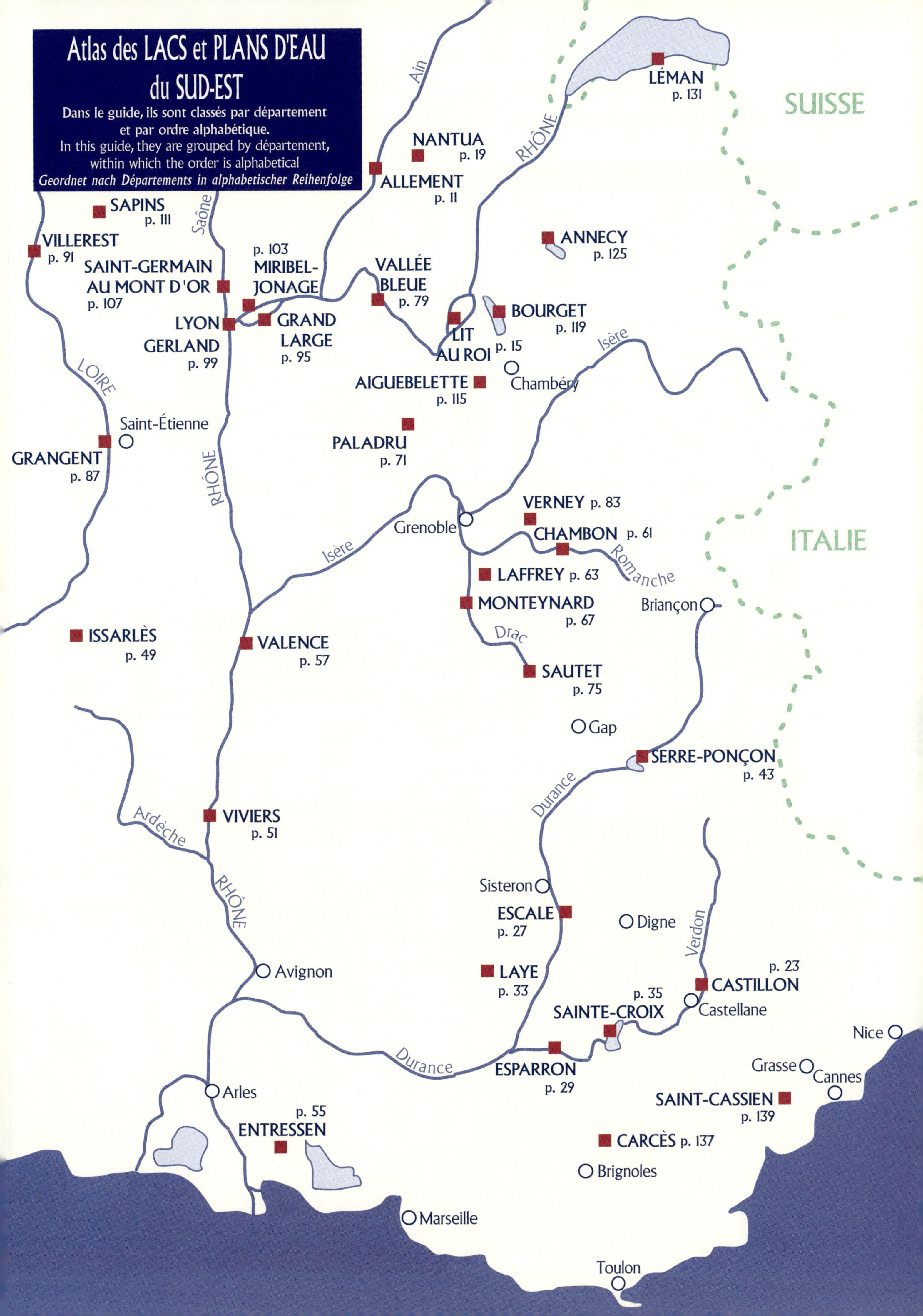
Atlas des LACS et PLANS D'EAU
du SUD-EST
Dans le guide, ils sont classés par département
et par ordre alphabétique.
In this guide, they are grouped by département,
within which the order is alphabetical
Geordnet nach Départements in alphabetischer Reihenfolge
LÉMAN p. 131
SUISSE
NANTUA p. 19
ALLEMENT p. 11
SAPINS p. 111
VILLEREST p. 91
ANNECY p. 125
SAINT-GERMAIN AU MONT D'OR p. 107
MIRIBEL-JONAGE p. 103
VALLÉE BLEUE p. 79
LYON GERLAND p. 99
GRAND LARGE p. 95
BOURGET p. 119
LIT AU ROI p. 15
Chambéry
AIGUEBELETTE p. 115
Saint-Étienne
PALADRU p. 71
GRANGENT p. 87
VERNEY p. 83
Grenoble
CHAMBON p. 61
ITALIE
LAFFREY p. 63
MONTEYNARD p. 67
Briançon
ISSARLÈS p. 49
VALENCE p. 57
SAUTET p. 75
Gap
SERRE-PONÇON p. 43
VIVIERS p. 51
Sisteron
ESCALE p. 27
Digne
Avignon
LAYE p. 33
CASTILLON p. 23
SAINTE-CROIX p. 35
Castellane
Nice
ESPARRON p. 29
Grasse
Cannes
Arles
SAINT-CASSIEN p. 139
ENTRESSEN p. 55
CARCÈS p. 137
Brignoles
Marseille
Toulon
Ain
RHÔNE
Saône
LOIRE
Isère
Romanche
Drac
Ardèche
Durance
Verdon

LE MOTEUR : EST-IL AUTORISÉ ?
ARE MOTORS ALLOWED ?
SIND MOTORFAHRZEUGE ZUGELASSEN?

Plan d'eau - Stretch of water - Gewässer	Moteur - Motor-boats - Motorboote	Ski nautique Water skiing - Wasserski	Jet-ski® - Jet-ski® - Jet-ski®
AIGUEBELETTE	NON (1)	NON	NON
ALLEMENT	OUI	OUI	NON
ANNECY	OUI	OUI	NON
BOURGET	OUI	OUI	NON
CARCÈS	NON	NON	NON
CASTILLON	OUI	OUI	NON
CHAMBON	NON	NON	NON
ENTRESSEN	NON	NON	NON
ESPARRON	NON (1)	NON	NON
GRAND LARGE	NON	NON	NON
GRANGENT	OUI	OUI	NON
ISSARLÈS	NON	NON	NON
LAFFREY	NON	NON	NON
LÉMAN	OUI	OUI	NON
LIT AU ROI	OUI (2)	NON	NON
LYON	OUI	OUI	OUI
MIRIBEL-JONAGE	NON	NON	NON
MONTEYNARD	OUI	OUI	OUI (2)
NANTUA	OUI	OUI	OUI (2)
PALADRU	OUI (2)	OUI (2)	NON
SAINT-CASSIEN	NON	NON	NON
SAINT-GERMAIN-AU-MONT-D'OR	OUI	OUI	OUI (3)
SAINTE-CROIX	NON (1)	NON	NON
SAPINS	NON	NON	NON
SAUTET	OUI	OUI	OUI (3)
SERRE-PONÇON	OUI	OUI	OUI
VALENCE	OUI	OUI	OUI (3)
VALLÉE BLEUE	OUI	OUI	OUI
VERNEY	NON	NON	NON
VILLEREST	OUI	NON	NON
VIVIERS	OUI	OUI	OUI (3)

(1) Sauf moteurs électriques
Except electric motors
Elektromotoren zugelassen

(2) Fortement réglementé. Se reporter au chapitre du plan d'eau
Strictly controlled. Refer to the chapter on this site
Erhebliche Einschränkungen, siehe betreffende Seiten in diesem Führer

(3) Peut être toléré dans les zones de motonautisme et de ski nautique, mais se renseigner sur place
May be permitted in the zones designated for motorized water sports and water skiing, but you should ask for information on the spot
Bedingt zugelassen in den dafür vorgesehenen Zonen und innerhalb der Wasseskistrecken. Auskünfte an Ort und Stelle einholen.

Légende de la cartographie
Key to the symbols on the maps - Kartenlegende

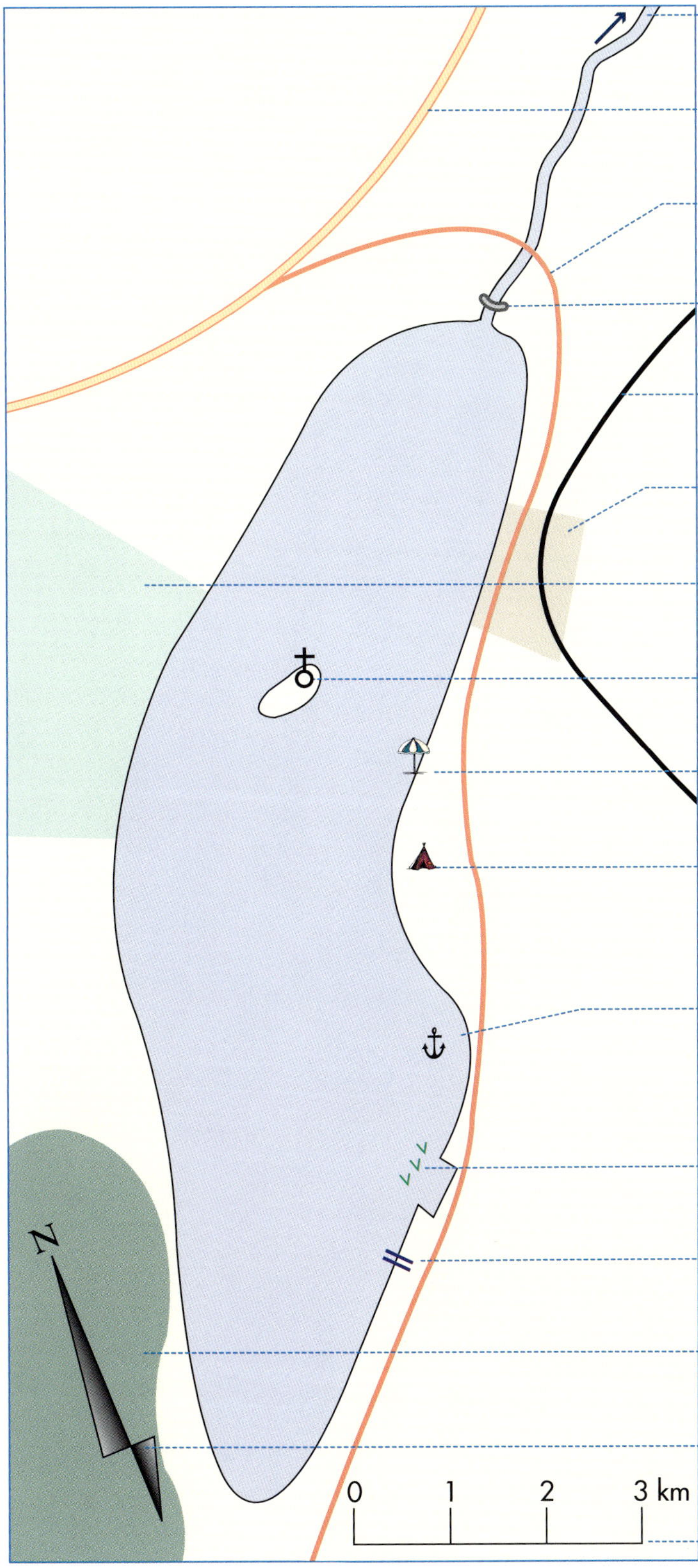

Rivière et sens du courant
River and direction of the current
Fluss und Strömungsrichtung

Autoroute
Motorway
Autobahn

Route
Road
Straße

Barrage
Dam
Stauwehr

Voie ferrée
Railway line
Eisenbahnlinie

Agglomération
Built up area
Agglomeration

Zone boisée
Wooded area
Wald

Ile et chapelle
Island and chapel
Insel und Kapelle

Plage
Beach
Badestrand

Camping
Camp-site
Campingplatz

Port de plaisance, base nautique, mouillage
Pleasure boat harbour nautical base, mooring
Sportboothafen, Anlegestelle, Klubstützpunkt, Ankerplatz

Roselières
Reed-beds
Schilfbestände

Rampe de mise à l'eau
Launching slipway
Sliprampe

Zone montagneuse
Mountainous area
Gebirgszone

Direction NORD
North
Nord

Échelle
Scale
Maßstab

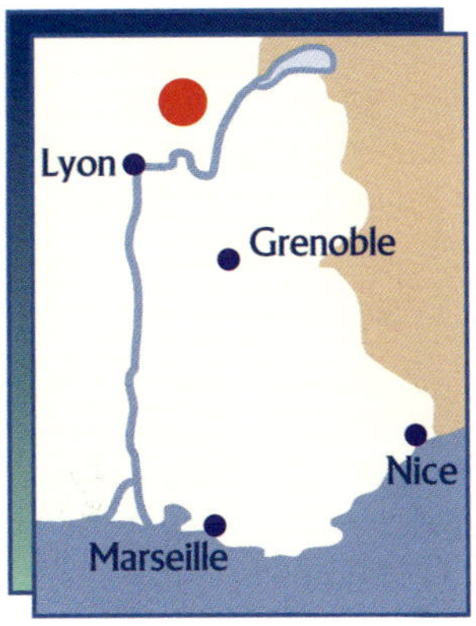

ALLEMENT (Retenue d')

AIN

Poncin 6 km - Lyon 63 km - Bourg-en-Bresse 20 km - Bourgoin-Jallieu 71 km
Mâcon 47 km - Chambéry 109 km

Altitude : 265 mètres environ - Altitude : 265 metres - Höhe über Meer: 265 Meter

Superficie : 225 ha - Surface area : 556 acres - Fläche: 225 Hektaren

A, B et C :
voir la rubrique "Réglementation"
Refer to the section "Regulations"
siehe Abschnitt "Verordnungen"

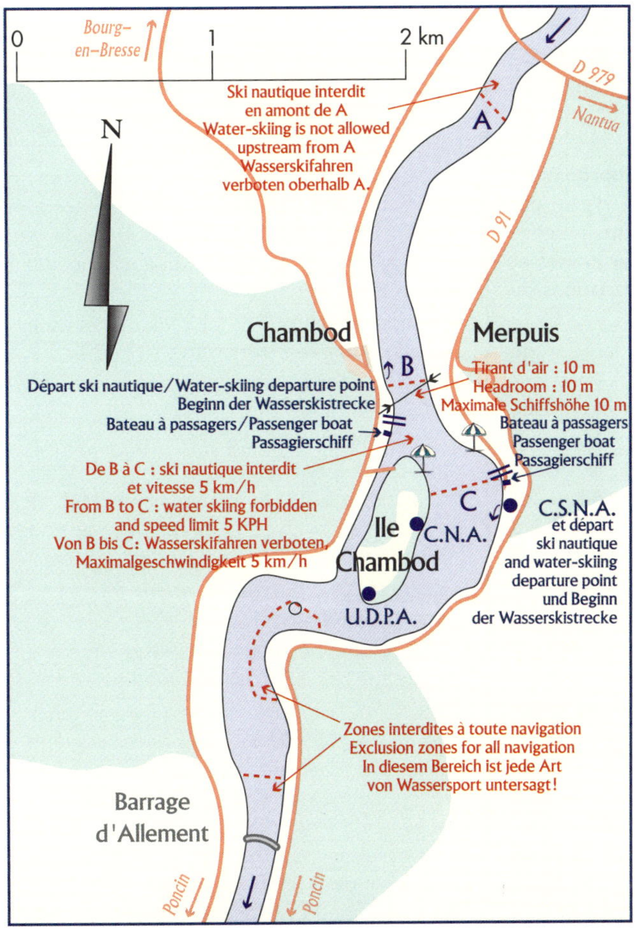

Des nombreux aménagements hydroélectriques qui jalonnent le cours de l'Ain, celui d'Allement est le plus à l'aval, à une soixantaine de kilomètres de Lyon seulement. La retenue sinue sur plusieurs kilomètres au pied de falaises calcaires, entre Revermont et Bugey, dans un décor magnifique. Elle permet la pratique de la voile mais aussi du motonautisme et du ski nautique. Le Syndicat qui s'occupe du site fait bien les choses pour promouvoir ce très beau plan d'eau offert à toutes les disciplines, jet-ski® excepté.

Of the numerous hydroelectric installations that punctuate the course of the Ain river, that of Allement is the furthest downstream and is only about sixty kilometres from Lyon. The reservoir snakes along over a length of several kilometres below chalk cliffs in a magnificent setting between Revermont and Bugey. Enthusiasts can use it for sailing and also for motor-boat activity and water skiing. The syndicate that manages the site makes every effort to promote this very beautiful stretch of water, which can be used for all types of activity, except for jet-ski® riding.

Zahlreiche Wasserkraftwerke kennzeichnen den Flusslauf des Ain. Das unterste ist Allement, 60 Kilometer von Lyon entfernt. Zwischen Revermont und dem Bugeymassiv zieht sich die gewundene Staustrecke über mehrere Kilometer den imposanten Kalksteinwänden entlang. Ein Revier für Segler, aber auch für Motorboot- und Wasserskifahrer. Die Gesellschaft, die die Kraftwerkanlagen unterhält, trägt viel zur Förderung des Wassersportes in diesem Gebiet bei.

ACTIVITÉS AUTORISÉES - Motonautisme - Ski nautique - Voile - Planche à voile - Aviron - Canoë-kayak - Plongée (réglementée. Voir rubrique "Réglementation") - Baignade - Pêche.

INTERDIT - Jet-ski® - Ski ascensionnel.

PRESTATIONS AUTOUR DU PLAN D'EAU - Carburant - Crêperie à Merpuis - Campings à 300 mètres et à 6 kilomètres. Commerces à Poncin (6 kilomètres). Bourg-en-Bresse (45 000 habitants) est à 20 kilomètres.

RÉGLEMENTATION - A la réglementation générale applicable partout, fournie par le *Code Vagnon Fluvial*, s'ajoutent des dispositions particulières propres au plan d'eau d'Allement et applicables du 1er mai au 31 octobre. Les voici.

L'exercice de la plaisance est subordonné à l'utilisation prioritaire du plan d'eau par E.D.F. et les utilisateurs doivent prendre toutes les précautions pour éviter avaries et accidents pouvant résulter des variations du niveau de l'eau.

La bande de rive est d'une largeur de 40 mètres ; elle n'est pas balisée. A l'intérieur de cette bande de rive, la vitesse est limitée à 5 km/h.

En dehors de la bande de rive, la vitesse maximum est de 55 km/h et pendant les heures où le ski nautique est autorisé (12 à 14 heures et 17 à 20 heures) et de 10 km/h en dehors de ces heures, sauf dans les zones ci-après portées sur la carte :

- en amont du point A où elle est de 10 km/h en permanence ;
- entre les points B et C où elle est rigoureusement limitée à 5 km/h en permanence.

Le ski nautique ne peut être pratiqué qu'à partir du 15 juin, par temps clair et aux heures indiquées ci-dessus et par les seuls adhérents d'un club reconnu par le Syndicat Mixte de l'île Chambod. Les bateaux remorquant un skieur ne doivent pas s'approcher à moins de 50 mètres des baigneurs, bateaux et pêcheurs mais ils ont priorité sur les autres bâtiments à moteur.

La plongée individuelle est interdite et il faut être membre d'un club. Les plongeurs doivent être accompagnés d'un bateau montrant le signal alfa.

Le balisage est constitué uniquement de bouées biconiques.

Le mouillage est interdit en dehors de la bande de rive. La navigation de nuit est interdite. Le stationnement de tout bateau habitable est soumis à autorisation de la D.D.E.

Le bateau à passagers est prioritaire sur toutes les autres embarcations.

LE PLAN D'EAU - C'est une retenue encaissée et sinueuse de plusieurs kilomètres de long avec une île (l'île Chambod) autour de laquelle se concentrent toutes les activités nautiques. Cette île a été créée par la submersion de la vallée lors de la mise en

PERMITTED ACTIVITIES - Motor-boats - Water-skiing - Sailing - Wind-surfing - Rowing - Canoe and kayak - Diving (Controlled activity. Refer to the section "Regulations") - Swimming - Fishing.

PROHIBITED - Jet-ski® - Para-gliding.

SERVICES AROUND THE LAKE - Fuel - Pancake bar at Merpuis - Camp-sites 300 metres and 6 kilometres away. Shops at Poncin (6 kms). Bourg-en-Bresse (population 45 000) is 20 kilometres away.

REGULATIONS - In addition to the general regulations that apply everywhere (to be found in the *Code Vagnon Fluvial*), the Allement reservoir has its own specific regulations, which are in force from May 1st to October 31st. They are as follows :

Leisure activities are subordinate to the primary use of the reservoir by the electricity generating company and users should take all precautions to avoid damage and accidents that might result from the variations in the level of the water.

The shoreside strip of water is 40 metres wide and is not marked. Within this strip, speed is limited to 5 KPH.

Beyond the shoreside strip, the speed limit is 55 KPH during the periods in which water-skiing is allowed (12.00 to 14.00 hours and 17.00 to 20.00 hours) and 10 KPH at all other times, with the exception of the following zones, which are shown on the map :

- upstream of the point A, where the speed limit is always 10 KPH
- between the points B and C, where there is a strict permanent limit of 5 KPH.

Water-skiing can only be indulged in after June 15, in conditions of good visibility and during the times indicated above, and then only by the members of a club recognized by the Syndicat Mixte de l'Ile Chambod. Boats towing a skier must maintain a distance of at least 50 metres from swimmers, boats and fishermen, but they have priority over all other motor driven vessels.

Lone diving is forbidden and it is necessary to belong to a club. Divers must be accompanied by a boat showing the alpha signal.

Marking is composed exclusively of double cone buoys.

Mooring is prohibited outside of the shoreside strip and the mooring of all habitable boats is subject to the authorization of the D.D.E. Navigation at night is prohibited.

The passenger boat has priority over all other craft.

THE STRETCH OF WATER - This deeply boxed in and twisting reservoir is several kilometres long and has an island (the Ile Chambod), around which all nautical activities are centred. This island was created when the valley was flooded by the putting into service of the Allement dam. The village of Chambod disappeared beneath the water when the reservoir filled up.

ERLAUBT - Motorboote – Wasserski – Segeln – Windsurfen – Rudersport – Kanu – Kajak – Tauchen (siehe Abschnitt "Verordnungen") – Baden – Angeln.

VERBOTEN - Jet-Ski® – Sky-Surfing.

LEISTUNGSANGEBOT ENTLANG DEM STAUBECKEN - Treibstoff – Crêperie in Merpuis – Campingplätze (300 m und 6 km entfernt) – Geschäfte in Poncin (6 km entfernt). Nach Bourg-en-Bresse (45 000 Einwohner) sind es 20 km.

VERORDNUNGEN - Neben der allgemeinen französischen Binnenschiff fahrtsverordnung (siehe Code Vagnon Fluvial, "édition de l'année", erscheint jedes Jahr neu) gelten für den gestauten Flussabschnitt oberhalb des Wehrs Allement vom 1. Mai bis 31. Oktober einige zusätzliche Regelungen:

- Da das Flusswasser durch die E.D.F. genutzt wird, ist mit Niveauunterschieden zu rechnen. Wassersportler müssen alle Vorsichtsmaßnahmen treffen, um Havarien oder Unfälle zu vermeiden, die durch die variable Höhe des Wasserspiegels entstehen können.
- Die Uferzone ist 40 m breit und nicht gekennzeichnet. Innerhalb dieser Zone ist die Geschwindigkeit auf 5 km/h beschränkt.
- Außerhalb der Uferzone und während der Zeiten, in denen Wasserskifahren erlaubt ist (12–14 h und 17–20 h), beträgt die Maximalgeschwindigkeit 55 km/h, in der übrigen Zeit 10 km/h.
- Oberhalb des Punktes A beträgt die zulässige Höchstgeschwindigkeit immer 10 km/h.
- Zwischen den Punkten B und C beträgt die zulässige Höchstgeschwindigkeit 5 km/h.
- Wasserskifahren ist jeweils ab 15. Juni erlaubt, bei klarer Sicht und während der oben erwähnten Zeiten. Wasserskifahren darf nur, wer Mitglied eines vom Syndicat Mixte de l'Ile Chambod anerkannten Klubs ist. Schleppfahrzeuge müssen zu Badenden und Fischerbooten einen icherheitsabstand von 50 m einhalten, sind jedoch anderen Motorfahrzeugen gegenüber vortrittsberechtigt.
- Tauchen ist nur Angehörigen eines Tauchklubs erlaubt. Taucher müssen von einem Schiff begleitet sein, das mit der Alpha-Flagge gekennzeichnet ist.
- Die Betonnung besteht aus doppelkegelförmigen Bojen.
- Ankern innerhalb der Uferzone ist verboten, ebenso das Fahren bei Nacht. Das Stationieren bewohnbarer Schiffe ist nur mit Bewilligung der D.D.E. gestattet.
- Passagierschiffe haben allen anderen Fahrzeugen gegenüber den Vorrang.

service du barrage d'Allement. Le village de Chambod a été englouti lors de cette mise en eau.

Une ligne à haute tension traverse la retenue en amont de l'île. Comme elle est relativement basse, le tirant d'air des bateaux ne doit pas dépasser 10 mètres en vertu du règlement.

Le Club Nautique de l'Ain, établi sur la retenue d'Allement, à qui nous avions demandé quelques renseignements sur le régime du lac et les vents, n'a pas répondu.

CLUBS NAUTIQUES

- Club Nautique de l'Ain (C.N.A. - voile principalement), rue Charles Guillon, 01250 Ceyzériat - tél. 04 74 30 00 74
- Club des Sports Nautiques de l'Ain (C.S.N.A. - ski nautique)
- Union Départementale de Plein Air (U.D.P.A. - aviron, canoë), Chambod, 01250 Hautecourt-Romanèche, tél. 04 74 37 31 64

LOCATION DE BATEAUX - On peut louer canoës, kayaks, planches, voiliers, à la base de l'U.D.P.A.

BATEAU DE PROMENADE - Au départ de Merpuis, rive gauche (un autre embarcadère est situé rive droite, à l'amont de l'île), un bateau de promenade emmène 45 passagers pour une agréable croisière commentée de plus d'une heure, sous les falaises du Bugey et du Revermont. Réservations et renseignements : tél/fax 04 74 50 81 61.

BAIGNADE - Deux plages ont été créées dans la partie centrale de la retenue où le ski nautique est interdit : l'une sur l'île Chambod, l'autre sur la rive gauche. Le site est très beau.

PÊCHE - La retenue d'Allement est classée en 2e catégorie. Carte fédérale de l'Ain.

ADRESSES UTILES

- Syndicat Mixte pour l'Aménagement de l'île Chambod, 01450 Poncin, tél/fax 04 74 50 81 61
- Direction Départementale de l'Équipement, 23 rue Bourgmayer, 01012 Bourg-en-Bresse cedex, tél. 04 74 45 62 37 - fax 04 74 45 24 48
- Office de Tourisme de Poncin, 10 place Bichat, 01450 Poncin, tél/fax 04 74 37 23 14

TOURISME - La première chose à faire est de parcourir les gorges en bateau (le vôtre ou celui du bateau à passagers) en évoquant ainsi la route des "radeliers" de l'Ain.

Par voie terrestre, visiter, à quelques kilomètres du lac, le musée de la Soierie de Jujurieux, la cuivrerie et les grottes du Cerdon, le nom de Cerdon restant également attaché à un petit vin pétillant pas désagréable du tout...

Plus loin, il y a le Jura au nord (en remontant la vallée de l'Ain) et le Bugey au sud-est, deux régions fort attachantes sur lesquelles les guides touristiques vous donneront tous les détails.

A high voltage cable runs across the reservoir upstream from the island. As it is relatively low slung, the regulations only allow boats whose height above the water level does not exceed 10 metres.

The Club Nautique de l'Ain, based on the Allement reservoir, from which we requested some information concerning the water conditions and the winds on the lake, did not reply.

NAUTICAL CLUBS - (See details in French text under "Clubs nautiques").

BOAT HIRE - You can hire canoes, kayaks, wind-surf boards and sailing boats at the U.D.P.A. base.

EXCURSION BOAT - Starting from Merpuis on the left bank (there is another landing stage on the right bank above the island), an excursion boat takes 45 passengers for a pleasant cruise lasting over an hour, with a commentary, passing in front of the Bugey and Revermont cliffs.

Reservations and information : tel/fax 04 74 50 81 61.

SWIMMING - Two beaches have been created in the central part of the reservoir, where water-skiing is prohibited : one is on the Chambod island, the other is on the left bank. The setting is very beautiful.

FISHING - The Allement reservoir is classed in the second category. Permit from the Ain Federation.

USEFUL ADDRESSES - (See details in French text under "Adresses utiles").

TOURISM - The first thing to do is to go through the gorges by boat (your own or the excursion boat), enabling you to imagine the route used by the Ain log-train raftsmen.

By land transport, visit within a radius of a few kilometres from the lake, the Jujurieux silk museum and the copper foundry and caves at Cerdon. The latter has also given its name to a modest sparkling wine that is by no means disagreeable.

Further away, there are the North Jura mountains (by going up the Ain valley) and Bugey towards the South-East. The tourist guide books will give you detailed information on these two very appealing regions.

DAS GEWÄSSER - Das tief ins Tal gebettete, kurvenreiche Staubecken ist mehrere Kilometer lang. Die Wassersportaktivitäten konzentrieren sich rund um die Insel Chambod. Diese Insel entstand bei Inbetriebnahme des Stauwehrs Allement. Das Dorf Chambod wurde damals überflutet.

Oberhalb der Insel überquert eine relativ niedrige Hochspannungsleitung das Becken. Schiffe mit mehr als 10 m Höhe sind deshalb nicht zugelassen.

Auf unsere Anfrage beim Club Nautique de l'Ain über Besonderheiten des Reviers und Windverhältnisse erhielten wir leider keine Antwort.

WASSERSPORTKLUBS - (Adressen im frantösischen Text unter "Clubs nautiques").
... (C.N.A. – hauptsächlich Segler) ...
... (C.S.N.A. – Wasserski)
... (U.D.P.A. – Rudersport, Kanu)

VERMIETUNGEN - Beim Stützpunkt der U.D.P.A. kann man Kanus, Kajaks, Surfbretter und Segelschiffe mieten.

AUSFLUGSSCHIFF - Ab Merpuis (linkes Ufer) verkehrt ein Ausflugsschiff (45 Personen). Eine weitere Haltestelle liegt am rechten Ufer oberhalb der Insel. Die kommentierten Rundfahrten zu den Felswänden des Bugeymassivs und Revermont dauern etwa eine Stunde. Reservation und Auskünfte Tel/Fax 04 74 50 81 61.

BADEN - Es gibt zwei Badestrände in der Mitte des Staubeckens, wo Wasserskifahren verboten ist. Die schönen Anlagen liegen an der Insel Chambod und gegenüber am linken Ufer.

ANGELN - Das Staubecken Allement gehört den Angelrevieren der 2. Kategorie an.

Angelschein: Carte fédérale de l'Ain.

NÜTZLICHE ANSCHRIFTEN - (Adressen im französischen Text unter "Adresses utiles").

TOURISMUS - Als Erstes sollte man das Tal per Schiff erkunden – sei es mit dem eigenen Boot oder mit dem Ausflugsschiff –, um einen Eindruck von der Kraft zu gewinnen, mit der sich der Fluss während Jahrtausenden ins Tal geschnitten hat.

In Jujurieux, einige Kilometer vom See entfernt, kann man das Seidenmuseum besuchen oder die Kupferwerkstätte und die Grotten von Cerdon besichtigen. Cerdon ist übrigens auch der Name eines wohlschmeckenden Weines...

Wenn man nordwärts fährt – das Aintal hoch –, gelangt man in den Jura. In Richtung Südosten liegt das Bugeymassiv. Nähere Angaben zu diesen beiden beliebten Regionen finden sich in den entsprechenden Touristenführern.

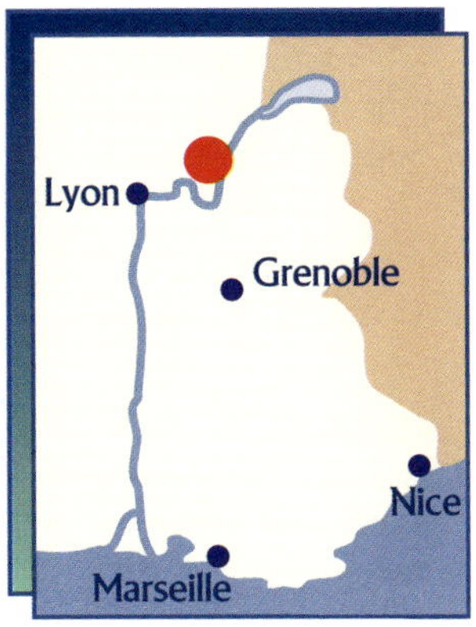

LIT AU ROI (Lac du)

(Massignieu-de-Rives)

AIN

Belley 8 km - Chambéry 31 km - Lyon 100 km - Bourg-en-Bresse 86 km
Grenoble 98 km

Altitude : 235 mètres - Altitude : 235 metres - **Höhe über Meer: 235 Meter**
Superficie : 70 ha - Surface area : 173 acres - **Fläche: 70 Hektaren**
Profondeur : 5,50 mètres environ - Maximum depth : approx. 5.5 metres
Maximale Tiefe: ca. 5.50 Meter

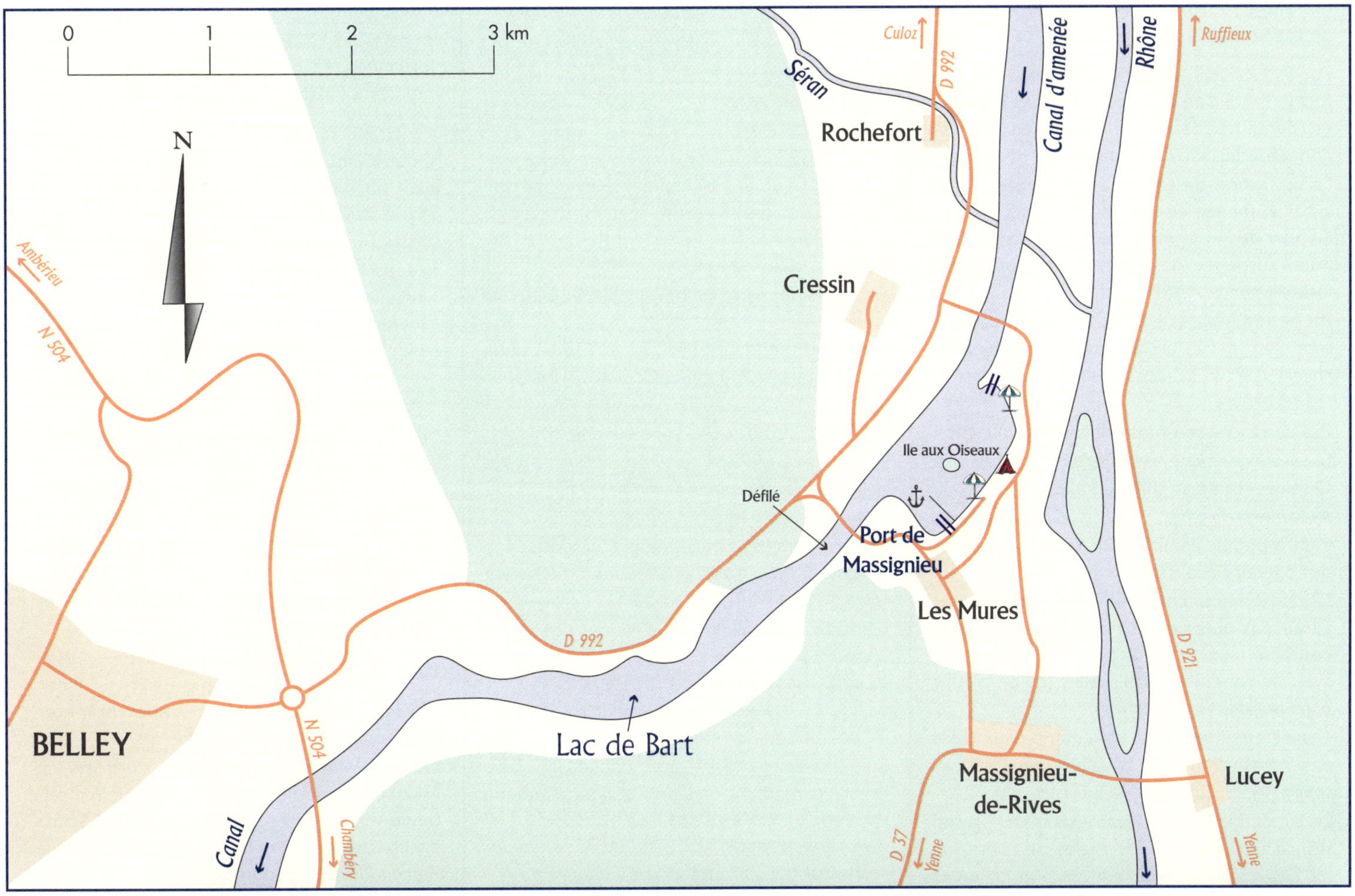

Le creusement du canal d'amenée de l'aménagement hydroélectrique de Belley, sur le Haut-Rhône, a amené la création de ce petit lac qui est une excroissance du canal. Plan d'eau tout de suite apprécié des plaisanciers puisque le port de Massignieu est pratiquement complet en location annuelle. Il faut dire que le site est agréable, qu'on peut aller en bateau jusqu'à Aix-les-Bains ou, au contraire, descendre le Rhône jusqu'à Sault-Brénaz en acceptant le "portage" par chariot aux usines. Ou, plus simplement, de savourer cette nouvelle voie navigable qui passe non loin de Belley.

The cutting of the water supply canal for the Bellay hydroelectric scheme on the Haut-Rhône entailed the creation of this small lake, which is an excrescence of the canal. This piece of water was immediately taken to by boating enthusiasts, as the port of Massignieu is almost fully occupied on a year-round rental basis. One is forced to admit that the site is very pleasant and that it is possible to go from there as far as Aix-les-Bains or, in the opposite direction, go down the Rhône to Sault-Brénaz, by getting the boat transported on a carriage past the power stations. Or one can more simply just enjoy this new navigable waterway that passes quite close to Belley

Bei der Ausbaggerung des Zuflusskanals zum Wasserkraftwerk Belley an der Haut-Rhône entstand dieser kleine See, der eigentlich eine Ausbuchtung des Kanals ist. Bei den Wassersportlern erfreut er sich großer Beliebtheit - die meisten Liegeplätze im Hafen Massignieu sind an Dauermieter vergeben. Die Lage ist schön, man kann mit dem Schiff bis Aix-les-Bains fahren oder in der anderen Richtung die Rhone hinunter nach Sault-Brénaz. Die Niveauunterschiede bei den Kraftwerken werden mit Hilfe von Schiffslifts überbrückt. Man kann aber auch ganz einfach die Fahrt auf dieser neuen Wasserstraße genießen, die ganz in der Nähe von Belley liegt.

ACTIVITÉS AUTORISÉES - Motonautisme (uniquement dans le canal et chenal d'accès au port) - Voile - Planche à voile - Canoë-kayak - Aviron - Baignade - Pêche.

INTERDIT - Ski nautique - Jet-ski® - Plongée.

PRESTATIONS AUTOUR DU PLAN D'EAU - 2 rampes de mise à l'eau - Un port de plaisance (140 anneaux) avec eau et électricité sur pontons - Restaurant - Camping avec épicerie. La ville de Belley (8 000 habitants) est à 8 km avec les ressources correspondant à une localité de cette importance.

Le port de Massignieu ne dispose ni d'engin de levage, ni de mécanicien, ni de possibilité en carburant.

RÉGLEMENTATION - Elle couvre à la fois le canal d'amenée et le lac du Lit au Roi et demeure assez imprécise en ce qui concerne les activités nautiques.

La navigation de transit est autorisée sur le canal d'amenée et dans le chenal qui conduit au port de Massignieu, avec une vitesse maximum autorisée de 18 km/h. Le moteur est interdit sur le reste du lac.

Par contre, voile et planche à voile sont autorisées sur le lac, en dehors du canal et du chenal d'accès au port mais du 15 mars au 15 novembre.

Pas de restriction pour les activités à rames.

Le débarquement est interdit dans l'île aux Oiseaux située au milieu du lac.

Assurance de responsabilité civile obligatoire d'un montant illimité pour les propriétaires des bateaux évoluant sur le plan d'eau.

Curieusement, alors que le ski nautique ne paraît pas autorisé, le règlement particulier consacre un article à la pratique de ce sport avec les conditions habituelles (qu'on trouve dans le *Code Vagnon fluvial*).

Quant au jet-ski®, le règlement n'en parle pas, contrairement à la Vallée Bleue à l'aval (page 79). Il semble donc interdit.

Le lac du Lit au Roi n'étant pas classé "grand plan d'eau", ce sont les règles de route sur les fleuves qui s'appliquent, et non celle des lacs.

Le stationnement des bateaux-logements est interdit.

Rappelons enfin, puisque nous sommes ici dans la retenue d'une usine hydroélectrique, que l'exercice de la plaisance est subordonné à l'utilisation prioritaire du plan d'eau pour la production d'énergie électrique.

LE PLAN D'EAU - Le lac proprement dit, à l'exception du canal et du port de Massignieu, est interdit au moteur. Il est peu venté, ce qui explique que planches et voiliers soient relativement peu nombreux. Mais ces "voileux" évoluent dans un cadre agreste, sous le village de Cressin à l'aspect montagnard et sous le regard des vaches qui paissent dans les prés en pente... Le feuillage de l'île aux Oiseaux se confond avec celui de la rive d'en face.

PERMITTED ACTIVITIES - Motor-boats (only in the canal and in the access channel to the harbour) - Sailing - Wind-surfing - Rowing - Canoe and kayak - Swimming - Fishing.

PROHIBITED - Water-skiing - Jet-ski® - Diving.

SERVICES AROUND THE LAKE - 2 launching slipways - A pleasure boat harbour (140 berths) with water and electricity on the pontoons - Restaurant - Camp-site with grocer's shop. The town of Belley (population 8 000) is 8 kilometres away and has the amenities that you would expect in a town of that size.

The Massignieu harbour has neither crane, nor mechanic nor refuelling point.

REGULATIONS - The local regulations apply both to the supply canal and the Lac du Lit au Roi and remain rather imprecise concerning nautical activities.

Transit navigation is permitted on the water supply canal and in the access channel to the harbour, with the maximum speed restricted to 18 KPH. Engines are banned on the rest of the lake.

On the other hand, sailing and wind-surfing are allowed on the lake, with the exclusion of the canal and the access channel to the harbour, but only from March 15th until November 15th.

There are no restrictions on rowing activities.

You are not allowed to disembark on the Ile des Oiseaux (Bird island) in the middle of the lake.

The owners of boats using this water are obliged to have third party insurance covering claims for an unlimited amount.

Curiously, although water-skiing does not appear to be allowed, the local regulations include a section on the practice of this sport, with the standard conditions (that you can find in the *Code Vagnon Fluvial*).

So far as jet-skis® are concerned, the regulations make no mention of them, contrary to those of the Vallée Bleue farther downstream (page 79); It would therefore seem that they are not allowed.

As the Lac du Lit au Roi is not classed as a large expanse of water, the traffic regulations that apply to it are those for rivers and not those for lakes.

The mooring of house-boats is prohibited.

Lastly, we must remind you that, since this water is the reservoir for a hydro-electric power station, leisure activities are subordinate to the primary use of the reservoir for the generation of electricity.

THE STRETCH OF WATER - Motors are not allowed on the lake itself, with the exception of the canal and the access channel to the Massignieu harbour. There is relatively little wind on the lake, which explains why there are rather few sailing boats and wind-surf boards. But sail enthusiasts pursue their favourite hobby in a rural setting, below the village of Cressin that looks like a mountain

ERLAUBT - Motorboote (nur im Kanal und in der Fahrrinne der Hafenzufahrt) – Segeln – Windsurfen – Rudersport – Kanu – Kajak – Baden – Angeln.

VERBOTEN - Wasserski – Jet-Ski® – Tauchen.

LEISTUNGSANGEBOT RUND UM DEN SEE - 2 Sliprampen – Sportboothafen (140 Ringe) mit Wasser und Strom an den Stegen – Restaurants – Campingplatz mit Einkaufsmöglichkeit.

Der 8 km entfernte Ort Belley zählt 8 000 Einwohner und bietet die der Ortsgröße entsprechenden Versorgungsmöglichkeiten.

Im Hafen Massignieu ist kein Kran vorhanden. Es gibt auch keinen Mechaniker und keine Möglichkeit Treibstoff zu bunkern.

VERORDNUNGEN - Die bestehende Verordnung, die sowohl für den Kanal als auch für den Lac du Lit au Roi gilt, ist in Bezug auf Wassersportaktivitäten ziemlich unklar.

- Motorisierte Boote sind nur auf dem Kanal zugelassen sowie im Zufahrtskanal zum Hafen Massignieu. Zulässige Höchstgeschwindigkeit 18 km/h. Auf der übrigen Seefläche sind Motorschiffe verboten.
- Außerhalb des Kanals und der Zufahrt zum Hafen darf man segeln und surfen, aber nur vom 15. März bis zum 15. November.
- Der Rudersport unterliegt keiner Einschränkung.
- Jedes Anlegen an der Ile aux Oiseaux in der Mitte des Sees ist verboten.
- Für Schiffsbesitzer ist eine Haftpflichtversicherung mit einer Versicherungssumme in unbeschränkter Höhe obligatorisch.

Obwohl Wasserskifahren nicht ausdrücklich erlaubt ist, hält die speziell für diesen See geltende Verordnung fest, dass für diesen Sport die üblichen Bestimmungen gelten (siehe *Code Vagnon Fluvial*, "édition de l'année"; erscheint jedes Jahr neu).

- Betreffend Jet-Ski® enthält die Verordnung keine Angaben, im weiter stromabwärts gelegenen Vallée Bleue (siehe Seite 79) scheint dieser Sport jedoch verboten zu sein.
- Der Lac du Lit au Roi ist nicht als "grand plan d'eau" (Großwasserfläche) klassiert, deshalb gilt hier die französische Binnenschifffahrtsverordnung für Flüsse und nicht diejenige für Seen.
- Das Stationieren von bewohnbaren Schiffen ist verboten.
- Wie in allen Staubecken bei Kraftwerken hat die Nutzung der Wasserkraft den Vorrang vor allen anderen Aktivitäten. Das Ausüben von Wassersport erfolgt auf eigenes Risiko und es müssen alle Vorsichtsmaßnahmen getroffen werden um Zwischenfälle zu vermeiden.

C'est pour les propriétaires des nombreux bateaux de plaisance à moteur stationnés au port de Massignieu, originaires de Chambéry, Lyon ou le Nord Isère (Bourgoin) que le lac du Lit au Roi est intéressant. Il sert de base de départ à des navigations variées sur le canal du Rhône, un canal très large qui ressemble plutôt à une succession de petits lacs mais qui est parfois resserré comme dans le défilé immédiatement à l'aval du Lit au Roi. Sortir du port (très agréable sous sa haie de peupliers) en laissant l'île sur la droite. Deux itinéraires se proposent (voir plus loin la rubrique "Tourisme").

CLUBS NAUTIQUES - Néant.

LOCATION DE BATEAUX - On peut louer des pédalos sur la plage.

BATEAUX DE PROMENADE - Des bateaux à passagers venus d'Aix-les-Bains parcourent le canal d'amenée (très jolie croisière) et passent au large du lac du Lit au Roi. Mais ils ne s'arrêtent pas à Massignieu-de-Rives sauf cas spéciaux (groupes, etc).

Tél. 04 79 63 45 00 - fax 04 79 63 41 63.

BAIGNADE - Le lac du Lit au Roi compte deux plages (voir la carte) de sable et de galets, sans beaucoup d'ombrage mais au paysage pas désagréable.

ADRESSES UTILES

- Mairie de Massignieu-de-Rives, tel. 04 79 42 10 03
- Service de la Navigation, 2 rue de la Quarantaine, 69321 Lyon cedex 05, tél. 04 72 56 59 22
- Compagnie Nationale du Rhône, chemin des Soupirs, BP 107, 01303 Belley cedex, tél. 04 79 81 31 36 - fax 04 79 81 17 91

TOURISME - Une nouvelle voie navigable qui ne manque pas de charme, au pied des monts du Bugey, a été créée par l'aménagement hydroélectrique du Haut-Rhône. C'est ainsi, comme on l'a dit, qu'on peut aller en bateau du port de Massignieu jusqu'au lac du Bourget ou jusqu'à la Vallée Bleue à Montalieu.

Itinéraire vers l'amont

A 5 km : écluse de Savières (automatique), puis village de Chanaz, puis canal de Savières.

A 10 km : lac du Bourget (décrit page 119 de ce guide).

A 14 km : Aix-les-Bains.

A 18 km : Le Bourget-du-Lac.

Itinéraire vers l'aval

On peut aller jusqu'à la Vallée Bleue à la condition de franchir les chutes de deux usines à l'aide d'un chariot du type travel-lift. Ce chariot admet des bateaux de moins de 5 tonnes, 9,50 mètres de longueur et 3,40 mètres de largeur. Se renseigner à la Compagnie Nationale du Rhône (adresse ci-dessus).

Une cartographie sommaire du Haut-Rhône figure dans le *Mini-Atlas des voies navigables*

village, and watched by the cows that graze in the sloping meadows. The foliage of the Ile aux Oiseaux blends into that on the far bank.

The Lac du Lit au Roi is above all of interest to the owners of the large number of motor cruisers that are kept in the Massignieu harbour and who live in Chambéry, Lyon or the north part of the Isère region (Bourgoin). It serves as a base for different cruises on the Rhône canal, which is very broad and more resembles a succession of small lakes. But it sometimes narrows right down, like in the gorge immediately downstream from the Lit au Roi lake. Go out of the harbour (very pleasant under the bordering row of poplars) and leave the island to your right. You have the choice of two itineraries (see the section "Tourism").

NAUTICAL CLUBS - None

BOAT HIRE - You can hire pedal craft on the beach.

EXCURSION BOATS - Passenger boats coming from Aix-les-Bains cruise along the supply canal (very pretty trip) and pass through the Lac du Lit au Roi. But they do not normally stop at Massignieu-de-Rives, except in special cases (group bookings, etc.).

Tel : 04 79 63 45 00 - fax : 04 79 63 41 63.

SWIMMING - The Lac du Lit au Roi has two beaches (look at the map) of sand and shingle. They do not offer much shade but have a pleasant view over the countryside.

USEFUL ADDRESSES - (See details in French text under "Adresses utiles").

TOURISM - A new navigable waterway that is not lacking in charm has been created at the foot of the Bugey mountains by the construction of the Haut-Rhône hydro-electric scheme. This enables you to go by boat from the Massignieu harbour as far as the Lac du Bourget or to the Vallée Bleue at Montalieu.

The itinerary going upstream

After 5 kms : the Savières lock (automated), then the village of Chanaz, then the Canal de Savières.

After 10 kms : Lac du Bourget (described on page 119 of this guide)

After 14 kms : Aix-les-Bains.

After 18 kms : Le Bourget-du-Lac.

The itinerary going downstream

You can go as far as the Vallée Bleue, if you are willing to get past the falls of two power stations by being transported on a carriage of the travel-lift type. These carriages can accommodate boats of up to 5 tons, 9.50 metres in length and 3.40 metres in width. You can get information from the Compagnie Nationale du Rhône (address given above).

There are simplified maps of the Haut-Rhône in the *Mini-Atlas des Voies Navigables - Guide Vagnon N° 1*, published by the Editions du Plaisancier.

DAS GEWÄSSER - Auf dem eigentlichen See sind Motorboote nicht zugelassen (ausgenommen auf dem Kanal und in der Fahrrinne der Hafenzufahrt). Es gibt wenig Wind, deshalb sieht man nicht so viele Segelboote und Surfer. Die ländliche Umgebung unterhalb des Dorfes Cressin ist sehr schön, auf den zum Ufer abfallenden Wiesen weiden Kühe, und das Grün der Ile aux Oiseaux verschmilzt mit dem Grün des gegenüberliegenden Ufers.

Der Lac du Lit au Roi ist vor allem für die zahlreichen Motorbootsbesitzer interessant, die ihren Liegeplatz im Hafen Massignieu haben und in Chambéry, Lyon oder dem nördlichen Teil des Départements Isère wohnen.

Der Hafen Massignieu ist Ausgangspunkt für abwechslungsreiche Fahrten auf dem Rhonekanal, einem sehr breiten Kanal, der sich – wie das unmittelbar unterhalb des Lac du Lit au Roi der Fall ist – von Zeit zu Zeit verengt und der deshalb wie eine Folge vieler kleiner Seen erscheint. Der Hafen Massignieu liegt geschützt hinter einer Pappelreihe. Beim Auslaufen lässt man die Insel auf der Steuerbordseite. Vom Lac du Lit au Roi aus bieten sich zwei Fahrten in zwei Richtungen an (siehe Abschnitt "Tourismus").

WASSERSPORTKLUBS - Keine Klubs.

VERMIETUNGEN - Man kann am Strand Pedalos mieten.

AUSFLUGSSCHIFFE - Passagierschiffe aus Aix-les-Bains fahren durch den Zuflusskanal zum Kraftwerk und durch den See. Außer in speziellen Fällen (z. B. bei Gruppenfahrten) halten sie aber nicht in Massignieu-de-Rives.

Tel.: 04 79 63 45 00 - Fax : 04 79 63 41 63.

BADEN - Am Lac du Lit au Roi gibt es zwei Badestrände mit Sand und Kies (siehe Karte). Schatten muss man suchen, aber die Umgebung ist recht angenehm.

NÜTZLICHE ANSCHRIFTEN - (Adressen im französischen Text unter "Adresses utiles").

TOURISMUS - See und Kanal, die beim Bau der Kraftwerke am oberen Rhonelauf angelegt wurden, bilden eine neue, reizvolle Wasserstraße am Fuße des Bugeymassivs. Wie bereits erwähnt, kann man vom Hafen Massignieu aus in zwei Richtungen fahren: zum Lac de Bourget oder ins Vallée Bleue nach Montalieu.

Törn flussaufwärts

Nach 5 km: Schleuse Savières (automatisch), dann Chanaz und der Canal de Savières

Nach 10 km: Lac du Bourget (siehe Seite 119)

Nach 14 km: Aix-les-Bains

Nach 18 km: Le-Bourget-du-Lac

(*Guide Vagnon N° 1*, aux Editions du Plaisancier).

Si on ne veut pas passer ces deux chutes avec les chariots, on peut se limiter à une petite croisière jusqu'à l'usine de Brens (9 kilomètres).

A 9 km : usine de Brens. Passage par chariot.

A 26 km : usine de Brégnier-Cordon. Passage par chariot.

A 51 km : la Vallée Bleue et port de Montalieu (décrits page 79 de ce guide).

Si on veut faire du tourisme en voiture au départ de Massignieu, on a le choix entre le Bugey, le Rhône encore plus à l'amont (la Chautagne, Génissiat), la Montagne du Chat, la Chambotte, le Revard et aussi la Chartreuse, pas très éloignée. De jolis programmes.

If you do not wish to get past these two falls on boat carriages, you can limit yourself to a little cruise as far as the Breus power station (9 kms).

After 9 kms : Breus power station. Passage on boat carriage.

After 26 kms : Brégnier-Cordon power station. passage on boat carriage;

After 51 kms : the Vallée Bleue and Montalieu harbour (described on page 79 of this guide).

If you want to go sight-seeing by car starting from Massignieu, you have the choice between the Bugey mountains, the Rhône even farther upstream (la Chautagne, Génissiat), the Montagne du Chat, the Chambotte, the Revard and also the Chartreuse, which is not very far away. Delights are in store for you.

Törn flussabwärts

Man kann ins Vallée Bleue fahren, indem man die Niveauunterschiede der beiden Kraftwerke mit Hilfe der dort eingerichteten speziellen Schiffflifts überbrückt. Diese Aufzüge heben und senken Schiffe bis 5 Tonnen, mit einer Länge von 9.50 m und einer Breite von 3.40 m. Auskünfte bei der Compagnie Nationale du Rhône (Anschrift siehe "Adresses utiles" im französischen Text). Eine Übersichtskarte der Haut-Rhône findet sich im *Mini-Atlas des voies navigables – Guide Vagnon N° 1*, erschienen bei Les Editions du Plaisancier.

Wer die Schiffslifts nicht benutzen will, muss sich mit der kurzen Fahrt von 9 Kilometern bis zum Kraftwerk Brens zufrieden geben.

Nach 9 km: Kraftwerk Brens, Passage mit Hilfe des Schiffflifts

Nach 26 km: Kraftwerk Brégnier-Cordon, Passage mit Hilfe des Schiffflifts

Nach 51 km: La Vallée Bleu und Hafen Montalieu (siehe Seite 79)

Auch für Fahrten mit dem Auto winken attraktive Ziele. Von Massignieu aus hat man die Wahl zwischen dem Bugeymassiv, dem oberen Rhonelauf (La Chautagen, Génissat), der Montagne du Chat, La Chambotte, Le Revard und – auch nicht allzu weit entfernt – La Chartreuse– lauter schöne Bestimmungsorte.

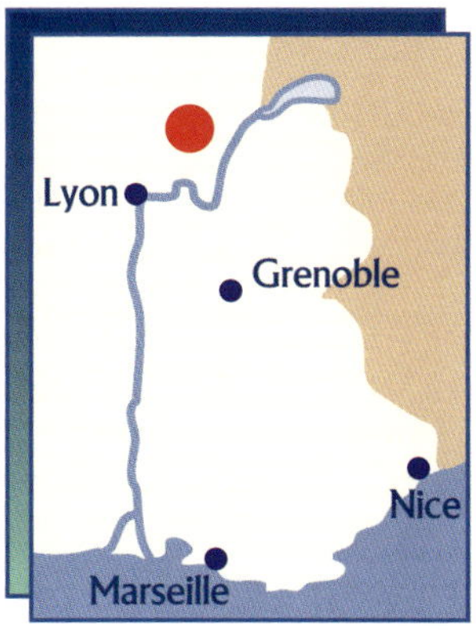

NANTUA (Lac de)

AIN

Oyonnax 16 km - Bourg-en-Bresse 40 km - Genève 65 km - Lyon 92 km
Chambéry 117 km

Altitude : 474 mètres - Altitude : 474 metres - **Höhe über Meer: 474 Meter**

Superficie : 141 ha - Surface area : 348 acres - **Fläche: 141 Hektaren**

Profondeur maximum : 43 mètres - Maximum depth : 43 metres
Maximale Tiefe: 43 Meter

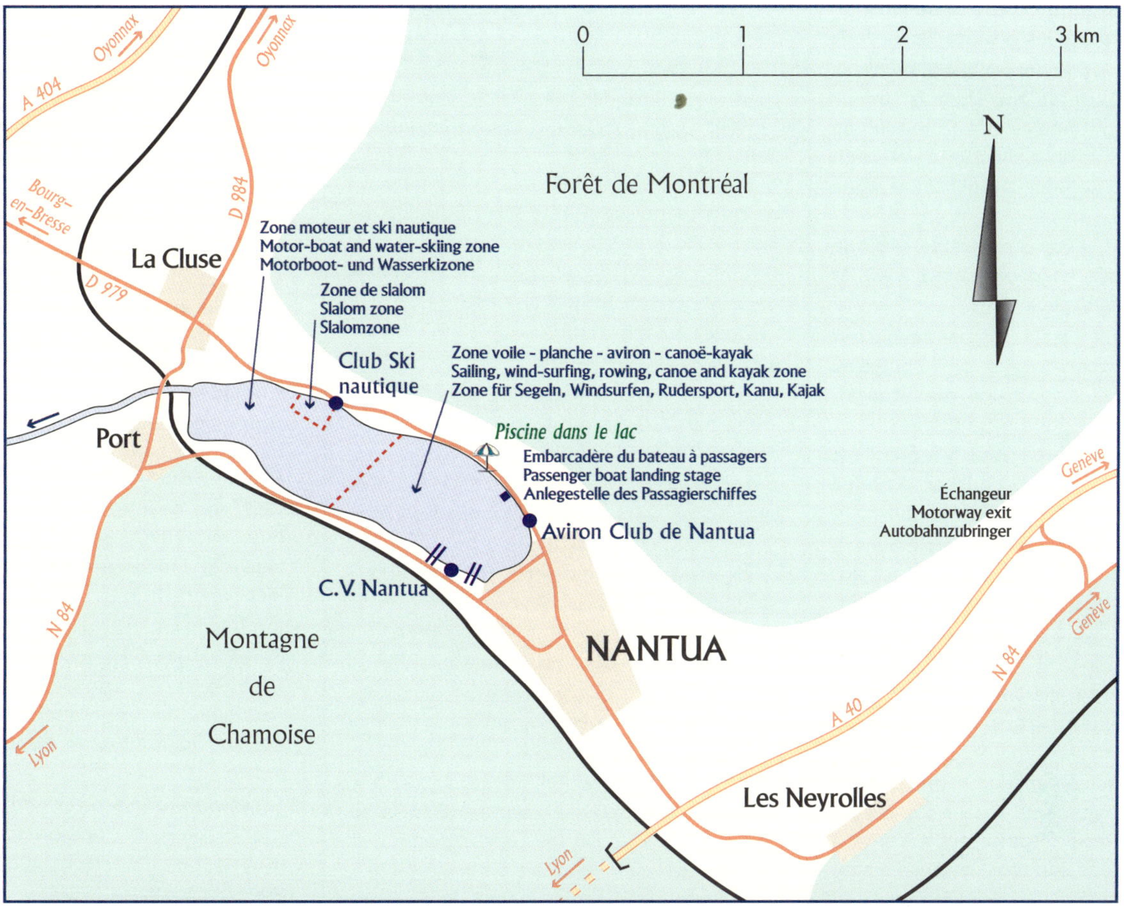

Par la route, entre La Cluse et Nantua, on découvre la meilleure vue sur ce lac blotti au creux des falaises boisées du Bugey. En bateau, vous goûterez encore davantage le charme de ce plan d'eau et vous pourrez le faire au moteur dans la partie ouest, en ne gênant pas ainsi la voile et l'aviron dans la partie est. Car les activités sont séparées, ce qui enlève sans doute pas mal de problèmes. Le site est très agréable, les installations nautiques de qualité et la ville de Nantua ouverte depuis longtemps au tourisme. Et le lac occupe une position stratégique intéressante entre Genève, Lyon et Bourg-en-Bresse.

From the road between La Cluse and Nantua, you will get the best view over this lake tucked away in a hollow below the wooded Bugey cliffs. From a boat, you will be able to appreciate even better the charm of this stretch of water and you can do it from a motor-boat in the western part of the lake, without getting in the way of sailing and rowing boats, which are confined to the eastern part. The separation of these activities doubtless eliminates a good number of problems. The site is very pleasant, the nautical installations are of high quality and the town of Nantua a long time ago made efforts to satisfy tourists' needs. The lake occupies an interesting strategic position between Geneva, Lyon and Bourg-en-Bresse.

Von der Straße zwischen La Cluse und Nantua aus hat man die beste Sicht auf diesen See, der sich an die bewaldeten Felswände des Bugeymassivs schmiegt. Mit dem Schiff kann man ihn aus unmittelbarer Nähe erleben. Der westliche Teil ist dem Motorwassersport vorbehalten, der östliche Teil ist reserviert für Segler und Ruderer. Diese Trennung verhindert sicher manches Problem! Die Umgebung ist sehr schön, die Einrichtungen für den Wassersport qualitativ hoch stehend und die Stadt Nantua ist touristisch längst erschlossen. Im Dreieck Genf – Lyon – Bourg-en-Bresse liegt der See in günstiger Lage.

ACTIVITÉS AUTORISÉES - Motonautisme - Ski nautique - Jet-ski® (voir la rubrique "Réglementation") - Voile - Planche à voile - Aviron - Canoë-kayak - Plongée (en club) - Baignade - Pêche.

INTERDIT - Plongée (en individuel).

PRESTATIONS AUTOUR DU PLAN D'EAU - Hôtels - Restaurants - Campings - La ville de Nantua (4 000 habitants), située sur le lac même, offre toutes les ressources d'une localité de cette importance.

RÉGLEMENTATION - Le règlement particulier du lac est en cours d'élaboration mais on peut donner les grandes lignes de la réglementation appliquée jusqu'à présent.

Il existe une bande de rive dont la largeur varie de 30 à 150 mètres et à l'intérieur de laquelle la circulation s'effectue à 10 km/h maximum pour accéder ou quitter la zone d'évolution.

Comme on peut le voir sur la carte, le lac de Nantua est divisé en deux parties : est et ouest par une ligne séparative.

Le motonautisme et le ski nautique sont autorisés dans la partie ouest, de 9 heures au coucher du soleil, jusqu'à une vitesse maximale de 60 km/h.

Dans la partie est, la navigation à moteur est autorisée de 9 heures au coucher du soleil mais à une vitesse inférieure à 10 km/h.

Le jet-ski® est autorisé dans la partie ouest à la condition d'adhérer au Club de jet-ski® (adresse ci-dessous) et présenter un dossier à la police municipale de Nantua.

La voile, la planche à voile, la planche à moteur, la petite navigation par force musculaire et la pêche en barque sont autorisées dans la partie est.

Les bateaux tractant un skieur ont priorité sur les autres bâtiments motorisés, à l'exception du bateau à passagers. Celui-ci a priorité également sur tous les autres bâtiments.

En dehors de ces dispositions particulières, les règles de navigation à observer sont celles du *Code Vagnon fluvial* applicables sur les lacs.

Il faut une autorisation de circulation et d'amarrage (taxe à payer) sur le lac, à demander à la police municipale.

Pour pratiquer la plongée subaquatique, il faut être membre d'un club et être encadré par des moniteurs en possession de diplômes fédéraux ou nationaux. Plonger uniquement entre le lever et le coucher du soleil. La plongée individuelle est interdite.

La pêche est autorisée sur toute l'étendue du lac et dans les limites définies par la réglementation générale de cette activité.

LE PLAN D'EAU - Le lac de Nantua est un lac naturel dont les eaux vont à un sous-affluent du Rhône. Il forme un site naturel classé, dans un écrin de moyenne montagne. Ses installations sont de qualité : aussi bien le club de voile neuf que les pontons de la base d'aviron.

PERMITTED ACTIVITIES - Motor-boats - Water-skiing - Jet-ski® (see the section "Regulations") - Sailing - Wind-surfing - Rowing - Canoe and kayak - Diving (with a club) - Swimming - Fishing.

PROHIBITED - Diving (independently)

SERVICES AROUND THE LAKE - Hotels - Restaurants - Camping-sites - The town of Nantua (population 4 000), situated on the lake shore, offers all the amenities that you would expect of a place of that size.

REGULATIONS - The specific regulations for the lake are currently being formulated, but one can give the main lines of the regulations that have been applied until now.

There is a shoreside strip, whose width varies between 30 and 150 metres and within which craft going to or leaving their activity zones must not exceed 10 KPH. As you can see on the map, there is a dividing line separating the eastern and western parts of the Nantua lake.

Motor-boats and water-skiing are allowed in the western part, from 9 am until sunset, and the speed limit is 60 KPH.

In the eastern part, motor-boats are allowed from 9 am until sunset, but the maximum speed authorized is less than 10 KPH.

Jet-skiing® is allowed in the western zone, but only for members of the Jet-ski® Club (address given below) who have presented a file to the municipal police of Nantua.

Sailing, wind-surfing, motorized boards, muscle driven craft and fishing boats are authorized in the eastern part.

Boats towing a skier have priority over all other boats with engines with the exception of the passenger vessel. The latter has priority over all other craft.

Apart from these specific local regulations, the navigation rules that apply are those for lakes. These can be found in the *Code Vagnon Fluvial*.

You have to buy from the municipal police a permit authorizing you to sail and moor on the lake.

To go diving, you must be a member of a diving club and be under the supervision of qualified instructors in possession of certificates issued by the diving federation or national authorities. Diving is only permitted between sunrise and sunset. Independent diving is forbidden.

Fishing is allowed everywhere on the lake, within the limits defined by the general regulations governing this activity.

THE STRETCH OF WATER - The Lac de Nantua is a natural lake, whose waters flow to a sub-tributary of the Rhône. Its site is classed as a protected natural site and is set around with medium height mountains.

The installations on the lake are of good quality, whether they be those of the new sailing club or the pontoons of the rowing base. The Club de Voile de Nantua, which is based on this water and from whom we asked for some information on the weather on the lake and the prevailing winds, did not reply.

ERLAUBT - Motorboote – Wasserski – Jet-Ski® (siehe Abschnitt "Verordnungen") – Segeln – Windsurfen – Rudersport – Kanu – Kajak – Tauchen (nur in Gruppen) – Baden – Angeln.

VERBOTEN - Tauchen ohne Begleitung.

LEISTUNGSANGEBOT RUND UM DEN SEE - Hotels – Restaurants – Campingplätze.

Nantua (4 000 Einwohner), direkt am See gelegen, bietet alle der Ortsgröße entsprechenden Versorgungsmöglichkeiten.

VERORDNUNGEN - Die speziell für diesen See gültige Verordnung ist in Ausarbeitung, wir können aber in groben Zügen die bisher angewendeten Regelungen aufführen.

- Es gibt eine Uferzone, die zwischen 30 m und 150 m breit ist. Innerhalb dieser Bereiche beträgt die Maximalgeschwindigkeit 10 km/h.
- Die gestrichelte Linie auf der Karte trennt den See in seinen westlichen und seinen östlichen Teil. Im westlichen Teil sind Motorboote und Wasserski zugelassen, und zwar in der Zeit von 9 h bis zum Sonnenuntergang. Die zulässige Höchstgeschwindigkeit beträgt hier 60 km/h. Auch im östlichen Teil sind in der Zeit von 9 h bis zum Sonnenuntergang Motorfahrzeuge gestattet, allerdings darf hier die Höchstgeschwindigkeit 10 km/h nicht überschritten werden.
- Jet-Skifahren ist erlaubt im westlichen Bereich. Allerdings muss man Mitglied des Club de Jet-Ski® sein (Anschrift siehe "clubs nautiques" im französischen Text) und sich bei der Stadtpolizei in Nantua registrieren lassen.
- Segelboote, Surfbretter und Fahrzeuge, die mit Muskelkraft fortbewegt werden, sind im östlichen Teil erlaubt, ebenso das Angeln vom Boot aus.
- Boote, die einen Wasserskifahrer schleppen, haben gegenüber anderen motorisierten Fahrzeugen den Vortritt. Eine Ausnahme bildet das Passagierschiff, das allen anderen Fahrzeugen gegenüber Vorrang hat. Im Übrigen gilt die für Seen übliche Verordnung (siehe *Code Vagnon Fluvial*, "édition de l'année", erscheint jedes Jahr neu).
- Das Befahren des Sees bedarf einer Zulassung (gebührenpflichtig), die von der Stadtpolizei Nantua ausgestellt wird.
- Tauchen ist nur gestattet, wenn man Klubmitglied ist, und nur in Begleitung von ausgebildeten Personen mit offiziell anerkanntem Diplom.
  Tauchen darf man nur zwischen Sonnenaufgang und Sonnenuntergang. Es ist verboten, ohne Begleitung zu tauchen.
- Angeln ist auf der ganze Seefläche erlaubt. Es gelten die üblichen Bestimmungen.

Le Club de Voile de Nantua, établi sur le plan d'eau, à qui nous avions demandé quelques renseignements sur le régime du lac et les vents dominants n'a pas répondu.

CLUBS NAUTIQUES

- Club de Voile de Nantua (E.F.V.), route de Port, tél. 04 74 75 17 02
- Aviron Club de Nantua, route de La Cluse, tél. 04 74 75 26 19
- Club de ski nautique, tél. 04 74 76 08 11
- Club de jet-ski®, M. Masson, 78 rue du Jura, 01460 Montréal-la-Cluse, tél. 04 74 76 26 42

LOCATION DE BATEAUX - On peut louer sur place, à Nantua, barques à rames, pédalos, planches à voile.

BATEAU DE PROMENADE - C'est le bateau *Mississipi* dont l'embarcadère est à Nantua, sur la rive nord du lac. Adresse : Mme Stancheris, hôtel Les Grandes Roches, 01130 Nantua - tél. 04 74 77 27 60.

BAIGNADE - Sur la rive nord du lac (route de La Cluse), piscine dans le lac, surveillée.

Ailleurs, baignade sous autorisation dans la bande de rive mais elle est interdite en certains endroits.

PÊCHE - Le lac de Nantua est classé en 2e catégorie. On peut y traquer truites, brochets, lavarets, échatous, etc.

ADRESSE UTILE

- Office de Tourisme, place de la Déportation, BP 42, 01130 Nantua, tél. 04 74 75 00 05 - fax 04 74 75 06 83

TOURISME - Le lac lui-même s'est vu décerner une étoile (méritée) dans le *Guide Michelin Vert*. Et la ville de Nantua également où il faut voir, entre autres, le musée de la Résistance et de la Déportation (car la région a été un haut lieu du Maquis). N'oublions pas non plus, sur le plan gastronomique, la "quenelle de Nantua".

Le Bugey, avec ses cluses et ses falaises, est une région intéressante qu'on peut visiter au départ de Nantua. Cette extrémité méridionale du Jura se continue même au-delà du Rhône jusqu'à la montagne de l'Epine !

A voir, entre autres, la grotte de Cerdon, le col de Richemont, le barrage de Génissiat, les gorges de l'Albarine, le Grand Colombier, la chartreuse de Portes. Excursions d'une demi-journée ou d'une journée de voiture.

Et, à quelques kilomètres seulement, Oyonnax et la "Plastics-Vallée".

NAUTICAL CLUBS - (See details in French text under "Clubs nautiques").

BOAT HIRE - You can hire rowing skiffs, pedalos and wind-surf boards on the spot at Nantua.

EXCURSION BOAT - The landing stage of the passenger boat *Mississippi* is at Nantua on the north shore of the lake. Address : See details in French text under "Bateau de promenade").

SWIMMING - On the north shore of the lake (road to La Cluse) there is a supervised swimming pool in the lake. Elsewhere, you can swim without any particular authorization in the shoreside strip, except in certain places where bathing is forbidden.

FISHING - The Nantua lake is classed in the 2nd category. You can try to catch trout, pike, lavaret, échatous, etc.

USEFUL ADDRESS - (See details in French text under "Adresse utile").

TOURISM - The lake itself has been awarded a well deserved star in the *Michelin Green Guide*. The town of Nantua also has one and, among its many points of interest, there is the Museum of the Resistance and of Deportation (for the region was a stronghold of the anti-occupation underground forces). On the gastronomic front, the "quenelle de Nantua" should not be forgotten.

The Bugey region, with its lateral defiles and its cliffs, is an interesting area that one can visit, using Nantua as a base. This southern extremity of the Jura mountains even continues on the other side of the Rhône as far as the Montagne de l'Epine!

Amongst other things, you should see the Grotte de Cerdon, the Richemont pass, the Génissiat dam, the Albarine gorges, the Grand Colombier and the Carthusian monastery at Portes. These destinations will require half-day or full day excursions in a car.

Only a few kilometres away are Oyonnax and the "Plastics Valley".

DAS GEWÄSSER - Der Lac de Nantua ist ein natürlicher See, der von einem Nebenzufluss der Rhone gespiesen wird. Er liegt in einer gebirgigen Gegend mit mittelhohen Berggipfeln.

Für den Wassersport bestehen gute Einrichtungen: ein neuer Segelklub sowie die schönen Stege des Ruderklubs.

Der Club de Voile de Nantua, den wir um Auskünfte über die Windverhältnisse gebeten haben, hat uns nicht geantwortet.

WASSERSPORTKLUBS - (Adresssen im französischen Text unter "Clubs nautiques").

VERMIETUNGEN - In Nantua können Ruderboote, Pedalos und Surfbretter gemietet werden.

AUSFLUGSSCHIFF - Die Anlegestelle des Ausflugsschiffes *Mississipi* liegt in Nantua am Nordufer des Sees. Adresse im französischen Text unter "bateau-promenade".

BADEN - Am Nordufer (Straße nach La Cluse) gibt es ein überwachtes Schwimmbad am See.

Man kann auch an anderen Orten in der Uferzone baden (gewisse Abschnitte ausgenommen).

ANGELN - Der Lac de Nantua gehört den Angelrevieren der 2. Kategorie an. Hauptsächliche Fischarten: Forelle, Barsch, Felchen usw.

NÜTZLICHE ANSCHRIFT - (Adresse im französischen Text unter "Adresse utile").

TOURISMUS - Der See hat im *Guide Michelin Vert* zu Recht einen Stern erhalten. Ebenso die Stadt Nantua, wo man unter anderem das Musée de la Résistance und das Musée de la Déportation besuchen sollte (die Gegend um Nantua war eine Hochburg der französischen Widerstandsbewegung im zweiten Weltkrieg). Kulinarische Spezialität der Gegend sind die "Quenelles de Nantua".

Das Bugeymassiv mit seinen Schluchten und Felswänden bietet viele Möglichkeiten für interessante Ausflüge von Nantua aus. Dieser südliche Juraausläufer erstreckt sich sogar bis jenseits der Rhone zur Montagne de l'Epine.

Attraktive Ziele in der Umgebung sind unter anderem die Grotte von Cerdon, der Col de Richemont, das Stauwehr Génissiat, die Gorges de l'Albarine, Le Grand Colombier, die Karthause von Portes, alles Ausflüge, die mit dem Auto einen halben oder einen ganzen Tag in Anspruch nehmen. In einigen Kilometern Entfernung liegen Oyonnax und "Plastics-Vallée".

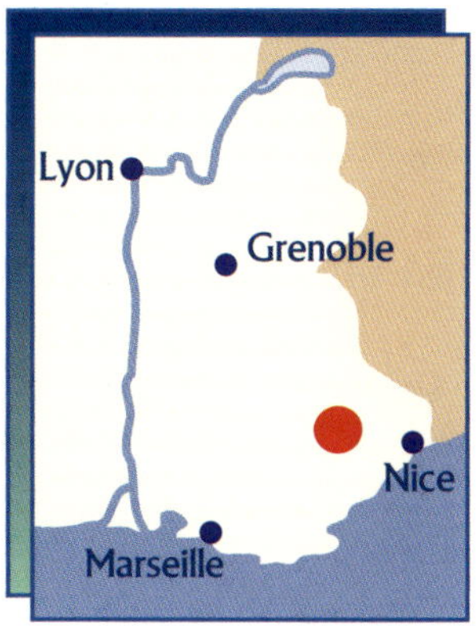

CASTILLON (Lac de)

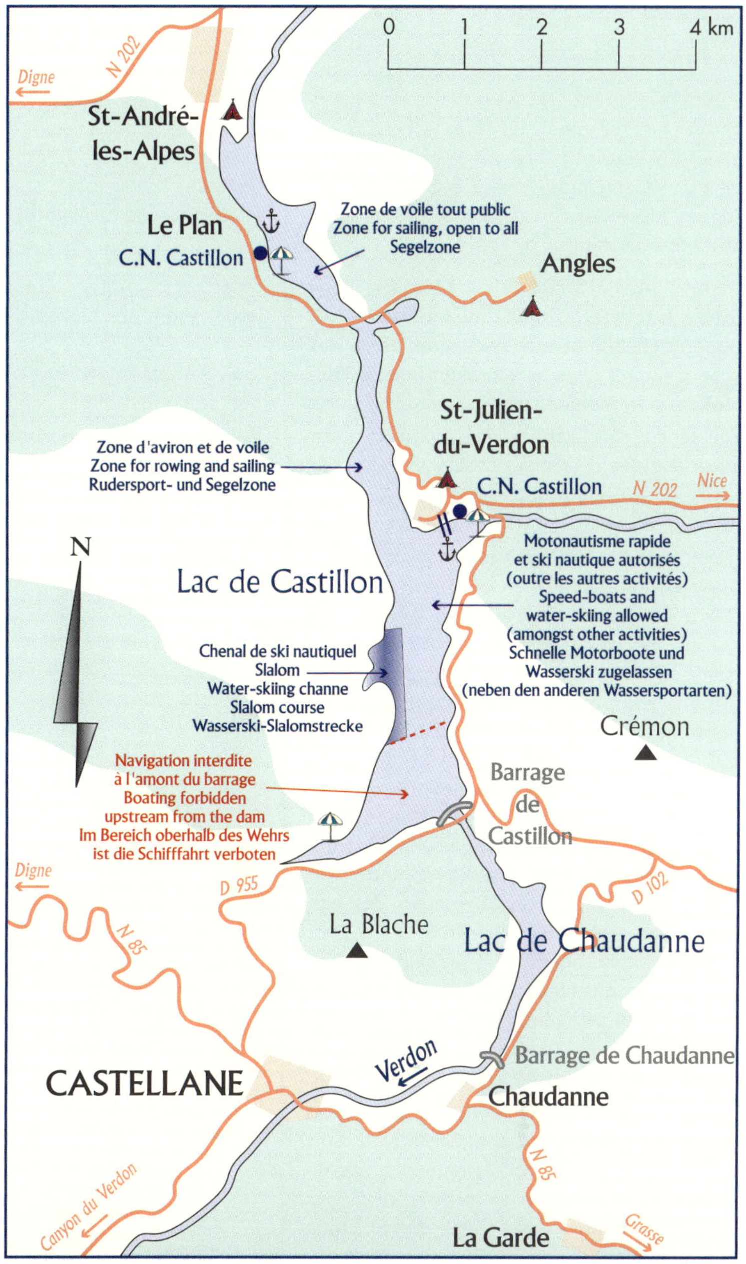

ALPES DE HAUTE-PROVENCE

Castellane 13 km - Grasse 64 km
St-André-les-Alpes 8 km - Digne-les-Bains 51 km
Draguignan 73 km (depuis St-Julien)

Altitude : 880 mètres
Altitude : 880 metres
Höhe über Meer: 880 Meter

Superficie : 500 ha
Surface area : 1 235 acres
Fläche: 500 Hektaren

Profondeur maximum : 96 mètres
Maximum depth : 96 metres
Maximale Tiefe: 96 Meter

Marnage maximum : 35 mètres
Height difference between highest and lowest water levels : 35 metres
Maximaler Niveauunterschied: 35 Meter

Retenue du Haut-Verdon, à près de 900 mètres d'altitude, le lac de Castillon se découvre à partir de Saint-André-les-Alpes à l'automobiliste qui rejoint Nice par la vallée du Var. C'est un beau lac de 10 kilomètres de longueur, aux formes tourmentées, dans un site montagneux, les pentes arides tombant sur un plan d'eau étincelant. Mais, à l'inverse d'autres lacs bas-alpins, il permet le motonautisme et le ski nautique, et ceci dans un cadre exceptionnel dont bénéficient aussi voile et aviron. Le marnage est important mais heureusement le niveau des eaux reste stable pendant la saison d'été.

A reservoir of the Haut-Verdon, at an altitude of nearly 900 metres, the Lac de Castillon can be seen from Saint-André-les-Alpes onwards by the motorist who is travelling to Nice via the valley of the Var. It is a handsome 10 kilometre long lake with a highly irregular outline, in a mountainous setting with arid slopes sweeping down to a sparkling stretch of water. But, contrary to other lakes in the lower Alps, motor-boating and water-skiing are allowed on it. Sailors and oarsmen also benefit from this exceptional setting for their sports. The variations in the level of the water are very substantial, but fortunately the level remains stable during the summer season.

Den Lac de Castillon, das auf rund 900 m über Meer gelegene Staubecken des Haut-Verdon, sieht man schon von Saint-André-les-Alpes aus, wenn man durch das Vartal nach Nizza fährt. Der See windet sich auf einer Länge von 10 Kilometern durch das Tal. Die kargen Berghänge fallen direkt ins Wasser ab. Im Gegensatz zu anderen Seen in dieser Region sind hier Motorboote zugelassen, ja sogar Wasserskifahren ist erlaubt. Natürlich sind auch Segler und Ruderer hier zu Hause. Der Niveauunterschied kann beträchtlich sein, glücklicherweise bleibt die Höhe des Wasserspiegels den Sommer über konstant.

ACTIVITÉS AUTORISÉES - Motonautisme - Ski nautique - Voile - Planche à voile - Aviron - Canoë-kayak - Baignade - Pêche.

INTERDIT - Jet-ski® - Plongée.

PRESTATIONS AUTOUR DU PLAN D'EAU - 2 rampes de mise à l'eau à St-Julien-du-Verdon - Hôtel à St-Julien-du-Verdon - Campings à Angles et St-André-les-Alpes - Hôtels et restaurants à Castellane et St-André-les-Alpes.

RÉGLEMENTATION - Comme dans toutes les retenues d'E.D.F., les activités nautiques s'effectuent aux risques et périls des pratiquants et elles ne sauraient nuire à l'exploitation hydroélectrique qui est prioritaire.

Sur le lac de Castillon, la navigation n'est autorisée que de mai à octobre inclus.

La bande de rive (qui n'est pas matérialisée) est d'une largeur de 100 mètres. On doit la traverser perpendiculairement, à la vitesse maximum de 5 km/h.

Des zones sont autorisées à la pratique de l'aviron, du motonautisme rapide et du ski nautique (voir la carte), en plus de la voile. Dans la zone motonautisme rapide/ski nautique, la vitesse maximum est portée à 60 km/h. Le ski nautique peut se pratiquer par temps clair, de 7 à 13 heures et de 18 à 21 heures en juillet et en août, et de 7 à 21 heures les autres mois. Les bateaux remorquant les skieurs nautiques ne doivent pas passer à moins de 50 mètres des baigneurs et des autres bateaux. Les autres prescriptions concernant le ski nautique sont celles qui sont exigées partout, voir le *Code Vagnon fluvial* de l'année.

A l'exception de la zone de motonautisme rapide où elle est de 60 km/h, la vitesse maximum sur le lac est de 5 km/h, y compris dans l'anse de St-Julien.

Assez curieusement, le règlement du lac de Castillon indique que ce dernier n'est pas considéré comme "grand plan d'eau". Donc devraient s'y appliquer les règles de route applicables aux fleuves et non pas les règles maritimes. Or, non moins curieusement, le même règlement précise plus loin que les voiliers ont priorité sur les bâtiments motorisés (comme sur les grands plans d'eau et comme à la mer !) En conséquence, prudence dans votre navigation pour éviter une contestation qui n'en finirait pas...

Et notez que les bateaux à moteur tractant un skieur ont priorité sur les autres bateaux à moteur.

LE PLAN D'EAU - Le Club Nautique de Castillon, qui nous a fourni beaucoup de renseignements sur le lac, indique que le vent dominant est celui qu'on appelle localement le mistral. Il y a aussi des brises thermiques qui se manifestent l'après-midi. Le mauvais temps sur le lac arrive par vent d'est, avec de grosses formations de cumulo-nimbus et des orages violents et brefs.

PERMITTED ACTIVITIES - Motor-boats - Water-skiing - Sailing - Wind-surfing - Rowing - Canoe and kayak - Swimming - Fishing.

PROHIBITED - Jet-ski® - Diving

SERVICES AROUND THE LAKE - 2 launching slipways at St Julien-du-Verdon - Hotel at St Julien-du-Verdon - Camp-sites at Angles and St-André-les-Alpes - Hotels and restaurants at Castellane and St-André-les-Alpes.

REGULATIONS - As in all Electricity Board reservoirs, water sports activities are undertaken at the risks and perils of the participants and they must not interfere in any way with the working of the hydroelectric installation, which has priority.

Boating is only allowed on the Castillon lake from May until October inclusive.

The shoreside strip (which is not marked out) is 100 metres wide. Boats should cross it perpendicular to the water's edge at a maximum speed of 5 KPH. There are specific zones in which rowing, speed-boating and water-skiing are authorized, as well as sailing. In the speed-boating / water-skiing zone, the speed limit is raised to 60 KPH. Water-skiing is allowed in clear weather from 7.00. to 13.00 hours and from 18.00 to 21.00 hours during July and August and from 7.00 to 21.00 hours in the other months. Boats towing water-skiers must not come within 50 metres of swimmers and of other boats. The other directives concerning water-skiing are those which are in force everywhere (see the current edition of the *Code Vagnon Fluvial*). With the exception of the zone for speed-boating in which the speed limit is 60 KPH, the maximum speed allowed on the lake is 5 KPH, including in the St-Julien bight.

Rather curiously, the regulations of the Castillon lake indicate that the latter is not considered to be a "large expanse of water". Consequently, the traffic rules that should be applied there are those governing rivers and not maritime rules. However, just as curiously, the same regulations specify later on that sailing boats have priority over boats with engines (as is the case on large expanses of water and at sea!). So you should navigate prudently in order to avoid disputes which it would be difficult to settle.

You should also be aware that motor-boats towing a water-skier have priority over other motor-boats.

THE STRETCH OF WATER - The Club Nautique de Castillon, which has provided us with a good deal of information about the lake, states that the prevailing wind is the one that is known in the area as the Mistral. There are also thermal breezes which occur in the afternoons, bad weather on this lake comes in with the east wind, with heavy formations of cumulo-nimbus clouds and violent and brief storms.

The difference between the highest and lowest water levels is very large, as it can amount to 35 metres. But the level remains constant during the holiday season, from June

ERLAUBT - Motorboote – Wasserski – Segeln – Windsurfen – Rudersport – Kanu – Kajak – Tauchen – Baden – Angeln.

VERBOTEN - Jet-Ski® – Tauchen.

LEISTUNGSANGEBOT RUND UM DEN SEE - 2 Sliprampen in St-Julien-du-Verdon – Hotel in St-Julien-du-Verdon – Campingplätze in Angles und St-André-les-Alpes – Hotels und Restaurants in Castellane und St-André-les-Alpes.

VERORDNUNGEN

- Das Staubecken des Haut-Vernon wird in erster Linie von der E.D.F. genutzt. Wassersport ist gestattet, erfolgt jedoch auf eigenes Risiko und darf die E.D.F. nicht behindern.
- Auf dem Lac de Castillon ist die Schifffahrt zugelassen von Mai bis und mit Oktober.
- Die Uferzone ist 100 m breit und nicht markiert. Sie muss im rechten Winkel zum Ufer durchfahren werden, die zulässige Höchstgeschwindigkeit beträgt hier 5 km/h.
- Der See ist in verschiedene Zonen aufgeteilt, in denen außer Segeln das Fahren mit schnellen Motorbooten, Wasserskifahren oder Rudern gestattet ist.
- In der Zone für schnelle Motorboote und Wasserski beträgt die Maximalgeschwindigkeit 60 km/h. Wasserskifahren ist nur bei klarer Sicht erlaubt, und zwar im Juli und im August von 7–13 h und von 18–21 h und in den übrigen Monaten von 7–21 h. Schleppfahrzeuge müssen zu anderen Schiffen und Badenden einen Sicherheitsabstand von mindestens 50 m einhalten. Die übrigen Vorschriften in Bezug auf Wasserskifahren entsprechen der allgemein gültigen Verordnung (siehe *Code Vagnon Fluvial*, "édition de l'année", erscheint jedes Jahr neu).
- Außer in der Zone für schnelle Motorboote und Wasserski beträgt die zulässige Höchstgeschwindigkeit 5 km/h, auch in der Bucht von St-Julien.

Achtung: Schleppfahrzeuge von Wasserskifahrern sind anderen Motorbooten gegenüber vortrittsberechtigt!

Eigenartigerweise ist der Lac de Castillon gemäß der für diesen See gültigen Verordnung nicht als "grand plan d'eau" (Großwasserfläche) eingestuft, es kommt deshalb die Schiffsverkehrsordnung für Flüsse und nicht diejenige für Seen und Großwasserflächen zur Anwendung (siehe *Code Vagnon Fluvial*, "édition de l'année", erscheint jedes Jahr neu). Merkwürdigerweise legt die gleiche Verordnung an anderer Stelle fest, dass Segelschiffe gegenüber Motorschiffen Vorrang haben, wie das auf den "grands plans d'eau" (Großwasserflächen) und auf See der Fall ist! Fahren Sie also vorsichtig und vermeiden Sie alles, was zu Streitigkeiten führen könnte – sie würden kein Ende nehmen!

Le marnage est très important puisqu'il peut atteindre au maximum 35 mètres. Mais le niveau reste constant pendant la saison, du 15 juin au 30 août. Donc, pas de conséquence.

Il n'y a pas de ports de plaisance à proprement parler mais des mouillages dans la baie du Touron (à Saint-Julien) et au Plan, dans la partie nord.

La zone de ski nautique est délimitée par des bouées.

A l'amont du barrage, une zone importante réservée à la Marine Nationale est interdite à la navigation.

Le lac de Castillon est suivi à l'aval, par une autre retenue, le lac de Chaudanne, mais il n'y a pas d'activité nautique sur ce plan d'eau.

LE BARRAGE - C'est une voûte mince (17 mètres seulement de largeur à la base!), à parement amont vertical de 100 mètres. La production annuelle de l'usine est de 82 millions de kWh.

CLUBS NAUTIQUES

- Club Nautique de Castillon, Le Touron, 04170 St-Julien-du-Verdon, tél. 04 92 89 10 89 (école de voile E.F.V., mouillage, gardiennage, entretien moteur)
- Club Motonautique du lac de Castillon, Le Touron, 04170 St-Julien-du-Verdon (motonautisme, ski nautique), tél. 04 92 32 08 58

BAIGNADE - Trois zones de baignade existent, harmonieusement réparties : l'une au nord du lac, au Plan; la deuxième au centre, à Saint-Julien; la troisième au sud, plus près de Castellane. Elles bénéficient toutes d'un panorama exceptionnel.

15 to August 30. So it can be disregarded by lake users.

There are no real pleasure boat harbours, just moorings in the Touron bay (at Saint-Julien) and at Plan in the northern part.

The water-skiing zone is marked out with buoys.

Above the dam, a large area reserved for the Marine Nationale (French Navy) is out of bounds for boating.

Downstream from the Castillon lake there is another reservoir, the Lac de Chaudanne, but there is no nautical activity on this piece of water.

THE DAM - It is a thin vault (only 17 metres thick at its base!), with a vertical upstream face 100 metres high. The annual output of the generating station is 82 million kWh

NAUTICAL CLUBS - (See details in French text under "Clubs nautiques").

SWIMMING - There are three areas for swimming, evenly spaced over the lake : one is at the north end, at Plan; the second is in the middle, at Saint-Julien; the third is at the southern end, nearer to Castellane. They all have the advantage of offering an exceptional panorama.

FISHING - The Lac de Castillon is classed in the 2nd category.

Issuing points for permits. : see French text under "Dépositaires des cartes"(See details in French text under "Adresses utiles").

USEFUL ADDRESSES - (See details in French text under "Adresses utiles").

DAS GEWÄSSER - Der Club Nautique de Castillon hat uns viele Informationen über den See zukommen lassen. Der hauptsächlichste Wind ist der Mistral, am Nachmittag kommen auch thermische Brisen auf. Störungen – dicke Regenwolken und heftige, kurze Gewitter – werden vom Westwind herangetragen.

Der Niveauunterschied kann beträchtlich sein und bis 35 m ausmachen. Während der Sommersaison, vom 15. Juni bis 30. August, bleibt die Höhe des Wasserspiegels jedoch konstant, sodass keine Probleme entstehen.

Nennenswerte Sportboothäfen gibt es keine, es besteht jedoch Möglichkeiten zum Ankern in der Bucht von Touron, in Saint-Julien und im nördlichen Teil des Sees.

Die Wasserskizone ist mit Bojen abgegrenzt.

Oberhalb des Wehrs ist ein großer Bereich für die Marine Nationale reserviert und darf nicht befahren werden.

Unterhalb des Lac de Castillon liegt ein weiteres Staubecken, der Lac de Chaudanne, der aber nicht für Wassersport genutzt wird.

DAS STAUWEHR - Die Bogenstaumauer ist der Basis nur 17 m breit!

Die jährlich produzierte Strommenge des Kraftwerks beträgt 82 Millionen kWh.

WASSERSPORTKLUBS - (Adressen im französischen Text unter "Clubs nautiques").

- Club Nautique... (Segelschule E.F.V., Kurz- und Langzeitliegeplätze, Motorenunterhalt)
- Club Motonautique... (Motorwassersport, Wasserski)

PÊCHE - Le lac de Castillon est classé en 2e catégorie.

- A.P.P.M.A. de St-André-les-Alpes, la Verdissole / Dépositaires des cartes :
  - à St-André-les-Alpes, Maison de la Presse, Gazel Sports, Bar de Provence
  - à St-Julien-du-Verdon, hôtel Le Pinadoux
- A.P.P.M.A. de Castellane, la Gaule Castellonaise / Dépositaires des cartes à Castellane : Office du Tourisme, Rigault-Safari, Jo Ferrando.

ADRESSES UTILES

- Office de Tourisme de Castellane, rue Nationale, 04120 Castellane, tél. 04 92 83 61 14, fax 04 92 83 76 89
- Office de Tourisme de St-André-les-Alpes, place M-Pastorelli, 04170 St-André-les-Alpes, tél. 04 92 89 02 39 - fax 04 92 89 19 23

TOURISME - En dehors du site lui-même du lac de Castillon et de celui du lac de Chaudanne, très joli lui aussi, le plaisancier qui voudrait aussi faire du tourisme dispose ici d'un choix exceptionnel.

Citons successivement :

Castellane - le Grand Canyon du Verdon (dont on est à l'entrée) - le lac de Sainte-Croix (décrit page 43) - l'itinéraire de la Route Napoléon (Grasse - Digne) - St-André-les-Alpes et la Haute Vallée du Verdon vers le col d'Alles - la superbe route des Gorges du Var qui, par Annot et Puget-Théniers, se dirige vers Nice, avec ses deux appendices, les Gorges de Daluis et celles du Cians.

TOURISM - Leaving aside the site of the Castillon lake itself and that of the Chaudanne lake, which is also very pretty, the nautical enthusiast who would also like to do some tourism has an exceptional range of choice here.

We would particularly mention :

Castellane - the Grand Canyon du Verdon (the entrance to which is on the spot) - the Lac de Sainte-Croix (described on page 43) - the itinerary of the Route Napoléon (Grasse - Digne) - St-André-les-Alpes and the upper valley of the Verdon towards the Alles pass - the superb route of the Gorges du Var, which leads towards Nice, via Annot and Puget-Théniers, with two side-attractions, the gorges of Daluis and those of Cians.

BADEN - Es gibt drei Badestrände, einen am nördlichen Teil des Sees, den zweiten in der Mitte bei Saint-Julien und einen dritten im Süden, nahe Castellane. Sie alle bieten Sicht auf ein herrliches Panorama.

ANGELN - Der Lac de Castillon gehört den Angelrevieren der 2. Kategorie an.

Angelscheine sind erhältlich

- in St-André-les-Alpes: Maison de la Presse, Gazel Sports, Bar de Provence
- in St-Julien-du-Verdon: Hotel Le Pinadoux Angelscheine sind erhältlich
- in Castellane: Office du Tourisme, Rigault-Safari, Jo Ferrande

NÜTZLICHE ANSCHRIFTEN - (Adressen im französischen Text unter "Adresses utiles").

TOURISMUS - Vom Lac de Castillon und vom Lac de Chaudanne aus gibt es zahlreiche Möglichkeiten für Ausflüge und Exkursionen. Hier einige lohnenswerte Ziele:

Castellane – Der Grand Canyon du Verdon (der hier seinen Anfang nimmt) – Der Lac de Sainte-Croix (siehe Seite 43) – Die Route Napoléon (Grasse–Digne) – St-André-les-Alpes und La Haute Vallée du Verdon gegen den Col d'Allos – Die prächtige Straße durch den Gebirgspass Gorges du Var via Annot und Puget-Théniers in Richtung Nizza, mit den beiden Abstechern Gorges de Daluis et Gorges du Cians.

▼ Saint-Julien-du-Verdon

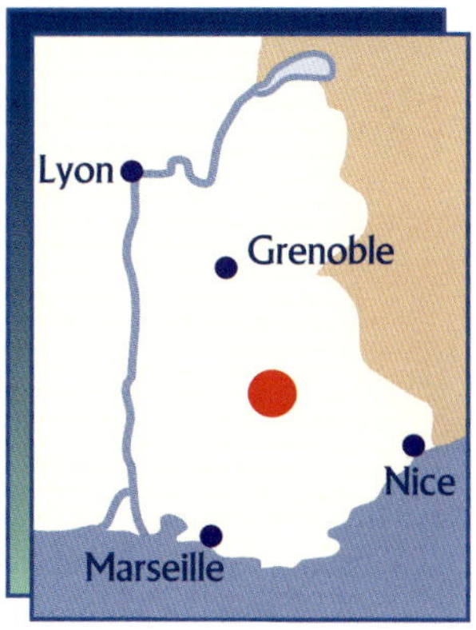

ESCALE (Retenue de l')

ALPES-DE-HAUTE-PROVENCE

Sisteron 14 km - Digne-les-Bains 25 km - Gap 72 km - Manosque 39 km
Marseille 125 km

Comme celle de Sisteron à l'amont, cette retenue de la Durance est maintenant complètement envasée et plus aucune activité nautique ne s'y exerce. Le plan d'eau sert à l'observation des oiseaux.

En ce qui concerne la pêche, le siège de l'A.P.P.M.A. est à la Gaule Sisteronnaise, Mairie de 04200 Sisteron. Dépositaires des cartes : le Napoléon à Volonne et allée des Erables à Château-Arnoux.

Like the Sisteron reservoir farther upstream, this reservoir on the Durance river is now completely silted up and there is no longer any boating activity of any sort on it. This water is now a good place for bird watching.

As for fishing, the headquarters of the A.P.P.M.A. is at the Gaule Sisteronnaise, Mairie de Sisteron (Postal code 04200). Fishing permits can be obtained from le Napoléon at Volonne and the Allée des Erables at Château-Arnoux.

Wie die höher gelegene Staustrecke Sisteron ist auch dieses Staubecken der Durance völlig verschlammt, Wassersportaktivitäten sind nicht möglich. Das Gewässer ist jedoch ein interessantes ornithologisches Beobachtungsgebiet.

Man kann auch angeln, der Sitz der A.P.P.M.A. befindet sich in La Gaule Sisteronnaise, Bürgermeisteramt, 04200 Sisteron. Angelscheine sind erhältlich bei Le Napoléon in Volonne und Allée des Erables in Château-Arnoux.

ESPARRON DE VERDON

Les loisirs...

BAIGNADE
aménagée et
surveillée en saison.

LA PECHE
Lac de 2ème
catégorie
Cartes en vente
au tabac.

Les sports...

PROMENADES A CHEVAL ET PONEY, RANDONNEES
«PROVENCE CHEVAL»
Tel : 04.92.77.11.84
«Ferme équestre de LA BEAUME»
Tel : 04.92.77.13.18

ESCALADE
Falaise d'initiation
Possibilité de grimper avec un moniteur
Se renseigner à l'Office du Tourisme

TENNIS CLUB
Tel : 04.92.77.16.41

Les activités nautiques...

CLUB NAUTIQUE D'ESPARRON DE VERDON
Tel : 04.92.77.15.25
Ecole française de voile, dériveur,
planche à voile
Aviron
Randonnées nautiques en canoë
Ecole de sport, équipe de club
Voiliers radio-commandés
Location

ALIZE ELECTRONIC
Location de bateaux électriques
Port d'Esparron et plage de St Julien
Tel : 04.92.74.20.32 - Fax : 04.92.78.17.89

ESPARRON PEDALOS
Location sur le port
Pédalos, canoës, Kayaks, barques...
Tel : 04.92.77.17.49
Tel/Fax : 04.92.77.11.37

«LA PERLE DU VERDON»
Bateau promenade électrique
Croisière commentée sur le lac
60 passagers
Tel : 04.92.77.10.74
Fax : 04.92.77.12.54

Les promenades...

RANDONNEES PEDESTRES
Sentiers balisés de l'A.D.R.I.
dont un SENTIER DECOUVERTE
Renseignements et dépliants à l'Office du Tourisme

CYCLOTOURISME
Circuit des lacs «VERDON DES COLLINES»
Dépliants à l'Office du Tourisme

RANDONNEES V.T.T.
Sentiers balisés A.D.R.I.
Location de V.T.T. à
«La Beaume»
Tel : 04.92.77.15.28

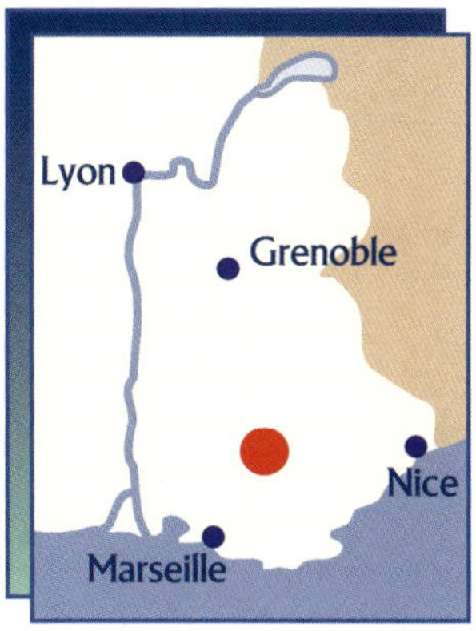

ESPARRON (Lac d')

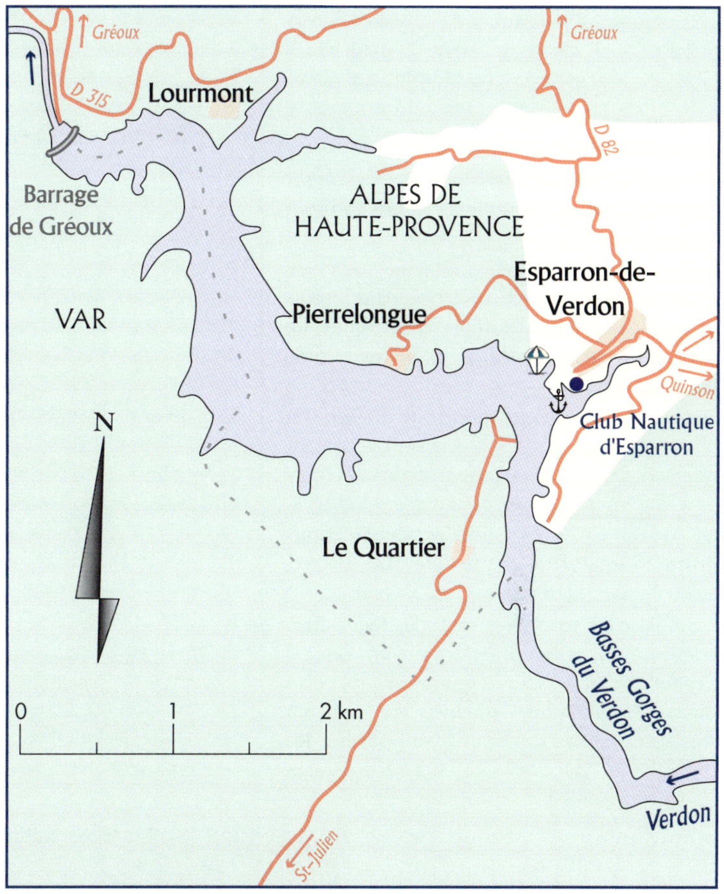

ALPES-DE-HAUTE-PROVENCE ET VAR

Manosque 26 km - Gréoux-les-Bains 13 km
Marseille 108 km - Sisteron 72 km - Apt 66 km
Avignon 119 km

Altitude : 359 mètres
Altitude : 359 metres
Höhe über Meer: 359 Meter

Superficie : 329 ha
Surface area : 813 acres
Fläche: 329 Hektaren

Profondeur maximum : 55 mètres
Maximum depth : 55 metres
Maximale Tiefe: 55 Meter

Il s'agit de la retenue du barrage de Gréoux, la retenue du Verdon la plus à l'aval. Enchâssée dans des montagnes déjà provençales, on la découvre solitaire et secrète. Un bateau ride son miroir d'un bleu profond en silence car seuls les moteurs électriques sont tolérés. On comprend parfaitement que certains aient trouvé là le calme parfait dans le décor lumineux des Alpes parfumées de Provence. Et que les "voileux" et autres plaisanciers l'apprécient pareillement. Sans parler des sauvages Basses Gorges du Verdon accessibles en canoë depuis Esparron.

This is the reservoir created by the Gréoux dam. It is the farthest downstream of the reservoirs on the river Verdon. Tucked away amongst the mountains that are already the beginning of the Provence region, one finds it solitary and secret. A boat silently carves a wrinkle across the deep blue mirror of the lake, as only electric motors are tolerated. One can perfectly comprehend that some people have found here an idyllic calm in the luminous décor of the southern Alps impregnated with the perfumes of Provence. And we know that enthusiasts of sailing and of other water sports appreciate this lake just as much. In addition to the attractions of the lake itself, the wild Basses Gorges du Verdon can be reached by canoe, starting from Esparron.

Denn er liegt oberhalb des Wehrs Gréoux und ist das unterste Staubecken des Flusses Verdon. Bereits von Bergzügen provenzalen Charakters umgeben, liegt er einsam und abgeschieden. Nur hin und wieder gleitet ein kleines Schiff ohne Lärm über die blauen Tiefen, denn hier sind nur Boote mit Elektromotor zugelassen. Es ist verständlich, dass viele Menschen vor diesem grandiosen Hintergrund der Alpen, wo die Luft schon nach Provence riecht, die ersehnte Ruhe finden. Der Lac d' Esparron ist auch ein beliebtes Revier bei Seglern und anderen Wassersportlern, denken wir nur an die Kanufahrer, die ab Esparron die wilden Schluchten der Basses Gorges du Verdon durchfahren.

ACTIVITÉS AUTORISÉES - Voile - Planche à voile - Aviron - Canoë-kayak - Baignade - Pêche.

INTERDIT - Motonautisme (sauf moteurs électriques) - Ski nautique - Jet-ski® - Plongée.

PRESTATIONS AUTOUR DU PLAN D'EAU - Port de plaisance (50 anneaux) avec rampe - Base nautique - 1 hôtel - 5 restaurants - 4 campings, dont 1 naturiste - Gîtes ruraux et chambres d'hôtes. Le village a 400 habitants. Gréoux est à 13 km (route sinueuse).

RÉGLEMENTATION - Le règlement particulier du lac ne nous a pas été communiqué par la D.D.E.

On peut néanmoins souligner que les moteurs thermiques sont interdits; seuls sont autorisés les moteurs électriques (le bateau de promenade est lui-même à propulsion électrique).

Signalons également que tout voilier ou planche à voile quittant la rive ou y accostant devra le faire perpendiculairement au rivage et à une vitesse ne dépassant pas 5 km/h.

La largeur de la zone où les embarcations doivent circuler au pas est de 100 mètres, calculée par rapport à la rive.

Comme dans toutes les retenues hydroélectriques, l'utilisation de la force hydraulique a prépondérance pour l'utilisation du plan d'eau. Les activités sportives ne peuvent s'exercer qu'aux risques et périls des pratiquants qui devront prendre toutes

PERMITTED ACTIVITIES - Sailing - Wind-surfing - Rowing - Canoe and kayak - Swimming - Fishing.

PROHIBITED - Motor-boats (except those with electric motors) - Water-skiing - Jet-ski® - Diving.

SERVICES AROUND THE LAKE - Pleasure boat harbour (50 rings) with slipway - Water-sports base - 1 hotel - 5 restaurants - 4 camping-sites, of which 1 is for nudists - Rural cottages for rent and bed and breakfast with local families. The village has a population of 400. Gréoux is 13 kilometres away (twisty road).

REGULATIONS - The specific regulations in force on this lake have not been communicated to us by the local authorities. We can nevertheless emphasise again that all internal combustion engines are banned; only electric motors are allowed and even the excursion boat is electric powered.

We should also point out that all sailing boats or wind-surfers leaving the shore or returning to land should do so on a course perpendicular to the water's edge at a speed not exceeding 5 KPH.

The width of the zone in which craft must observe this speed limit is the first 100 metres from the shore.

As in all hydroelectric reservoirs, the use of the water for the generation of electricity has priority over all other activities. Leisure and sporting activities can only be engaged in at the risks and perils of the participants, who

ERLAUBT - Segeln – Windsurfen – Rudersport – Kanu – Kajak – Baden – Angeln.

VERBOTEN - Motorboote (außer mit Elektroantrieb) – Wasserski – Jet-Ski® – Tauchen.

LEISTUNGSANGEBOT RUND UM DEN SEE - Sportboothafen (50 Ringe) mit Sliprampe – Klubstützpunkt – 1 Hotel – 5 Restaurants – 4 Campingplätze, einer davon mit Freikörperkultur – Unterkünfte auf Bauernhöfen – Gästezimmer.

Esparron hat 400 Einwohner. Gréoux liegt 13 km entfernt (kurvenreiche Straße).

VERORDNUNGEN - Besondere Regelungen wurden uns von der D.D.E. nicht gemeldet. Wir betonen noch einmal, dass Verbrennungsmotoren verboten sind, lediglich Motoren mit Elektroantrieb sind gestattet (sogar das Ausflugsschiff besitzt einen Elektromotor!).

- Die Uferzone, in der die Fahrzeuge im Schritttempo fahren müssen, ist 100 m breit. Segelschiffe und Surfer, die zum Ufer oder vom Ufer weg fahren wollen, müssen dies im rechten Winkel zur Uferlinie tun und dürfen die Höchstgeschwindigkeit von 5 km/h nicht überschreiten.
- Wie in allen Staubecken bei Kraftwerken hat die Nutzung der Wasserkraft den Vorrang vor allen anderen Aktivitäten. Das Ausüben von Wassersport erfolgt auf eigenes Risiko und es müssen alle Vorsichtsmaßnahmen getroffen werden,

Une régate sur le lac d'Esparron ▶

© Guy BURLE

Lac d'Esparron ▼

© CDTL/Julien LAUTIER

Lac d'Esparron. Le bateau de promenade "La Perle du Verdon" ▼

© Alain MOREL

précautions, notamment en ce qui concerne le marnage et la présence d'obstacles immergés.

LE PLAN D'EAU - Dans un cadre splendide qui rappelle la Corse, il épouse une forme tourmentée. Les rives sont peu accessibles et c'est ce qui fait l'intérêt du bateau ; celui-ci permet d'accéder aux criques les plus secrètes. Le caractère sauvage du site a amené la présence d'un centre naturiste au nord du lac.

Le Club Nautique d'Esparron indique que les vents dominants sont Nord ou Nord-Ouest, de force 6 ou 7 au maximum. Son marnage faible est sans conséquence pour la navigation.

Le lac, long lui-même de presque 5 kilomètres, se prolonge à l'amont par les Basses Gorges du Verdon sur 8 kilomètres, jusqu'à Quinson. Un parcours très sauvage à faire en canoë.

LE BARRAGE - C'est un barrage en alluvions de 220 mètres de long, d'une hauteur de 67 mètres au-dessus des fondations et d'une épaisseur à la base de près de 300 mètres.

L'usine a une productibilité annuelle de 170 millions de kWh.

CLUB NAUTIQUE - Il n'y en a qu'un, le Club Nautique d'Esparron-de-Verdon, affilié à l'E.F.V. et aux fédérations françaises de canoë-kayak et d'aviron. Adresse : le Port, 04800 Esparron-de-Verdon, tél/fax 04 92 77 15 25.

LOCATION DE BATEAUX - On peut louer à Esparron des bateaux électriques, seuls bateaux à moteur autorisés ("Alizé Electronic", tél 04 92 74 20 32) et aussi des pédalos, des canoës, des kayaks (loueurs sur place). Le club nautique loue des planches à voile en plus des canoës et des kayaks.

BATEAU DE PROMENADE - L'hydrobus électrique *La Perle du Verdon* permet de faire des promenades sur le lac. Il assure la navette avec la Pointe du Quartier. Tél. 04 92 77 10 74.

BAIGNADE - La plage (surveillée) se trouve à Esparron, un peu plus loin que le port. Elle donne sur un très beau panorama.

PÊCHE - Le lac d'Esparron est classé en 2e catégorie. Espèces dominantes : brochets, sandres, perches, truites fario, plus carpes, gardons et ablettes.

ADRESSES UTILES

- Direction Départementale de l'Équipement, avenue Demontzey, BP 211, 04002 Digne-les-Bains, tél. 04 92 30 55 62
- Répondeur E.D.F. (débit du Verdon), tél. 04 92 83 62 68
- Comité Départemental du Tourisme, 19 rue du Docteur Honnorat, BP 170, 04005 Digne-les-Bains cedex, tél. 04 92 31 57 29 - fax 04 92 32 24 94
- Office de Tourisme d'Esparron, 04800 Esparron-de-Verdon, tél 04 92 77 15 45 - fax 04 92 77 12 94

must take all precautions, particularly with respect to drops in the water level and the presence of submerged obstacles.

THE STRETCH OF WATER - In a splendid setting that reminds one of Corsica the lake is of a very irregular shape. Access to the shores from the land is difficult and this makes a boat all the more advantageous, for it enables you to get to the most secluded creeks. The unspoilt and remote surroundings favoured the establishment of a naturist centre at the north end of the lake.

The Club Nautique d'Esparron informs us that the prevailing winds are north and north-west, rising to a maximum of force 6 or 7. The small variations in the water level are of no consequence for sailing.

The lake, which is itself almost 5 kilometres long, is prolonged upstream by the Basses Gorges du Verdon, spread over 8 kilometres as far as Quinson. You can take a canoe to do the trip through dramatic and unspoilt scenery.

THE DAM - The dam is constructed from alluvial deposits, is 220 metres long, 67 metres high above the foundations and almost 300 metres thick at its base.

The electricity generating plant has an output capacity of 170 million kWh per year.

NAUTICAL CLUB - There is only one, the Club Nautique d'Esparron-de-Verdon, affiliated to the E.F.V. and to the French federations of canoe / kayak and rowing. Address (See details in French text under "Club nautique").

BOAT HIRE - At Esparron you can hire electric boats, which are the only type of motor-boats allowed ("Alizé Electronic", tel 04 92 74 20 32) and pedal craft, canoes and kayaks can also be hired on the spot. The sailing club hires out wind-surf boards, as well as canoes and kayaks.

EXCURSION BOAT - The electric passenger boat *La Perle du Verdon* enables you to go for promenades on the lake and also provides a ferry service to the Pointe du Quartier. Tel 04 94 77 15 45.

SWIMMING - The beach (with beach-guard surveillance) is at Esparron, somewhat beyond the harbour. It offers a view over a very fine panorama.

FISHING - The Esparron lake is classed in the 2nd category. The main species : pike, zander, perch and ferox trout, as well as carp, roach and bleak.

USEFUL ADDRESSES - (See details in French text under "Adresses utiles").

TOURISM - The Esparron lake is situated in the wildest and most unspoilt part of the magnificent region that extends from Sainte-Croix to Gréoux, around the Basses Gorges du Verdon.

um Unfälle und Havarien zu vermeiden. Besonderes Augenmerk ist auf die variable Höhe des Wasserspiegels und Hindernisse unter Wasser zu richten.

DAS GEWÄSSER - Der buchtenreiche Lac d'Esparron liegt in einer herrlicher Umgebung, die an Korsika erinnert. Die Ufer sind schwer zugänglich. Gerade das macht seinen Reiz aus, hier kann man mit dem Boot die verborgensten Buchten aufspüren. In der unberührten Landschaft am nördlichen Teil des Sees gibt es ein reikörperkulturzentrum.

Der Club Nautique d'Esparron meldete uns, dass die hauptsächlichsten Winde aus Nord oder Nordwest wehen, mit Maximalstärken von 6 bis 7. Die Niveauunterschiede sind gering und wirken sich nicht auf den Schiffsverkehr aus.

Der See ist 5 km lang und führt in der Verlängerung talaufwärts über 8 km durch die Basses Gorges du Verdon nach Quinson. Die Fahrt mit dem Kanu durch diese Schlucht zeigt die ganze Schönheit dieser wilden Naturlandschaft.

DAS STAUWEHR - Das Wehr besteht aus aufgeschüttetem Erd- und Steinmaterial. Es ist 220 m lang, 67 m hoch und an der Basis fast 300 m breit. Die jährliche Stromproduktion des Kraftwerks beträgt 170 Millionen kWh.

WASSERSPORTKLUBS - Der Club Nautique d'Esparron-de-Verdon ist der einzige Wassersportklub. Er ist Mitglied des E.F.V. sowie des französischen Ruder- und des Kanu-/Kajakverbandes (Adressen im französischen Text unter "Club nautique").

VERMIETUNGEN - In Esparron kann man Boote mit Elektromotor mieten ("Alizé Electronic", Tel. 04 92 74 20 32) sowie Pedalos, Kanus und Kajaks (Vermietung vor Ort). Der Club Nautique vermietet außer Kanus und Kajaks auch Surfbretter.

AUSFLUGSSCHIFF - Mit dem elektrisch angetriebenen Hydrobus *La Perle du Verdon* kann man Rundfahrten auf dem See machen. Dieses Schiff fährt auch im Pendelverkehr nach Le Quartier am Seeende (Tel. 04 94 77 15 45).

BADEN - In der Nähe des Hafens Esparron befindet sich ein überwachter Badestrand mit schöner Panoramasicht.

ANGELN - Der Lac d'Esperron gehört den Angelrevieren der 2. Kategorie an. Hauptsächliche Fischarten: Hecht, Zander, Barsch, Forelle, Karpfen, Plötze und Ukelei.

NÜTZLICHE ANSCHRIFTEN - (Adressen im französischen Text unter "Adresses utiles").

TOURISMUS - Der Lac d'Esparron liegt im wildesten Teil dieser großartigen Region rund um die Schluchten der Basses Gorges du Verdon, zwischen St-Croix und Gréoux.

TOURISME - Le lac d'Esparron se trouve dans la partie la plus sauvage de cette région magnifique qui s'étend de Sainte-Croix à Gréoux, autour des Basses Gorges du Verdon.

Le village d'Esparron a un cachet certain avec le donjon massif de son château. Le lac à lui tout seul constitue un itinéraire de toute beauté jusqu'au barrage, le long de sites inaccessibles autrement. Les Basses Gorges du Verdon, qui constituent la queue de la retenue jusqu'à Quinson, sont absolument à faire pour les amateurs de canoë. Le Club Nautique d'Esparron organise des randonnées en canoë avec visites de l'ancien canal du Verdon, de grottes et de tunnels. Ces visites peuvent se faire également en bateaux électriques.

Si on veut excursionner en voiture : le plateau de Valensole au nord, Manosque et la Durance au couchant et le Haut Var au sud. Une région que les touristes étrangers apprécient particulièrement.

The village of Esparron has an impressive presence, with the massive keep of its castle. On a boat trip down the lake as far as the dam, you will follow an itinerary of stunning beauty and pass sites that are not accessible from land.

The Basses Gorges du Verdon, which enclose the uppermost portion of the reservoir as far as Quinson are absolutely not to be missed by canoeing enthusiasts. The Club Nautique d'Esparron organizes canoe expeditions with visits to the disused Verdon canal, caves and tunnels. You can also do the same visits in electric powered boats.

If you want to go on excursions by car : the Valensole plateau to the north, Manosque and the Durance to the west and the Haut Var to the south. This is a region that is greatly liked by foreign tourists.

Wahrzeichen des Ortes Esparron ist der markante Schlossturm. Auf dem See sind schöne Fahrten möglich bis hinunter zum Wehr, vorbei an versteckten, unzugänglichen Buchten. Die Schlucht der Basses Gorges du Verdon, die talaufwärts die Fortsetzung des Sees bis Quinson bilden, können mit dem Kanu auch von Anfängern bewältigt werden. Der Club Nautique d'Esparron organisiert geführte Kanufahrten mit Besichtigung des alten Verdonkanals sowie von Grotten und Tunnels. Diese Besichtigungen sind auch mit elektrisch angetriebenen Booten möglich.

Auch mit dem Auto winken attraktive Ziele: Im Norden das Plateau de Valensole, Manosque, der Unterlauf der Durance und im Süden der Haut-Var. Eine von Touristen geschätzte Region.

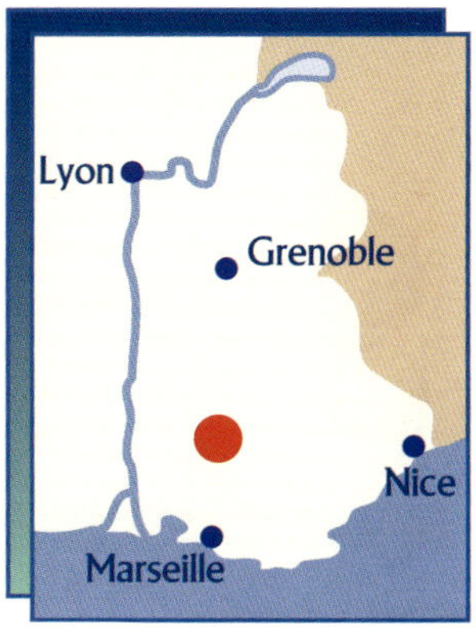

LAYE (Retenue de la)

ALPES DE HAUTE-PROVENCE

Forcalquier 5 km - Manosque 24 km - Sisteron 50 km - Avignon 107 km
Marseille 110 km

Plus aucune activité nautique ne s'exerce sur ce lac proche de Forcalquier. Un projet est à l'étude.

La baignade était interdite mais le plan d'eau est intéressant pour les pêcheurs : la pêche de la carpe de nuit est autorisée le week-end pendant l'été et un concours de pêche a lieu en juillet.

Le lac de la Laye est classé en 2e catégorie. A.P.P.M.A. à la Gaule Oraisonnaise, Mairie 04700 Oraison. 3 dépositaires de cartes à Forcalquier : Fayet - Relot - Jean.

There is no longer any form of nautical activity on this reservoir, which is near Forcalquier. A project is presently under study. Swimming has up till now been forbidden but this water is of interest to fishermen : night fishing for carp is permitted during weekends in summer and there is a fishing competition in July.

The Lac de la Laye is classed in the 2nd category. The headquarters of the A.P.P.M.A. is at La Gaule Oraisonnaise, Town Hall Oraison (Post code 04700).

3 issuing points for permits at Forcalquier : Fayet - Relot - Jean.

Auf diesem See bei Forcalquier gibt es keine Wassersportaktivitäten mehr. Ein Wiederbelebungsprojekt ist in Planung.

Baden ist verboten, der See ist jedoch interessant für Angler: Nachtfischfang ist im Sommer an Wochenenden erlaubt und im Juli findet ein Angelwettbewerb statt.

Der Lac de la Laye gehört den Angelrevieren der 2. Kategorie an. A.P.P.M.A., La Gaule Oraisonnaise, Mairie 04700 Oraison.

Angelscheine sind erhältlich in Forcalquier bei Fayet, Relot und Jean.

AIGUINES

Entre ciel et eau, blotti au cœur d'une nature grandiose et sauvage, le village d'Aiguines, accroché contre le flanc occidental de la montagne de Margès, protège l'accès du grand Canyon du Verdon, torrent impétueux qui a creusé son lit au travers des roches sur plus de 300 m de profondeur tout en dominant la partie nord du lac de Ste Croix, joyaux de la nature aux couleurs de saphirs et d'émeraudes.

Au village,

- Le Château, résidence privée non-ouverte au public, a été restauré en 1606 par Balthazar de Gauthier. C'est, semble-t-il, à l'époque de ses descendants vers 1720 puis 1750, que le château et ses annexes firent l'objet de transformations et que les jardins furent aménagés. Il fut racheté en 1989 et restauré dès cette date.

- La Chapelle Saint-Pierre domine le village avec une table d'orientation présentant un panorama unique sur le lac de Ste Croix et le plateau de Valensole.

- Réputé jadis pour la qualité de sa tournerie sur bois, un musée a été constitué autour du dernier atelier fonctionnant à Aiguines. Ce musée présente des collections de tour à bois, d'outils, d'objets tournés et de boules cloutées, témoins de la production aiguinoise du XVIIIe au XXe siècle.

- Aiguines, c'est aussi des voies d'escalade de très haute qualité pour tous les niveaux, la pratique du parapente, et du delta-plane, la voile et la planche à voile, le canoë-kayak, la remontée d'une partie des Gorges du Verdon en bateau à pédales.

Mairie d'AIGUINES
Tel. 04 94 70 21 93 - Fax 04 94 70 20 39

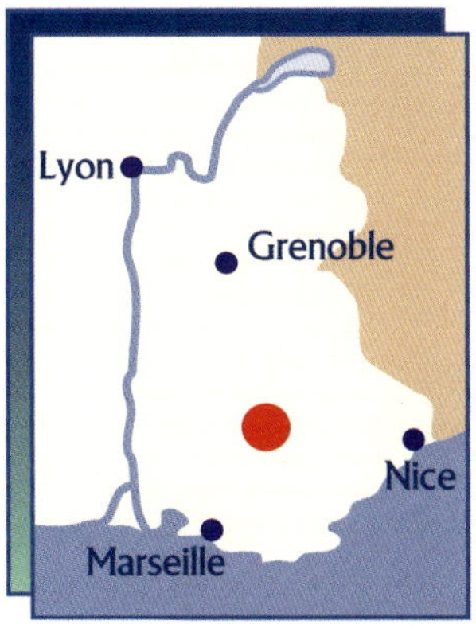

SAINTE-CROIX (Lac de)

ALPES-DE-HAUTE-PROVENCE ET VAR

Manosque 45 km - Castellane 55 km - Marseille 122 km - Digne-les-Bains 52 km
Toulon 120 km - Cannes 123 km - Aix-en-Provence 92 km - Sisteron 95 km

Altitude : 477 mètres - Altitude : 477 metres - Höhe über Meer: 477 Meter
Superficie : 2 200 ha - Surface area : approx. 5 436 acres - Fläche: 2 200 Hektaren
Profondeur maximum : 90 mètres - Maximum depth : 90 metres - Maximale Tiefe: 90 Meter

CLUBS NAUTIQUES NAUTICAL CLUBS WASSERSPORTKLUBS
A - Ass. Voile et Nautisme 04
B - Sté Nautique Ste-Croix
C - C.N. La Cadéno
D - C.N. Bauduen

VENTS WINDS WINDE
1 – Vent dominant. Thermiques S/SE/SW.
2 – Vent d'Ouest
3 – Vent d'Est
4 – Mistral
1. Prevailing wind – Thermals S / SE / SW
2. West wind
3. East wind
4. Mistral
1. Hauptwind – Warme Brisen aus S/SE/SW
2. Westwind
3. Ostwind
4. Mistral

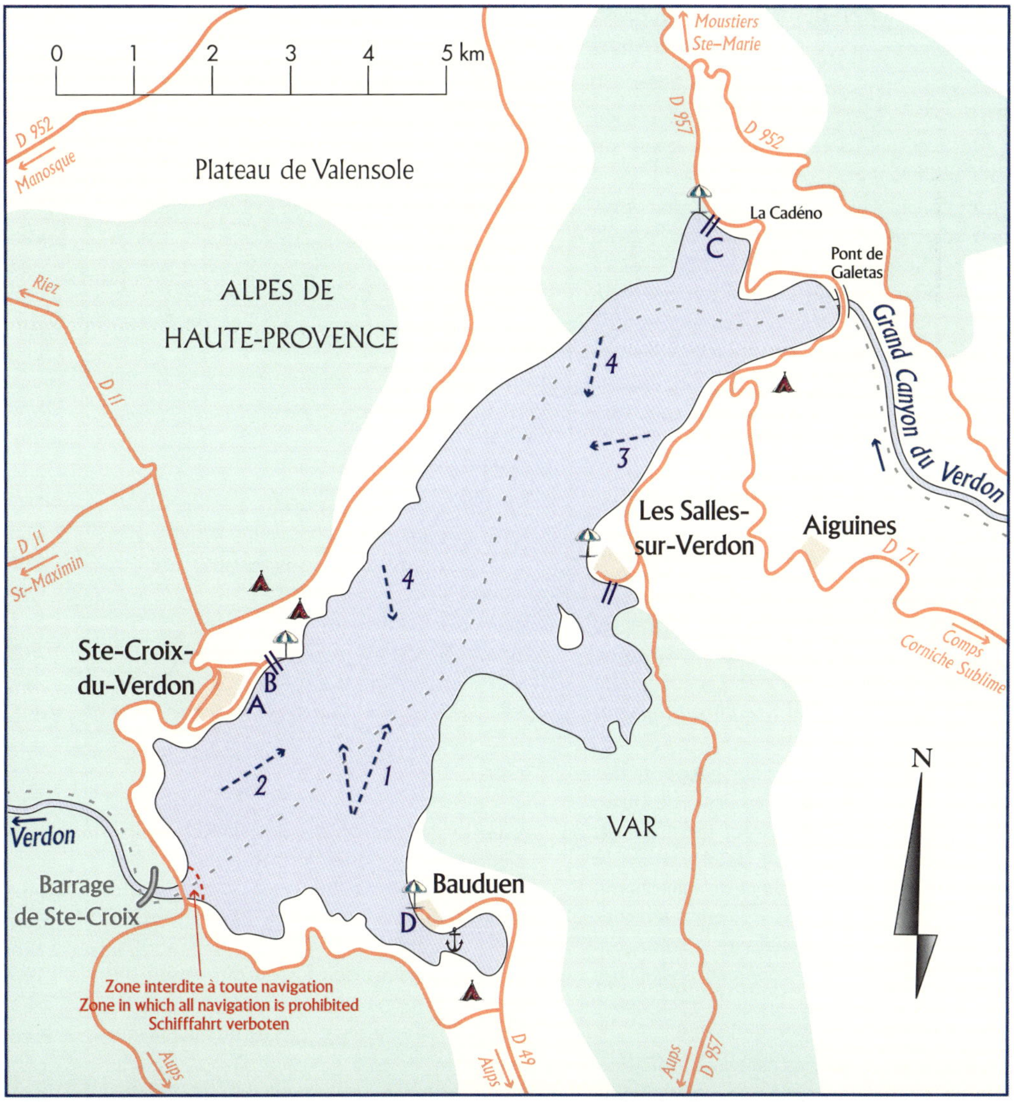

Rien que pour la couleur de ses eaux (dont l'éclatant miroir turquoise a rappelé la Polynésie à l'auteur de ce guide !), le lac de Sainte Croix mérite le détour... selon l'expression consacrée. C'est incontestablement la plus belle retenue des Alpes françaises, cette retenue du Verdon. Sur le plan d'eau immense (les 8/10 du lac d'Annecy), les sports de voile ont à leur disposition un domaine illimité puisque le moteur est interdit à l'exception de petits bateaux électriques. Un lac de rêve dont la promotion (méritée) est assurée avec un dynamisme qu'on aimerait retrouver ailleurs...

If for nothing else than the colour of its water (whose dazzling turquoise mirror made the author of this guide think of Polynesia !), the Lac de Sainte-Croix is worth a detour....as the saying goes. This reservoir made by damming the Verdon river is without question the most beautiful reservoir in the French Alps. On this immense expanse of water (8/10 of the size of the Annecy lake), sailing sports enthusiasts have at their disposal a limitless domain, as motors are banned, except for little electric boats. This is a dream lake, whose well justified promotion is undertaken with a dynamism that one would like to find elsewhere.

Nur schon wegen der Farbe seines Wasser – sein türkisgrüner Spiegel weckt Erinnerungen an Polynesien! – ist der Lac de Sainte Croix bestimmt das schönste Staubecken in den französischen Alpen. Dieses riesige Becken des Verdon – vier Fünftel der Fläche des Lac d'Annecy! – stellt dem Segelsport eine fast unbegrenzte Wasserfläche zur Verfügung, denn außer kleinen Booten mit Elekroantrieb sind hier Motoren nicht zugelassen. Ein Traumsee, der seinesgleichen sucht, und für den – verdienterweise – intensiv geworben wird, wie man es sich auch anderswo wünschen würde ...

ACTIVITÉS AUTORISÉES - Motonautisme par moteurs électriques uniquement - Voile - Planche à voile - Aviron - Canoë-kayak - Baignade - Pêche.

INTERDIT - Motonautisme (à moteurs thermiques) - Ski nautique - Jet-ski® - Plongée.

PRESTATIONS AUTOUR DU PLAN D'EAU - Plusieurs bases nautiques avec rampes de mise à l'eau - Hôtels - Restaurants - 5 campings. Les localités riveraines (Sainte-Croix, Aiguines, Les Salles, Bauduen) ou les plus proches dans un rayon de 20 km (Riez, Moustiers-Ste-Marie, Aups) ne dépassent pas 2 000 habitants.

RÉGLEMENTATION - Le nom officiel du lac de Sainte-Croix est : "plan d'eau de Fontaine-l'Evêque".

Il est considéré comme un "grand plan d'eau", c'est-à-dire que les règles de route à respecter sont celles applicables sur les lacs et à la mer. A la réglementation générale (voir le *Code Vagnon fluvial*) s'ajoutent les dispositions suivantes propres au lac de Sainte-Croix :

- A l'amont du viaduc de Sainte-Croix, une zone est interdite à toute activité (voir la carte).
- La navigation à moteur autre qu'électrique est interdite.
- Les bateaux habitables sont interdits.
- Il y a une bande de rive (qui n'est pas systématiquement balisée) de 100 mètres de large, à l'intérieur de laquelle la vitesse ne doit pas excéder 5 km/h, l'accès ou le départ de la rive devant se faire perpendiculairement à celle-ci.
- Le plan d'eau est utilisé pour l'écopage des avions amphibies (Canadairs) de lutte contre les incendies de forêts. Les appareils effectuent d'abord un ou deux passages à basse altitude. A la vue de cette manœuvre, toutes les embarcations doivent s'éloigner le plus rapidement possible de l'axe de passage ainsi désigné. Elles doivent laisser libre la zone ainsi dégagée jusqu'à une heure après le dernier passage de l'avion.
- Comme pour toutes les retenues hydroélectriques, il est bien précisé que l'utilisation de la force hydraulique a prépondérance pour l'utilisation du plan d'eau. Les activités sportives ne peuvent s'exercer qu'aux risques et périls des pratiquants qui devront prendre toutes précautions, notamment en ce qui concerne le marnage et la présence d'obstacles immergés.

LE PLAN D'EAU - Il est très beau, on l'a dit, et, en plus, il ne subit que très peu de mauvais temps. En temps ordinaire, nous précise l'Association Voile et Nautisme 04 qui nous a fourni avec célérité de précieux renseignements, règne de mai à octobre un régime de brise thermique, orientation Sud/Sud-Est/Sud-Ouest, de force 2 à 5 l'après-midi, avec un clapot court de 50 centimètres à 1 mètre.

PERMITTED ACTIVITIES - Electric powered motor-boats only - Sailing - Wind-surfing - Rowing - Canoe and kayak - Swimming - Fishing.

PROHIBITED - Motor-boats (with internal combustion engines) - Water-skiing - Jet-ski® - Diving

SERVICES AROUND THE LAKE - Several sailing bases with launching slipways - Hotels - Restaurants - 5 camping-sites. None of the towns and villages around the shores (Sainte-Croix, Aiguines, Les Salles, Bauduen) or the nearest within a radius of 20 kilometres (Riez, Moustiers-Ste-Marie, Aups) has a population of more than 2 000.

REGULATIONS - The official name of the Lac de Sainte-Croix is the "plan d'eau de Fontaine-l'Evêque".

It is considered to be a large expanse of water, which entails that the traffic rules to be observed are those in force on lakes and at sea. In addition to the general regulations (see the *Code Vagnon Fluvial*), the Lac de Sainte-Croix's own specific local regulations are as follows :

- Upstream from the Sainte-Croix railway bridge, there is a zone in which all activity is prohibited (see the map).
- The use of motor-boats, other than electrically powered ones, is forbidden.
- Boats with sleeping accommodation are not allowed.
- There is a 100 metre wide shoreside strip (which is not systematically marked out), within which there is a speed limit of 5 KPH. Boats leaving the shore or returning to it must do so at right-angles to the water's edge.
- The reservoir is used for the scooping up of water by the amphibious aircraft (Canadairs) used in fighting forest fires. The aircraft first make one or two low level passes. At the sight of these manoeuvres, all boats must move as quickly as possible away from the flight path and scooping zone thus indicated. They must remain clear of this zone until one hour after the passage of the last plane.
- As in all hydro-electric reservoirs, it is clearly stated that the use of the water for the generation of electricity is the primary purpose of the reservoir. Sporting activities can only be undertaken at the risks and perils of the participants, who must take all appropriate precautions, particularly with respect to variations in the water level and the presence of submerged obstacles.

THE STRETCH OF WATER - This reservoir is very beautiful, as we have already said, and in addition it is only subject to very little bad weather. The Association Voile et Nautisme 04, which supplied us with valuable and prompt information, states that, in normal conditions, from May until October there is a settled pattern of thermal breezes blowing from the south, south-east, south-west sector at force 2 to 5 in the afternoons, causing a short chop

ERLAUBT - Motorboote (nur mit Elektroantrieb) – Segeln – Windsurfen – Rudersport – Kanu – Kajak – Baden – Angeln.

VERBOTEN - Motorboote mit Verbrennungsmotor – Wasserski – Jet-Ski® – Tauchen.

LEISTUNGSANGEBOT RUND UM DEN SEE - Mehrere Klubstützpunkte mit Sliprampe – Hotels – Restaurants – 5 Campingplätze.

Direkt am See liegen die Orte Sainte-Croix, Aiguines, Les Salles sowie Bauduen, und in einem Umkreis von 20 Kilometern Riez, Moustiers-Ste-Marie und Aups. Keiner davon zählt mehr als 2 000 Einwohner.

VERORDNUNGEN - Die offizielle Bezeichnung des Lac de Sainte-Croix ist "Plan d'eau de Fontaine-l'Evêque". Er ist als "grand plan d'eau" (Großwasserfläche) eingestuft, deshalb kommen hier die Regelungen der Schiffsverkehrsordnung für Seen und das Meer zur Anwendung. Im Übrigen gilt die allgemeine französische innenschifffahrtsverordnung (siehe *Code Vagnon Fluvial*, "édition de l'année", erscheint jedes Jahr neu).

Daneben gelten für den Lac de Sainte-Croix einige zusätzliche Regelungen:

- Oberhalb des Viadukts Sainte-Croix gibt es eine Zone, in der die Schifffahrt untersagt ist (siehe Karte).
- Es sind nur Motorboote mit Elektroantrieb zugelassen.
- Bewohnbare Schiffe sind verboten.
- Die Uferzone (nicht überall gekennzeichnet) ist 100 m breit. In dieser Zone gilt eine Höchstgeschwindigkeit von 5 km/h. Die Zufahrt und die Wegfahrt vom Ufer müssen im rechten Winkel zur Uferlinie erfolgen.
- Im Kampf gegen Waldbrände dient der See den Löschflugzeugen ("Canadairs®") zur Wasserentnahme. Um ihr Manöver einzuleiten, fliegen sie zuvor ein oder zwei Mal mit geringer Höhe über den See. Das bedeutet, dass sich alle auf dem See befindlichen Fahrzeuge unverzüglich aus der so markierten Anflugachse entfernen müssen und diesen Bereich erst eine Stunde nach der letzten Flugzeugpassage wieder befahren dürfen.
- Wie in allen Staubecken bei Kraftwerken hat die Nutzung der Wasserkraft den Vorrang vor allen anderen Aktivitäten. Das Ausüben von Wassersport erfolgt auf eigenes Risiko und es müssen alle Vorsichtsmaßnahmen getroffen werden, um Unfälle und Havarien zu vermeiden. Besonderes Augenmerk ist auf die variable Höhe des Wasserspiegels und Hindernisse unter Wasser zu richten.

DAS GEWÄSSER - Wie bereits gesagt, ist der See sehr schön, dazu muss man hier nur selten mit schlechtem Wetter rechnen. Der Klub L'Association Voile et Nautisme 04 hat

Les rares jours de mauvais temps, il faut faire attention aux coups de vent sous orage, vent d'Est ou Mistral, qui portent au large. Clapot 1 mètre 20.

Ces différents vents sont portés sur la carte.

Le marnage, moins important qu'au lac de Castillon, n'apporte que peu de gêne, surtout en été : une plage plus longue mais pas de gros problèmes de mise à l'eau.

Les dimensions imposantes du plan d'eau permettent des évolutions en toute liberté. La navigation est toutefois plus importante dans la partie amont, vers les Gorges du Verdon.

LE BARRAGE - Il est du type voûte mince (7 mètres d'épaisseur en pied et 3 mètres en crête !), long de 138 mètres et s'élevant à 95 mètres au-dessus des fondations.
L'usine produit 162 millions de kWh par an.

CLUBS NAUTIQUES

- Association Voile et Nautisme 04 (E.F.V.), route du Lac, 04500 Ste-Croix-du-Verdon, tél. 04 92 77 76 51
- Société Nautique de Ste-Croix-du-Verdon, route du Lac, 04500 Ste-Croix-du-Verdon, tél. 04 92 77 84 16
- Club Nautique La Cadéno (E.F.V.), 04360 Moustiers-Ste-Marie, tél. 04 92 74 60 85
- Club Nautique de Bauduen, 83630 Bauduen - tél. 04 94 70 09 22

LOCATION DE BATEAUX - On peut louer des bateaux à moteur électrique (les seuls autorisés sur le lac) à Moustiers-

with troughs of 50 centimetres to 1 metre.

On the rare days of bad weather, you must beware of gusts of wind under the storm, with an east wind or mistral blowing towards the open water. Waves 1.20 m high.

These various winds are inscribed on the map.

The variations in the water level, which are smaller than in the Castillon lake, hardly cause any difficulty, particularly in summer. The shores fall away less steeply, so the water is shallow near the edge, but this does not cause any great problems for launching boats.

The sheer size of the lake means that there are no problems of congestion. The concentration of boats is nevertheless higher in the upstream portion, towards the Verdon gorges.

THE DAM - It is of the thin vaulted type (7 metres thick at the base and 3 metres at the crest!), 138 metres in length and rising 95 metres above its foundations.

The generating station produces 162 million kWh per year.

NAUTICAL CLUBS - (See details in French text under "Clubs nautiques")

BOAT HIRE - You can hire electrically powered boats (the only type of motor-boat allowed on the lake) at Moustiers-Ste-Marie, at the Galetas bridge in Aiguines, or at Sainte-Croix ("Le Petit Port", tel 04 92 77 77 23).

Pedalos, dinghies, catamarans, wind-surf boards, canoes and kayaks can be hired on the beaches or at the Galetas bridge.

uns wertvolle Informationen über die Windverhältnisse zukommen lassen.

Unter normalen Umständen liegt der See von Mai bis Oktober unter dem Einfluss von thermischen Brisen, der Wind kommt aus Süd, Süd-Ost oder Süd-West und weht am Nachmittag mit Windstärken von 2 bis 5, die Wellen von 50 Zentimeter bis 1 Meter verursachen.

An den wenigen Schlechtwettertagen kommen auf dem offenen See bei Gewitterlagen heftige Böen auf – Westwind oder Mistral –, die Wellen erreichen dann Höhen von bis zu 1.20 m. Die verschiedenen Winde sind auf der Karte vermerkt.

Die Niveauunterschiede sind weniger groß als auf dem Lac de Castillon und beeinflussen die Schifffahrt nur in geringem Maße, besonders im Sommer. Der Badestrand wird etwas breiter, aber das Ein- und Auswassern von Schiffen bietet keine großen Probleme.

Auf der immensen Wasserfläche hat man große Bewegungsfreiheit. Im oberen Teil, gegen die Gorges du Verdon, ist die Schifffahrt intensiver.

DAS STAUWEHR - Der Bogenstaudamm ist an der Basis nur 7 m breit und auf der Krete 3 m, dabei hat er eine Länge von 138 m und ist 95 m hoch! Das Kraftwerk produziert eine jährliche Strommenge von 162 Millionen kWh pro Jahr.

WASSERSPORTKLUBS - (Adressen im französischen Text unter "Clubs nautiques")

VERMIETUNGEN - Motorboote mit Elektroantrieb (die einzigen, die zugelassen sind) können in Moustiers-Ste-Marie, in Aiguines (Port de Galetas) oder in Sainte-Croix (Le Petit Port, Tel. 04 92 77 77 23) gemietet werden.

Pedalos, leichte Segelboote, Katamarane, Surfbretter, Kanus und Kajaks werden direkt am Strand vermietet sowie im Brücke Galetas.

AUSFLUGSSCHIFF - "Verdon Navigation" bietet auf ihrem Ausflugsschifff kommentierte Rundfahrten an, von Les Salles-sur-Verdon bis zum Beginn des Grand Canyon. Eine sehr schöne Fahrt!

BADEN - Es gibt vier Kiesstrände (siehe Karte) mit herrlicher Panoramasicht. Am schönsten gelegen sind zweifellos die Strände von Aiguines und Sainte-Croix, zudem werden sie im Juli und im August überwacht.

Ste-Marie, à Aiguines au pont de Galetas, ainsi qu'à Sainte-Croix ("Le Petit Port", tél. 04 92 77 77 23).

On loue pédalos, dériveurs, catamarans, planches à voile, canoës, kayaks sur les plages et au pont de Galetas.

BAIGNADE - Quatre plages de galets, portées sur la carte, font face à un panorama splendide. Les mieux placées sont sans doute celles d'Aiguines et de Sainte-Croix qui, en plus, sont surveillées en juillet et en août.

PÊCHE - Le lac de Sainte-Croix est classé en 2e catégorie. Espèces dominantes : truite fario et omble chevalier. Plus carpes, gardons, ablettes.

Adresse de l'Association pour la pêche et la protection du milieu aquatique : avenue du Levant, Étoile des Alpes, bât. E, 04000 Digne-les-Bains, tél. 04 92 32 25 40, fax 04 92 32 32 11.

ADRESSES UTILES

-Direction Départementale de l'Équipement, avenue Demontzey, BP 211, 04002 Digne-les-Bains, tél. 04 92 30 55 62
- Répondeur E.D.F. (débit du Verdon), tél. 04 92 83 62 68
- Comité Départemental de Tourisme, 19 rue du Dr Honnorat, BP 170, 04005 Digne-les-Bains cedex, tél. 04 92 31 57 29, fax 04 92 32 24 94
- Point information tourisme de Sainte-Croix, 04500 Ste-Croix-du-Verdon, tél. 04 92 77 85 29, fax 04 92 77 76 23
- Syndicat d'Initiative de Bauduen, rue Juterie, 83630 Bauduen, tél. 04 94 84 39 02
- Office de Tourisme de Moustier-Ste-Marie, 04360 Moustier-Ste-Marie, tél. 04 92 74 67 84, fax 04 92 74 60 65
- Office de Tourisme de Riez, 04500 Riez, tél. 04 92 77 99 09, fax 04 92 77 99 08
- Office de Tourisme des Salles-sur-Verdon, 83630 Les Salles-sur-Verdon, tél./fax 04 94 70 21 84

EXCURSION BOAT - The Verdon Navigation company runs an excursion boat, which offers cruises with commentary, starting from Les Salles-sur-Verdon and going to the mouth of the Grand Canyon. A very beautiful trip.

SWIMMING - Four shingle beaches, shown on the map, have opposite them a splendid panorama. The best placed ones are without doubt those of Aiguines and Sainte-Croix, which also have the advantage of being supervised in July and August.

FISHING - The Sainte-Croix lake is classed in the 2nd category. The main species are trout, fario and char and there are also carp, roach and bleak.
Address (See details in French text under "Pêche").

USEFUL ADDRESSES - (See details in French text under "Adresses utiles")

TOURISM - Happy is the boater who has chosen to practise his passion on the Lac de Sainte-Croix! He is on the border line between the Alps and Provence, between Alpine and Mediterranean climates and under a pure and persistently unclouded sky. If he wants to indulge in a little tourism, he will be spoiled for choice.

The lake itself is best explored by boat. It is surrounded by rounded mountains, covered with the dark green mantle of their vegetation right down to the banks of the lake. A village perches on its promontory : Sainte-Croix. Another, that the waters have risen to rejoin : Bauduen, which, before the dam, used to possess the reappearance of the subterranean river of Fontaine-l'Evêque (bishop's fountain), the official name of the reservoir. Les Salles-sur-Verdon, whose old village was swallowed up by the lake. The wild and unspoilt creeks. And the extremity of the lake which reaches into the Gorges du Verdon, from the Pont de Galetas onwards.

ANGELN - Der Lac de Sainte-Croix gehört den Angelrevieren der 2. Kategorie an. Hauptsächliche Fischarten: Forelle und Wandersaibling, auch Karpfen, Plötze und Ukelei. Adressen im französischen Text unter "Pêche".

NÜTZLICHE ANSCHRIFTEN - (Adressen im französischen Text unter "Adresses utiles")

TOURISMUS - Wer auf dem Lac de Sainte-Croix seinem Hobby nachgeht, hat gut gewählt. Der See liegt zwischen den Alpen und der Provence, zwischen alpinem und mediterranem Klima, unter blauem Himmel und ständigem Sonnenschein. Von hier aus bieten sich auch viele Möglichkeiten für Ausflüge und Exkursionen in die Umgebung.

Den See selbst erkundet man am besten per Ausflugsschiff oder Boot. Dabei hat man einen schönen Rundblick auf die umliegenden Berge, dunkelgrün bewachsen bis hinunter zu den Ufern mit vielen wilden, unberührten Buchten. Direkt am See liegt das Dorf Sainte-Croix und – seit der Überflutung des Tales ebenfalls direkt am Wasser – Bauduen, "vorher" mit der Quelle Fontaine-l'Evêque, von der das Becken seinen offiziellen Namen hat. Die dritte Seegemeinde ist das neue Les Salles-sur-Verdon – der alte Ort verschwand in den Fluten des Staubeckens. Beim Pont de Galetas am obersten Seezipfel beginnt der weltweit bekannte Grand Canyon du Verdon, der schönste Canyon Europas.

Auch mit dem Auto winken attraktive Ziele: La "Corniche Sublime", der Grand Canyon du Verdon, dahinter Castellane, der Lac de Castillon (siehe Seite 23) und die Route Napoléon. Im Norden, direkt oberhalb des Dorfes Sainte-Croix das Plateau de Valensole mit seinen Lavendelfeldern und Olivenhainen. Im Westen die beiden Seen Lac de Quinson und

- Verdon Accueil, 83630 Aiguines, tél. 04 94 70 21 64
- Parc Naturel Régional du Verdon, BP 14, 04360 Moustiers-Ste-Marie, tél. 04 92 74 63 95

TOURISME - Heureux le plaisancier qui a choisi de pratiquer sa passion sur le lac de Sainte-Croix ! Il est à la jonction des Alpes et de la Provence, des climats alpin et méditerranéen, sous un ciel pur et un soleil persistant. S'il veut faire un peu de tourisme, il sera comblé.

Le lac lui-même, est à découvrir en bateau. Son cadre de montagnes arrondies, couvertes du vert sombre de la végétation jusqu'à la berge. Un village perché sur son promontoire : Sainte-Croix. Un autre, que la montée des eaux a rejoint : Bauduen, qui possédait, "avant", la résurgence de Fontaine-l'Evêque, nom officiel de la retenue. Les Salles-sur-Verdon, dont l'ancien village a été englouti. Et les criques sauvages. Et l'extrémité du lac qui remonte dans les Gorges du Verdon à partir du pont de Galetas...

Avec la voiture, bien sûr, la "Corniche Sublime" et le Grand Canyon du Verdon, mondialement connu, le plus beau canyon d'Europe. Au-delà, Castellane, le lac de Castillon (voir page 23), la Route Napoléon. Au nord, juste au-dessus du village de Sainte-Croix, le plateau de Valensole, ses champs de lavande et ses oliviers. A l'ouest, le lac d'Esparron, décrit dans ce guide, et celui de Quinson, Manosque et la Durance, le pays de Giono. Enfin, au sud, tout de suite après Bauduen, on aborde le Haut-Var (Aups, Tourtour, Brignoles), frais, boisé et ensoleillé, aux vignobles et à la terre rouge. L'embarras du choix !

By car, of course, there is the "Corniche Sublime" and the world famous Grand Canyon du Verdon, the most beautiful canyon in Europe. Farther away, you have Castellane, the lac de Castillon (see page 23) and the Route Napoléon. To the North, just above the village of Sainte-Croix, there is the Valensole plateau with its fields of lavender and its olive trees. To the West, the Quinson and Esparron lakes, described in this guide, the town of Manosque and the Durance, the native region of the writer Giono. Lastly, to the South, immediately after Bauduen, you pass into the Haut-Var (towns : Aups, Tourtour, Brignoles), fresh, wood clad and sunny, with vineyards and red soil. You have more than enough to choose from!

Lac d'Esparron (siehe Seite 29), Manosque und die Durance und im Süden schließlich, nicht weit von Bauduen, liegt der Haut-Var (Aups, Tourtour und Brignoles), angenehm frisch, bewaldet und sonnig, mit seinen Weinbergen und der roten Erde. Wer die Wahl hat, hat die Qual!

© CDTL Alpes de Haute-Provence

© Agence NUTS/CDTL Alpes de Haute-Provence

Serre-Ponçon

sous le ciel le plus pur de France...

Beneath the purest sky in France...

So klar ist der Himmel nirgends in Frankreich...

Entre Hautes-Alpes et Alpes de Haute-Provence, entre 780 et 3 000 m d'altitude...vous êtes plus près du soleil et à l'air pur ! Le bleu intense du ciel rivalise avec le bleu profond de la plus grande retenue artificielle d'Europe : 3 000 hectares d'eau qui s'étalent sur les vallées de la Durance et de l'Ubaye. Des rives sauvages, une nature splendide, des cimes à 3 000 m, composent un paysage tantôt alpin, tantôt méditerranéen !

Between the Hautes Alpes and the Alpes de Haute Provence at 780 to 3,000 metres high you are nearer the sun and fresh air! The bright blue sky vies with the deep blue of the largest artificial dam in Europe: 3,000 hectares (7,431 acres) of water in the Durance and Ubaye valleys. The landscape varies between the Alpine and the Mediterranean with wild ciffs, glorious natural surroundings, and peaks soaring to 3,000 m!

Zwischen den Hochalpen (Hautes-Alpes) und den Provenzalischen Alpen (Alpes de Haute-Provence), zwischen 780 – 3.000 m Höhe sind Sie der Sonne am nächsten und atmen reine Luft ! Das intensive Blau des Himmels wetteifert mit dem dunklen Blau des größten künstlichen Sees in Europa: 3.000 ha Wasserfläche erstrecken sich über die Täler der Durance und desUbaye.
Die unberührten Ufer, die herrliche Natur und die 3000 m hohen Gipfel bilden die Kulisse für eine sowohl alpine als auch mediterrane Landschaft!

La Chapelle St Michel de Prunières, site classé au milieu du lac...
The St. Michel de Prunières Chapel, a listed building and site in the middle of the lake.
Die denkmalgeschützte Kapelle St Michel de Prunières mitten im See...

3000 ha de plan d'eau.
A 3-000 ha (7,431 acre) lake.
3000 ha Wasserfläche.

Rafting, canoë-kayak, entre la Durance et Ubaye.
Rafting, canoeing and kayaking in the Durance and the Ubaye.
Rafting, Kanu-Kajak: Sie haben die Wahl zwischen der Durance und dem Ubaye.

Le paradis du VTT et des cyclos.
A paradise for Mountain Bikers and Cyclists.
Ein Paradies für Mountain-Bikes und Zweiräder.

Randos faciles, entre crêtes et forêt, ou sportives, sous les 3000...
Easy walking between the peaks and forests and more athletic routes up the 3000 m summits.
Leichte Wanderungen, zwischen Gipfel und Wald, oder sportliche Kletterpartien, die 3000-er im Blick ...

80 km de rives pour lézarder et se baigner !
80 kms of banks for sunbathing and swimming.
80 km Uferwege – hier kann man sich in der Sonne aalen und baden.

En hiver, des stations pour le ski.
Winter sports resorts.
Im winter zahlreiche Ski-Stationen.

Un lac aux portes du Parc des Ecrins.
Serre Ponçon lake : the gateway to the Ecrins Nature Park.
Der See vor den Toren zum Parc des Ecrins.

Offices de Tourisme
Tourist Information Offices
Fremdenverkehrsbüros

Chorges
Tel/Fax: (0033) (0)4 92 50 64 25

Crévoux
Tel: (0033) (0)4 92 43 18 11

L'Embrunais
Tel: (0033) (0)4 92 43 72 72 - Fax: (0033) (0)4 92 43 54 06
e-mail: ot-embrun@laposte.fr
Internet: www.embrun.net

Les Orres
Tel: (0033) (0)4 92 44 01 61 - Fax: (0033) (0)4 92 44 04 56
Centrale de Réservation / *Central Booking Office / Zentrale Reservierung*
Tel: (0033) (0)4 92 44 19 17
e-mail: ot.lesorres@wanadoo.fr -
Internet: www.lesorres.com

Réallon
Tel: (0033) (0)4 92 44 32 52 / (0033) (0)4 92 44 25 67
Service Réservations / *Booking Service / Zimmervermittlung*
Tel: (0033) (0)4 92 44 26 66 - Fax: (0033) (0)4 92 44 27 33

Rousset
Tel: (0033) (0)4 92 54 41 18 - Fax: (0033) (0)4 92 54 44 82

Savines le Lac
Tel: (0033) (0)4 92 44 31 00 - Fax: (0033) (0)4 92 44 30 19

Vallée de L'Ubaye
Tel: (0033) (0)4 92 81 03 68 - Fax: (0033) (0)4 92 81 51 67
e-mail: ubaye@laposte.fr - Internet: www.ubaye.com

GIE Destination Serre-Ponçon
(Organisation de séjours - *Holiday Planning - Organisation von Urlaubsaufenhalten)*
Les Campanules - Parc des 4 Soleils - F-05200 Embrun
Tel/Fax: (0033) (0)4 92 52 79 62 -
e-mail: gie.dsp@libertysurf.fr

Serre Ponçon
Le grand Lac des Alpes du Sud

Alpes de Haute Provence
CONSEIL GÉNÉRAL

CONSEIL GÉNÉRAL DES HAUTES-ALPES

PROVENCE ALPES CÔTE D'AZUR

DDB nouveau monde snell & associés - Photos : SMADESEP / A. Béné / C. Fortoul

© Claude FORTOUL

MAIRIE :

Tél 04 92 44 20 03
Fax 04 92 44 30 19
e-mail : MAIRIE.SAVINES@Wanadoo.fr

OFFICE DE TOURISME :

Tél 04 92 44 31 00
Fax 04 92 44 31 00
e-mail : savines-le-lac.omt@Wanadoo.fr
• location anneaux amarrage

La Commune de SAVINES LE LAC, station classée et commune touristique, a les "pieds dans l'eau" au bord du lac de SERRE-PONCON d'une superficie de 3000 hectares, elle bénéficie d'un des plus beaux panoramas.

SAVINES LE LAC, entre lac et montagnes, à 780 m d'altitude profite d'un climat privilégié (300 jours de soleil par an) et d'un site exceptionnel. De 866 habitants en période creuse, sa population estivale dépasse les 12000 personnes. Elle offre à ses visiteurs outre l'attrait des activités nautiques : port - baignade - voile - ski nautique - rafting - aviron - pêche... Celui de la nature et de la montagne : escalade - randonnées pédestres - VTT - parcours de santé...

▼ Lac de Serre-Ponçon

© Agence NUTS/CDTL Alpes de Hautes-Provence

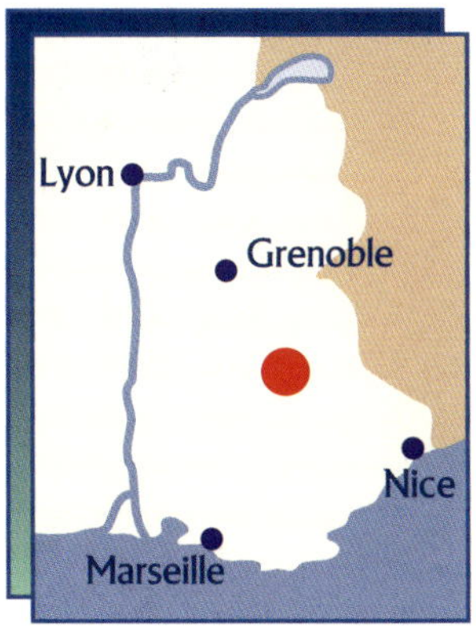

SERRE-PONÇON (Lac de)

HAUTES-ALPES ET ALPES-DE-HAUTE-PROVENCE

(De Savines) : Embrun 7 km - Gap 28 km - Digne-les-Bains 94 km - Lyon 263 km
Grenoble 159 km - Sisteron 76 km - Valence 188 km - Marseille 212 km

Altitude : 780 mètres - Altitude : 780 metres - **Höhe über Meer: 780 Meter**
Superficie : 3 000 ha - Surface area : 7 413 acres - **Fläche: 3 000 Hektaren**
Profondeur maximum : 110 mètres - Maximum depth : 110 metres
- Maximale Tiefe: 110 Meter
Marnage de 5 à 30 mètres - Variation in water level from 5 to 30 mètres
- Das Niveau des Wasserspiegels kann um 5 bis 30 m differieren!

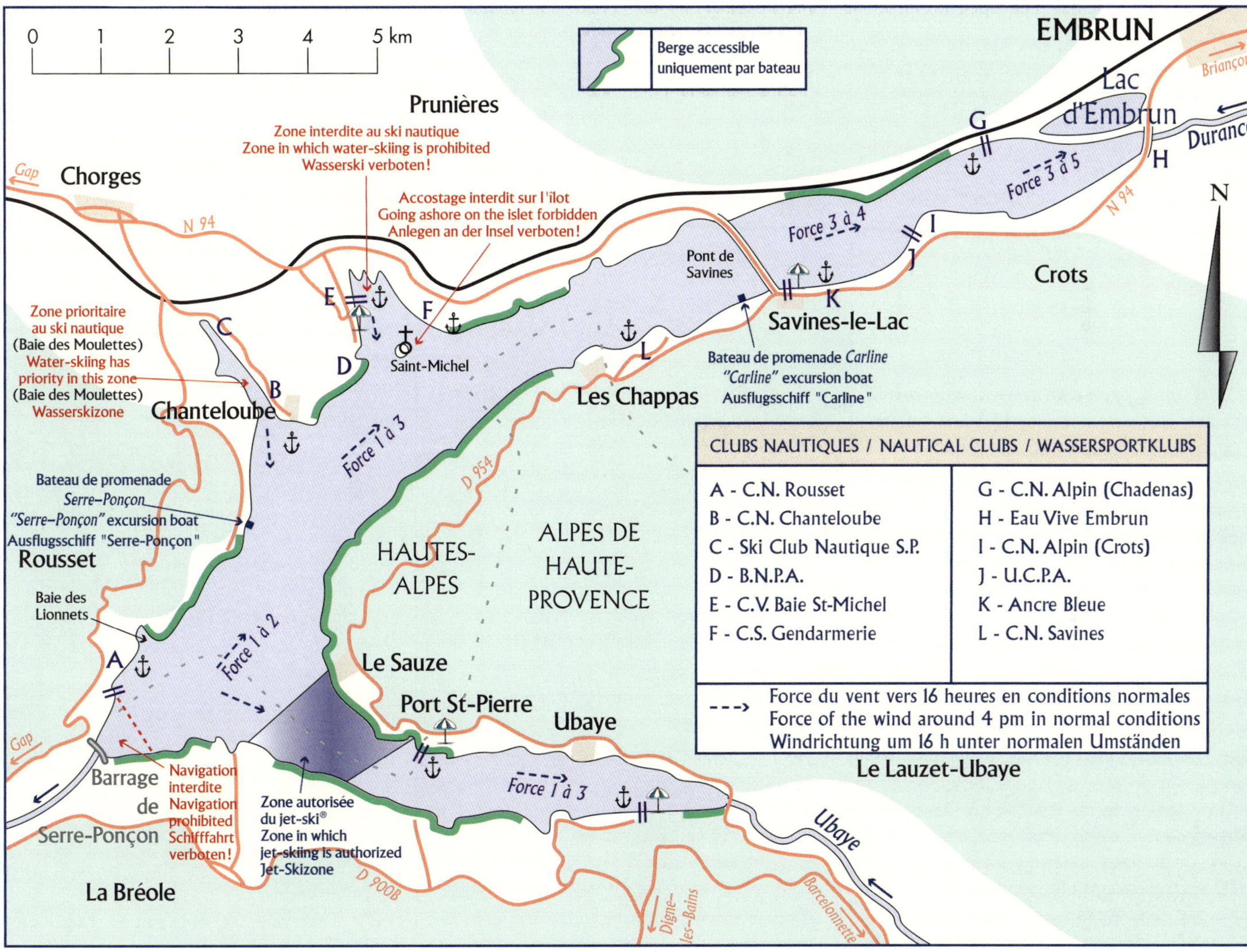

Plus grand que le lac d'Annecy, c'est un lac de retenue établi sur la Durance, contenu par un gigantesque barrage en terre. C'est aussi - et c'est ce qui nous intéresse - un immense plan d'eau qui convient exactement aux activités nautiques qui l'ont adopté naturellement. Il n'y a qu'à voir les milliers de voiles multicolores qui piquettent le plan d'eau. En plus de la voile, presque toutes les disciplines sont pratiquées et cohabitent sans problème. Et ceci sur un miroir d'un bleu profond encadré du vert et du bistre des montagnes. Seul, le marnage important provoqué par l'exploitation hydroélectrique de la retenue empêche la réalisation d'équipements nautiques lourds. Mais le lac de Serre-Ponçon reste un plan d'eau splendide tant pour le plaisancier que pour le touriste.

A noter l'existence, à son extrémité amont, du plan d'eau artificiel d'Embrun, séparé de celui de Serre-Ponçon, donc sans marnage et à niveau constant.

This reservoir lake, made by damming the Durance river with a gigantic earth barrage, is larger than the Lac d'Annecy. The aspect that interests us is that it is also a huge expanse of water that is ideally suitable for nautical leisure activities. Enthusiasts have naturally adopted it, as can be seen by the thousands of multicoloured sails that stud the surface of the water. In addition to sailing, almost all other water sports are practised here and they coexist without any problem. And all this takes place on a deep blue mirror framed by the green and the sepia of the surrounding mountains. It is only the considerable variation in the water level, which results from the hydroelectric working of the reservoir, that prevents major nautical installations from being established. But the Lac de Serre-Ponçon remains a splendid stretch of water, both for water sports enthusiasts and for tourists.

We draw your attention to the existence, at the upper extremity of the reservoir, of the lac d'Embrun, which is an artificial piece of water separated from that of Serre-Ponçon and these-fore without any variation in the water level.

Größer noch als der Lac d'Annecy ist dieser See, ein Staubecken, dessen Wasser von einer gigantischen Mauer gehalten wird. Die riesige Wasserfläche dient unzähligen Wassersportlern als Revier. Tausende von bunten Segeln werfen Farbtupfer auf den See, aber es sind auch alle anderen Arten von Wassersportdisziplinen darauf ansässig, ohne sich gegenseitig weh zu tun. Und das alles auf einem Spiegel von dunklem Blau, in dem sich das Grün der Ufer und das dunkle Grau der Berge spiegeln. Leider verunmöglicht die durch die Nutzung der Wasserkraft bedingte sehr unterschiedliche Höhe des Wasserspiegels die Einrichtung größerer nautischer Stützpunkte. Trotzdem bleibt der Lac de Serre-Ponçon ein Paradies für Wassersportler ebenso wie für Touristen.

Am oberen Ende liegt ein kleines, künstlich angelegtes Wasserbecken mit konstantem Niveau, der Lac d'Embrun, vom Lac de Serre-Ponçon getrennt.

ACTIVITÉS AUTORISÉES - Motonautisme - Ski nautique et traction de bouées - Jet-ski® (uniquement dans une zone prévue à cet effet) - Voile - Planche à voile - Aviron - Canoë-kayak - Plongée (très réglementée. Voir ci-après la rubrique "Réglementation") - Baignade - Pêche.

INTERDIT - Toutes les activités non spécifiées dans les "Activités autorisées" ci-dessus.

PRESTATIONS AUTOUR DU PLAN D'EAU - Plusieurs mouillages aménagés - Plusieurs magasins spécialisés en sports nautiques - Quelques stations-service sur les routes tout autour du lac - Hôtels, restaurants, campings, villages de vacances, chambres d'hôtes, gîtes ruraux dans les localités riveraines. Ville importante au bout du lac : Embrun, 6 000 habitants.

RÉGLEMENTATION - A la réglementation générale que donne le *Code Vagnon fluvial* dans son édition de l'année, s'ajoutent des dispositions propres au lac de Serre-Ponçon. Les principales de ces dispositions sont :

- Bande de rive d'une largeur définie par une ligne de bouées sphériques jaunes ou de 100 mètres quand elle n'est pas matérialisée par des bouées. Les engins de plage sont tenus de rester à l'intérieur de cette bande.
- Vitesse limitée à 50 km/h de jour et 15 km/h de nuit ou quand la visibilité est inférieure à 300 mètres, et à 5 km/h dans la bande de rive.
- Tout bateau (sauf les engins de plage) doit être doté d'un équipement individuel de sauvetage par personne présente à bord.
- Tout bâtiment motorisé doit passer à plus de 50 mètres des bateaux à rame et à voile et à plus de 100 mètres des bateaux en action de pêche. Il ne doit pas s'approcher à moins de 20 mètres des pontons, plongeoirs, tremplins, sans s'assurer qu'aucun baigneur ne se trouve à proximité.

PERMITTED ACTIVITIES - Motorboats - Water-skiing and towing floats - Jet-skiing® (in a zone reserved for this activity) - Sailing - Wind-surfing - Rowing - Canoe and kayak - Diving (strictly controlled. See section "Regulations") - Swimming - Fishing.

PROHIBITED - All activities not specifically listed in the "Permitted Activities" above.

SERVICES AROUND THE LAKE - Several fitted up mooring sites - Several shops specializing in water sports - A few service stations on the roads all around the lake - Hotels, restaurants, camping-sites, holiday villages, B & B, holiday cottages in the towns and villages round the shore. Large town at the end of the lake : Embrun, population 6 000.

REGULATIONS - In addition to the general regulations to be found in the current edition of the *Code Vagnon Fluvial*, there are the Lac de Serre-Ponçon's own specific regulations. The main elements of these local regulations are given below.

- Shoreside strip, whose width is defined by a row of spherical yellow buoys, or 100 metres wide where it is not marked out by buoys. Beach craft must remain within the limits of this strip.
- Speed limit of 50 KPH during the day and 15 KPH at night or when the visibility is less than 300 metres, and 5 KPH within the shoreside strip.
- All boats (except beach craft) must carry one item of life-saving equipment for every person on board.
- All motorized craft must retain a distance of more than 50 metres between themselves and any rowing or sailing boats and of more than 100 metres from boats engaged in fishing. They must not go within 20 metres of pontoons, diving boards and jumping ramps, unless they have checked that there are no swimmers in the vicinity.

ERLAUBT - Motorboote – Wasserski und Schleppen von anderen Sportgeräten – Jet-Ski® (in der dafür vorgesehenen Zone) – Segeln – Windsurfen – Rudersport – Kanu – Kajak – Tauchen (sehr beschränkt, siehe Abschnitt "Verordnungen") – Baden – Angeln.

VERBOTEN - Alle Aktivitäten, die nicht ausdrücklich erlaubt sind.

LEISTUNGSANGEBOT RUND UM DEN SEE - Mehrere eingerichtete Ankerplätze – mehrere auf Wassersportartikel spezialisierte Geschäfte – einige Straßentankstellen – Hotels, Restaurants, Campingplätze, Feriendörfer, Gästezimmer und Unterkünfte auf Bauernhöfen

Wichtigste Stadt am Seeende ist Embrun mit 6 000 Einwohnern.

VERORDNUNGEN - Neben der allgemein gültigen französischen Binnenschifffahrtsverordnung, die man im *Code Vagnon Fluvial*, "édition de l'année" findet (erscheint jedes Jahr neu), gibt es für den Lac de Serre-Ponçon einige besondere Regelungen. Die wichtigsten sind hier aufgeführt:

• Die Uferzone ist mit gelben Kugelbojen gekennzeichnet. Wo diese fehlen, ist eine Uferzone von 100 m Breite einzuhalten.

Wassersport-/Spielgeräte dürfen nur innerhalb dieser Zone benutzt werden.

• Höchstgeschwindigkeiten:
  - 50 km/h tagsüber
  - 15 km/h nachts oder wenn die Sichtweite weniger als 300 m beträgt
  - 5 km/h in der Uferzone

• Jedes Fahrzeug (ausgenommen Wassersport-/Spielgeräte) muss pro Person an Bord mit einer Rettungsweste oder einem gleichwertigen Rettungsmittel ausgerüstet sein.

• Motorisierte Fahrzeuge müssen zu Ruderbooten und Segelschiffen einen Abstand von 50 m einhalten. Zu Stegen,

- Véhicules nautiques à moteur : la zone d'évolution des engins de type scooter des mers ou jet-ski® se situe uniquement entre Sauze et La Bréole (zone en bleu dans le plan du lac, page 43), à l'exclusion des bandes de rive. Mais cette zone n'est pas exclusivement réservée au jet-ski®; les autres types de navigation peuvent l'emprunter. Les engins ne doivent pas dépasser 50 km/h (et 5 km/h dans la bande de rive pour rejoindre ou quitter la zone d'évolution). Utilisation de 10 heures à 18 heures seulement.
- Ski nautique : le ski nautique est interdit dans la bande de rive. Au large, les bateaux tractant les skieurs n'ont pas priorité sur les autres bateaux motorisés sauf dans les zones où est implanté un parcours de slalom. Il convient de ne pas laisser traîner la remorque. Passer à plus de 50 mètres des bateaux à rame ou à voile et à 100 mètres des bateaux en action de pêche.
  Les dispositions du ski nautique s'appliquent au tractage des bouées et engins assimilés, comme les boudins pneumatiques.
- Plongée : elle est autorisée dans la baie des Lionnets mais est réservée aux licenciés de la Fédération Française de Plongée avec déclaration préalable à la Gendarmerie et des règles très strictes à respecter.
- Des opérations d'écopage par des bombardiers d'eau (les "Canadairs") peuvent avoir lieu. A cette occasion, les activités nautiques doivent être interrompues et le plan d'eau dégagé dans la zone prévue à cet effet.
- Le stationnement n'est autorisé que dans les lieux de mouillage reconnus par l'Administration. Le mouillage sauvage est interdit.
- Un bateau en action de pêche à la traîne est signalé par un pavillon triangulaire jaune.
- Le lac est considéré comme "grand plan d'eau". En conséquence, observer les règles de route applicables sur les lacs (voir *Code Vagnon fluvial*).
- A l'extérieur de la bande de rive, les baigneurs doivent être accompagnés d'un bateau assurant leur sécurité.

L'arrêté interpréfectoral qui a édicté ces prescriptions est disponible (ou consultable) dans les mairies des communes riveraines et auprès des bases nautiques, de la Gendarmerie et des Offices de Tourisme. Dans les mêmes lieux, on peut se procurer le

- Water-skiing : water-skiing is not allowed within the shoreside strip. On the open water, boats towing skiers do not have priority over other motorized boats, except in zones in which a slalom course has been set up.
- Diving : this is allowed in the Lionnets bay, but it is restricted to holders of the certificate of the Fédération Française de Plongée who have first filled in a declaration at the Gendarmerie. The rules to be respected are very strict.
- Mooring is only permitted in the mooring zones officially recognised by the local authorities.
- A boat on which fishing is in progress signals the fact by showing a triangular yellow flag.
- As the lake is classed as a large expanse of water, the regulations in force on it are those applicable to lakes (rather than those for rivers), which can be found in the *Code Vagnon Fluvial*.
- Beyond the shoreside strip, swimmers must be accompanied by a boat looking after their safety.

The interprefectorial order which decreed these regulations may be purchased (or consulted) in the municipal offices of the shoreside towns, in the Gendarmeries and at the water sports bases. There is also widely available a brochure entitled Station Voile, that is well produced and very comprehensive, giving a great deal of information about the lake.

THE STRETCH OF WATER - This immense V-shaped lake, which fills the valleys of the Durance and Ubaye rivers, has thermal breezes that get up at about 10 am at Embrun and around 11 am at the level of the Saint-Michel bay. Once it has risen, the wind blows along the axis of the two branches of the lake, becoming progressively stronger and more stable (see the map). It is strongly deviated in the bays and sets up a permanent short chop.

Bad weather? The Club de Voile de la Baie Saint-Michel, one of the clubs on the lake affiliated to the national sailing federation and which furnished us with much information, indicates that an east wind (the "wind from Italy"), bringing clouds and sometimes rain, hits the lake around ten times a year. It can last for several days and nights and be very violent (force 5 to 7). The Mistral can also blow hard from the north (up to force 8), but occurs during fine weather.

Sprungtürmen, Sprungbrettern und Sprungschanzen muss der Abstand mindestens 100 m betragen, wenn Badende in der Nähe sind.

- Wasserski: In der Uferzone ist Wasserskifahren verboten. Auf dem offenen See haben Boote, die einen Wasserskifahrer schleppen, keinen Vorrang vor anderen motorisierten Fahrzeugen. Eine Ausnahme bilden die gekennzeichneten Slalomstrecken.
- Tauchen: Erlaubt in der Bucht Les Lionnets, aber nur für Besitzer eines Ausweises der Fédération Française de Plongée und nach Registrierung bei der Polizei. Die besonderen Bestimmungen betreffend Tauchen sind strikte einzuhalten.
- Ankern ist nur innerhalb der behördlich festgelegten Ankerplätzen erlaubt.
- Fischerboote sind mit einer dreieckigen gelben Flagge gekennzeichnet.
- Der See ist als "grand plan d'eau" (Großwasserfläche) klassiert. Es gilt die Schiffsverkehrsordnung für Seen (siehe *Code Vagnon Fluvial*).
- Schwimmer außerhalb der Uferzone müssen von einem Sicherheitsfahrzeug begleitet sein.

Der interpräfektionale Verfügung mit diesen Bestimmungen ist erhältlich (oder einzusehen) auf den Bürgermeisterämtern der Seegemeinden, bei den Klubstützpunkten und bei der Polizei. Man bekommt auch überall das Faltblatt *Station Voile*, das viele Informationen über den See enthält und sehr klar und umfassend ist.

DAS GEWÄSSER - Dieser riesengroße V-förmige See, der die alten Täler der Durance und des Ubaye bedeckt, steht unter dem Einfluss von thermischen Brisen, die gegen 10 h bei Embrun und gegen 11 Uhr in der Bucht Saint-Michel in Erscheinung treten. Der Wind weht in Richtung der Achsen der beiden Seearme und nimmt im Laufe des Tages zu (siehe Karte). In den Buchten kann er die Richtung wechseln. Er verursacht einen kontinuierlichen kurzen Wellenschlag.

Ein Wort zum schlechten Wetter. Eine der Segelschulen, der Club de Voile de la Baie Saint-Michel, hat uns mit vielen Informationen versorgt. Er teilte uns unter anderem mit, dass rund ein Dutzend Mal pro Jahr ein Westwind ("Le Vent d'Italie") aufkommt, der mehrere Tage und Nächte andauern und sehr heftig sein

© OT DE L'EMBRUNAIS Claude FORTOUL

© OT DE L'EMBRUNAIS Claude FORTOUL

document *Navigation et Sécurité* édité par le Syndicat Mixte d'Aménagement et de développement de Serre-Ponçon (S.M.A.D.E.S.E.P.). On trouve aussi partout le dépliant *Station-Voile*, très bien fait et très complet, qui donne beaucoup de renseignements sur le lac.

LE PLAN D'EAU - Cet immense lac en forme de V, qui recouvre les anciennes vallées de la Durance et de l'Ubaye, connaît des brises thermiques (en été) qui se lèvent vers 10 heures à Embrun et vers 11 heures au niveau de la baie Saint-Michel. Une fois établi, le vent souffle dans l'axe des deux branches du lac et de plus en plus fort et stable (voir la carte), fortement dévié par les baies et avec un clapot court permanent.

Le mauvais temps ? Une des Ecoles Françaises de Voile du Lac, le Club de Voile de la Baie St Michel, qui nous a fourni beaucoup de renseignements, précise que quelques coups de vent d'Est (le "vent d'Italie", amenant nuages et parfois pluie) tombent sur le lac une dizaine de fois par an, peuvent durer plusieurs jours et nuits et être très violents (force 5 à 7). Il y a aussi des coups de mistral, forts (jusqu'à force 8) mais ce sont des vents de beau temps.

Le marnage est très important puisqu'il atteint 5 mètres l'été et 30 mètres l'hiver. Quand les eaux sont très basses, des hauts-fonds ou des digues submergées peuvent être balisés (par des espars ou des bouées portant des bandes horizontales noires et rouges, correspondant à la marque maritime "Danger isolé"). Mais il est bien précisé que l'aménagement de Serre-Ponçon a été réalisé en vue de la production d'électricité et de l'irrigation et que du fait des variations du niveau de la retenue ou de la présence d'obstacles immergés, les usagers doivent prendre toutes les précautions pour éviter les accidents et les avaries.

Ceci dit, il convient de signaler l'existence d'une zone d'interdiction de la navigation à l'amont du barrage, ce qui est normal, d'une zone interdite au ski nautique dans la baie

The variation in the water level is very substantial, as the it is around 5 metres in summer and 30 m in winter. When the water is very low, shallows or submerged dikes can be marked (by stakes or buoys with horizontal black and red stripes, which signify the maritime indication "Isolated danger"). But it is clearly stated that the Serre-Ponçon scheme was constructed for the purpose of electricity generation and for irrigation and that, because of the variations in the water level of the reservoir and the presence of submerged obstacles, lake users must take all precautions to avoid accidents and damage.

That said, we should also mention the existence of an exclusion zone for all navigation immediately above the barrage, as is the normal practice, of a zone in the Saint-Michel bay in which water-skiing is banned and the rarer occurrence of a zone in the Moulettes bay in which boats towing a skier enjoy priority over all other craft. Below the village of Sauze, a professional hirer has obtained permission for the use of jet-skis®. The zone to which they must restrict themselves is shown in dark blue on the map.

Going ashore on the islet in the Saint-Michel bay is prohibited, in the interests of preserving the site.

The attention of yachtsmen is drawn to the fact that under the Savines bridge that spans the lake the headroom is only 4 metres when the water level is normal (780 metres above sea level).

Lastly, the nature of the lake (hydroelectric reservoir) means that a considerable length of its banks are not accessible other than by boat, whose crews can thus explore innumerable creeks and little bays where the green of the mountain plunges into the indigo of the water. This magnificent scenery can also be enjoyed by the passengers on the excursion boats.

kann (Windstärke 5 bis 7). Auch Mistral kommt vor (bis Windstärke 8) – er ist ein Schönwetterwind.

Die Höhe des Wasserspiegels kann sehr unterschiedlich sein und im Sommer bis 5 m, im Winter bis 30 m differieren. Bei niedrigem Wasserstand sind gewisse Untiefen oder Dämme unter Wasser gekennzeichnet mit Spieren oder Bojen mit schwarzen und roten Querstreifen, entsprechend der auf See üblichen Bezeichnung "Danger islolé" (gefährliches Objekt).

Wie in allen Staubecken bei Kraftwerken hat auch beim Lac de Serre-Ponçon die Nutzung der Wasserkraft den Vorrang vor allen anderen Aktivitäten. Das Ausüben von Wassersport erfolgt auf eigenes Risiko und es müssen alle Vorsichtsmaßnahmen getroffen werden, um Unfälle und Havarien zu vermeiden. Besonderes Augenmerk ist auf die variable Höhe des Wasserspiegels und Hindernisse unter Wasser zu richten.

Oberhalb des Wehrs liegt eine Zone, wo die Schifffahrt allgemein verboten ist. In der Bucht Saint-Michel ist Wasserskifahren nicht gestattet, in der Bucht Les Moulettes hingegen haben Boote, die einen Wasserskifahrer schleppen, anderen Fahrzeugen gegenüber den Vortritt. Unterhalb des Ortes Sauze ist eine Zone für Jet-Ski® bestimmt, sie ist auf der Karte dunkelblau markiert.

Das Anlegen an der Insel in der Bucht Saint-Michel ist verboten.

Segler müssen beachten, dass die Brücke bei Savines, die den See überspannt, bei normalem Wasserstand (780 m ü. M.) nur eine lichte Höhe von 4 m hat.

Da der See als Staubecken geschaffen wurde, gibt es zahlreiche Uferabschnitte, die nur mit dem Boot erreicht werden können. Vom Wasser aus kann man viele einsame Buchten entdecken, wo das Grün der Berge das Blau des Wassers berührt – eine herrlicher Anblick, auch für die Passagiere der Ausflugsschiffe.

Saint-Michel et, fait plus rare, d'une zone dans la baie des Moulettes où les bateaux pratiquant le ski nautique ont priorité sur les autres embarcations pendant les heures de fonctionnement de l'école de ski. En contrebas du village du Sauze, un professionnel a été autorisé à faire naviguer des jet-ski® (véhicules nautiques à moteur). La zone dans laquelle ils doivent évoluer est teintée en bleu foncé sur la carte.

L'accostage à l'îlot de la baie Saint-Michel est interdit, pour la préservation du site.

L'attention des voiliers est attirée sur le fait que le pont de Savines qui franchit le lac ne dégage qu'un tirant d'air de 4 mètres à la retenue normale (780 mètres N.G.F.).

Enfin, la nature du plan d'eau (retenue hydro-électrique) conduit à l'inaccessibilité d'une bonne longueur des rives autrement que par bateau. Le plaisancier pourra ainsi découvrir de multiples criques et petites baies où le vert de la montagne plonge dans l'indigo de l'eau, un décor magnifique que le passager des bateaux de promenade pourra également apprécier.

LE BARRAGE - C'est une technique nouvelle qui a présidé, dans les années cinquante, à la construction de ce barrage en terre rendu étanche par une injection d'argile et de ciment. Ouvrage aux dimensions imposantes puisque sa largeur à la base atteint 650 mètres et sa hauteur 123 mètres!
L'usine (souterraine) peut produire 720 millions de kWh.

CLUBS NAUTIQUES - De très nombreux clubs ont leur base sur le lac de Serre-Ponçon et il n'est pas possible de les citer tous. Nous donnons ci-après les coordonnées de quelques-uns pour chaque discipline mais la plupart sont nommés et positionnés sur notre carte (page 43). En outre, tous sont cités dans le dépliant *Station-Voile* dont nous avons parlé et qu'on trouve sur place.

Voile

- Club de Voile de la Baie St Michel, 05230 Chorges, tél. 04 92 50 62 28
- Club Nautique Alpin, base de Chadenas, 05200 Embrun, tél. 04 92 43 00 02 et base de Boscodon, 05200 Crots, tél. 04 92 43 35 21
- U.C.P.A., 05200 Embrun, tél. 04 92 44 01 40

Ski nautique

- Ski-Club Nautique de Serre-Ponçon, 05230 Chorges, tél. 04 92 50 65 01

Aviron

- Club d'Aviron, 05200 Embrun, tél. 04 92 43 46 13

Eaux vives

- Eau Vive Embrun, 05200 Embrun, tél. 04 92 43 09 18

LOCATION DE BATEAUX A MOTEUR - On peut louer des bateaux à moteur à Savines.
Aqua Détente, tél. 04 92 44 20 87

THE DAM - A technique that was novel in the nineteen fifties was used for the construction of this barrage, made of earth rendered water-tight by the injection of clay and cement. The work is of imposing dimensions, since its thickness at the base is 650 metres and its height is 123 metres!

The generating station (underground) can produce 720 million kWh per year.

NAUTICAL CLUBS - Very many clubs have their bases on the Serre-Ponçon lake and it is not possible to mention all of them. We give below the details of several for each type of activity, but most of them are named and positioned on the map (page 43). In addition, they are all mentioned in the brochure *Station Voile* about which we have already spoken and that can be readily found on the spot.

Sailing (voile)

Ware-skiing (ski nautique)

Rowing (aviron)

Canœ Kayak ("Eaux vives")

(See details in French text under "Clubs nautiques").

HIRE OF MOTOR-BOATS - Motor-boats can be hired at Savines. "Aqua Detente"
tel. 04 92 44 20 87

EXCURSION BOATS - Three passenger boats, taking from 120 to 150 persons, enable those who do not have their own boat to take a cruise on this superb lake.

The landing stages of these boats are shown on the map.

SWIMMING - There are several beaches on the shores of the Lac de Serre-Ponçon, but they do not possess much amenities, doubtless because of the water level variations. Swimmers nevertheless have the benefit of the very beautiful scenery.

FISHING - The Lac de Serre-Ponçon is classed in the 2nd category.
(See details in French text under "Pêche").

USEFUL ADDRESSES - (See details in French text under "Adresses utiles").

TOURISM - The barrage, because of its technique of construction, and the underground generating station (guided visits) will be of interest to those with a technical bent.

The lake itself is of great tourist interest by virtue of its site, its surrounding mountains, the Saint-Michel islet with its chapel (landing forbidden!), etc.

In the immediate surroundings, there is first of all Embrun, with its cathedral Notre-Dame du Réal and its old streets. Then there are the Abbaye de Biscodon, the "Demoiselles coiffées, a Roman bridge near Lauzet, Ubaye and several belvederes (at Rousset, at the Lebrault pass and at Sauze).

If you go up the Durance valley beyond Embrun, the Queyras and Briançon regions could be covered in a whole day car excursion

DAS STAUWEHR - Das Wehr wurde in den Fünfzigerjahren in einer damals neuen Technik erbaut. Es besteht aus Erde, die mittels Injektionen von Lehm und Zement verdichtet wurde. Ein imposantes Werk – an der Basis 650 m breit und insgesamt 123 m hoch!

Das unterirdische Kraftwerk kann jährlich 720 Millionen kWh produzieren.

WASSERSPORTKLUBS - Zahlreiche Klubs sind auf dem Lac de Serre-Ponçon ansässig, es können gar nicht alle aufgezählt werden. Wir geben hier von jeder Wassersportart einige an, es sind fast alle auf der Karte verzeichnet (siehe Seite 43). Im Übrigen enthält das bereits erwähnte Faltblatt *Station Voile* eine Übersicht über sämtliche Klubs.

Segeln

Wasserski

Rudersport

Wildwasserfahren

(Adressen im französischen Text unter "Clubs nautiques").

VERMIETUNG VON MOTORBOOTEN - Motorboote können in Savines gemietet werden. "Aqua Detente" tel. 04 92 44 20 87

AUSFLUGSSCHIFFE - Drei Ausflugsschiffe mit je 120–150 Plätzen bieten Fahrten auf diesem herrlichen See an für diejenigen, die nicht mit dem eigenen Boot hier sind.
Die Anlegestellen sind auf der Karte angegeben.

BADEN - Es gibt mehrere Badestrände. Da der Wasserstand sehr variabel ist, sind sie nur einfach eingerichtet. Dafür ist der Rundblick überall sehr schön.

ANGELN - Der Lac de Serre-Ponçon gehört den Angelrevieren der 2. Kategorie an. Gespiesen vom frischen Wasser der Gebirgsbäche bietet er dem Angler viele Möglichkeiten.
Man findet hier alle gängigen Arten von Süßwasserfischen: Hecht, Barsch, Karpfen, Brachse, Plötze, Weißfisch, Forelle und viele mehr.
Alle klassischen Angeltechniken sind möglich. Als Besonderheit wird darüber hinaus von einigen passionierten Anglern das Schleppen vom Boot aus praktiziert.
Wichtige Adressen im französischen Text unter "Pêche").

NÜTZLICHE ANSCHRIFTEN - (Adressen im französischen Text unter "Adresses utiles").

TOURISMUS - Sehr interessant ist das Stauwehr wegen seiner Bauweise sowie das unterirdische Kraftwerk.

Der See selbst ist von großem touristischem Interesse wegen der umliegenden Berggipfel und der Insel Saint-Michel mit ihrer Kapelle (Anlegeverbot!) usw.

BATEAUX DE PROMENADE - Trois bateaux à passagers, de 50 à 120 places, permettent de parcourir ce superbe plan d'eau, pour ceux qui n'ont pas leur propre bateau.

- La *Carline* et le *Courlis*, 05160 Savines-le-Lac, tél. 04 92 44 26 88, fax 04 92 44 26 98
- Le *Serre-Ponçon*, Moulin La Butte, 05230 Chorges, tél. 04 92 50 61 45 et 06 08 57 19 67

Les embarcadères de ces bateaux sont figurés sur la carte.

BAIGNADE - Quelques plages sont établies sur les berges du lac de Serre-Ponçon. En raison sans doute du marnage, elles ne disposent pas d'équipements importants. Mais les baigneurs bénéficient d'un très beau décor.

Les baignades sont interdites dans les ports, les zones de mouillage, les chenaux traversiers et dans les zones balisées réservées à d'autres activités.

Rappelons qu'à l'extérieur de la bande de rive les baigneurs doivent être accompagnés par un bateau assurant leur sécurité et leur signalisation.

PÊCHE - Le lac de Serre-Ponçon est classé en 2e catégorie.

Alimenté par les eaux fraîches des torrents de montagne, il offre aux pêcheurs de nombreuses possibilités.

On y trouve la plupart des espèces de poissons d'eau douce : brochet, perche, carpe, brème, gardon, goujon, ablette, truite et même corégone.

Toutes les techniques de pêche classiques sont praticables, du bord ou en bateau, sans oublier la spécificité de Serre-Ponçon : la pêche à la traîne en bateau, pratiquée par quelques passionnés.

Adresses qui intéresseront les pêcheurs :

- Treuil et Tangon, camping Restourias, 05230 Prunières, tél. 04 92 50 62 63
- La Gaule Prego-Dio, 05230 Chorges, tél. 04 92 50 66 23
- La Gaule de Savines, 05160 Savines-le-Lac, tél. 04 92 44 20 93
- La Gaule Embrunaise, Les Pervenches C3, St-Esprit, 05200 Embrun, tél. 04 92 43 02 50
- Raspaud Christophe, tél. 04 92 81 03 38

(Adresses extraites du dépliant *Station-Voile*)

ADRESSES UTILES

- Syndicat Mixte d'Aménagement et de Développement de Serre-Ponçon (S.M.A.D.E.S.E.P.), avenue de la Combe d'Or, 05160 Savines-le-Lac. Tél. 04 92 44 29 27, fax 04 92 44 21 49
- Équipement, avenue Ernest Cézanne, 05200 Embrun, tél. 04 92 43 15 36
- Office de Tourisme d'Embrun, place Général Dosse, 05200 Embrun, tél. 04 92 43 72 72 - fax 04 92 43 54 06
- Communauté de communes du Savinois-Serre-Ponçon, avenue de la Combe d'Or, 05160 Savines-le-Lac, tél. 04 92 44 29 27, fax 04 92 44 21 49.

The lac d'Embrun

This piece of water is separated from the Serre-Ponçon lake by a dike. Its water level therefore remains constant and it does not suffer from the inconveniences resulting from the hydroelectric operations. It is situated practically in the town of Embrun.

Its surface area (67 acres) is one hundred times less than that of the Lac de Serre-Ponçon and the interest it can present is different, including having a beach with amenities and surveillance.

PERMITTED ACTIVITIES - Sailing - Wind-surfing - Rowing - Canoe and kayak - Swimming - Fishing.

PROHIBITED - Motor-boats - Water-skiing - Jet-skis®.

SERVICES AROUND THE LAKE - Camping-site on the shore of the lake and all services at Embrun.

In der näheren Umgebung bieten sich Ziele an wie Embrun mit der Kathedrale Notre-Dame du Réal und den alten Straßenzügen, dann die Abtei Biscodon, die "Demoiselles coiffées", eine romanische Brücke bei Le Lauzet-Ubaye und verschiedene Aussichtstürme (Le Rousset, Col Lebraut, Sauze).

Folgt man dem Durancetal über Embrun hinaus, erreicht man den Queyras und die Region Briançon – mit dem Auto braucht man dafür etwa einen Tag.

Le lac d'Embrun

Der Lac d'Embrun ist vom Lac de Serre-Ponçon durch einen Damm getrennt. Sein Niveau bleibt deshalb konstant. Der See liegt praktisch im Ort. Mit seinen 27 Hektaren Fläche ist er hundertmal kleiner als der Lac de Serre-Ponçon und bietet entsprechend weniger. Er besitzt aber einen überwachten Badestrand mit den notwendigen Einrichtungen.

ERLAUBT - Segeln – Windsurfen – Rudersport – Kanu – Kajak – Baden – Angeln.

VERBOTEN - Motorboote – Wasserski – Jet-Ski®.

LEISTUNGSANGEBOT RUND UM DEN SEE - Campingplatz am See und alle Versorgungsmöglichkeiten im Ort.

TOURISME - Le barrage, en raison de sa conception, et la centrale électrique souterraine (visites guidées) peuvent intéresser plus d'un.

Le plan d'eau lui-même est très touristique par son site, son encadrement de montagnes, l'îlot Saint-Michel et sa chapelle (défense d'accoster ! site classé), etc.

Tout autour, il y a d'abord Embrun, sa cathédrale Notre-Dame du Réal, les vieilles rues. Puis l'abbaye de Biscodon, les "Demoiselles coiffées", un pont romain près du Lauzet-Ubaye et plusieurs belvédères (au Rousset, au col Lebrault et à Sauze).

Et en remontant la Durance au-delà d'Embrun, le Queyras et le Briançonnais qui peuvent faire l'objet d'une excursion d'une journée en voiture.

Le plan d'eau d'Embrun

Ce plan d'eau est séparé du lac de Serre-Ponçon par une digue. Son niveau est donc constant et il échappe aux inconvénients du marnage. Il se situe pratiquement dans la ville d'Embrun.

D'une superficie (27 ha), cent fois inférieure à celle du lac de Serre-Ponçon, il offre un intérêt différent, notamment une plage aménagée et surveillée.

ACTIVITÉS AUTORISÉES - Voile - Planche à voile - Aviron - Canoë-kayak - Baignade - Pêche.

INTERDIT - Motonautisme - Ski nautique - Jet-ski®.

PRESTATIONS AUTOUR DU PLAN D'EAU - Camping au bord du lac et toutes prestations à Embrun.

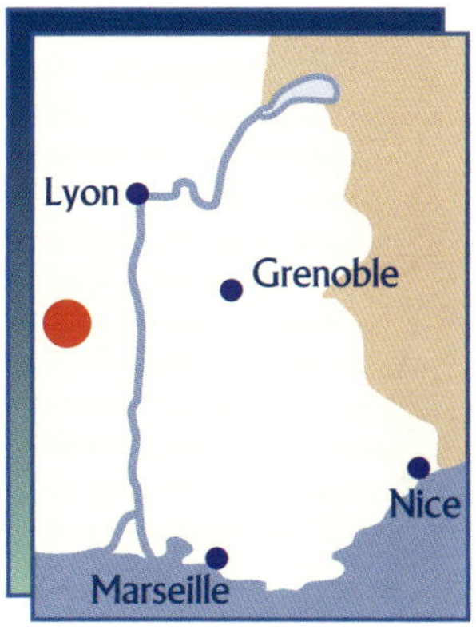

ISSARLÈS (Lac d')

ARDÈCHE

Coucouron 12 km - Le Puy 53 km - Aubenas 66 km - Privas 96 km

Altitude : 950 mètres - Altitude : 950 metres - **Höhe über Meer: 950 Meter**

Superficie : 92 ha - Surface area : 227 acres - **Fläche: 92 Hektaren**

Profondeur : 138 mètres - Maximum depth : 138 metres - **Maximale Tiefe: 138 Meter**

Marnage 35 mètres

Height difference between highest and lowest water levels : 35 metres

Maximaler Niveauunterschied: 35 Meter

Aux confins de l'Ardèche et de la Haute-Loire, cet ancien cratère mire ses eaux bleues dans un décor boisé de moyenne montagne. Le lac d'Issarlès est un lac naturel mais sert de réservoir dans un complexe hydroélectrique qui amène les eaux de la Loire dans le bassin du Rhône. Pour cette raison, le marnage est important mais sans incidence pour la saison touristique. C'est un très beau plan d'eau dans un très joli cadre et les amateurs de baignade l'apprécieront.

On the border between the Ardèche and the Haute-Loire, these blue waters in the crater of a long extinct volcano shine out from the surrounding wooded slopes of medium height mountains. The Issarlès lake is a natural lake, but it serves as a reservoir in the hydro-electric scheme that draws the waters of the Loire into the Rhône basin. For this reason the variation in the water level is substantial but it does not affect the tourist season. It is a very beautiful piece of water in a lovely setting and swimmers will find it ideal.

Im hintersten Winkel der Départements Ardèche und Haut-Loire, inmitten waldiger Hügel, liegt dieser ehemalige Krater mit seinem blauen Wasser. Der Lac d'Issarlès ist ein natürlicher See, dient aber als Reservoir für einen Kraftwerkkomplex, der zwischen dem Loire- und dem Rhonelauf liegt. Aus diesem Grund kann das Niveau des Wasserspiegels sehr unterschiedlich sein. Während der Sommersaison bleibt es jedoch konstant.

Der Lac d'Issarlès ist ein sehr schöner See in herrlicher Umgebung und ein idealer Ort zum Baden.

ACTIVITÉS AUTORISÉES - Voile - Planche à voile - Aviron - Canoë-kayak - Pêche - Baignade.

INTERDIT - Motonautisme - Ski nautique - Jet-ski® - Plongée.

PRESTATIONS AUTOUR DU PLAN D'EAU - Hôtel (au village) - Restaurant - Camping - Location de pédalos.

LE PLAN D'EAU - Le marnage est très important (35 mètres) mais pendant la saison d'été, le niveau devrait être à son niveau maximum et ne pas varier. La plage est assez grande. L'eau de baignade est de bonne qualité.

ADRESSE UTILE

- Office de Tourisme, tél. 04 66 46 26 26

TOURISME - La région qui entoure le lac d'Issarlès est pittoresque. Elle est volcanique, granitique, sauvage. Citons le massif du Mézenc qui est sur la ligne de partage des eaux entre l'Atlantique et la Méditerranée, le Gerbier de Jonc (source de la Loire), le site d'Arlempdes, etc. Le tout dans un rayon d'une trentaine de kilomètres.

PERMITTED ACTIVITIES - Sailing - Wind-surfing - Rowing - Canoe and kayak - Swimming - Fishing.

PROHIBITED - Motor-boats - Water-skiing - Jet-ski® - Diving.

SERVICES AROUND THE LAKE - Hotel (in the village) - Restaurant - Camping-site - Pedal craft hire.

THE STRETCH OF WATER - The variation in the water level is very large (35 metres), but during the summer season the level is normally at its highest and remains stable. The beach is quite large. The water is of good quality for swimming.

USEFUL ADDRESS - (See details in French text under "Adresses utiles").

TOURISM - The region that surrounds the Lac d'Issarlès is very picturesque. It is volcanic, granite, wild. Notable features are the Mézenc massif, which is on the line of the watershed between the Atlantic and the Mediterranean, the Gerbier de Jonc (where the Loire rises), the site of Arlempdes, etc. All this is within a radius of about thirty kilometres.

ERLAUBT - Segeln – Windsurfen – Rudersport – Kanu – Kajak – Baden – Angeln.

VERBOTEN - Motorboote – Wasserski – Jet-Ski® –Tauchen.

LEISTUNGSANGEBOT RUND UM DEN SEE - Hotel (im Dorf) – Restaurant – Campingplatz – Pedalo-Vermietung.

DAS GEWÄSSER - Der Niveauunterschied kann beträchtlich sein, aber während der Sommersaison sollte der Wasserspiegel konstant auf dem Maximalniveau bleiben. Der Strand ist recht weitläufig und das Badewasser von guter Qualität.

NÜTZLICHE ANSCHRIFT - (Adresse im französischen Text unter "Adresses utiles").

TOURISMUS - Die Umgebung des Lac d'Issarlès liegt in einer malerischen Umgebung, in einer vulkanischen, wilden Landschaft mit Granitfelsen. Im Umkreis von 30 Kilometern sind das Massiv Le Mézenc, das die Wasserscheide zwischen dem Atlantischen Ozean und dem Mittelmeer bildet, sowie Le Gerbier de Jonc (Quelle der Loire) und Arlempdes besonders erwähnenswert.

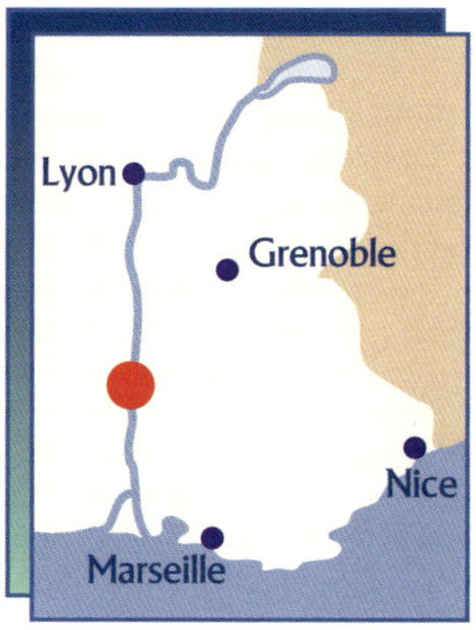

VIVIERS (Retenue du Rhône à)

ARDÈCHE ET DRÔME

**Montélimar 11 km - Valence 57 km - Orange 45 km - Avignon 74 km
Aubenas 41 km**

Altitude : 58 mètres - Altitude : 58 metres - **Höhe über Meer: 58 Meter**

Superficie : 60 ha environ - Surface area : approx. 148 acres - **Fläche: 60 Hektaren**

Carte dans le *Guide du Rhône de Lyon à la Mer* (Guide Vagnon N°5)

Le plus beau site de la descente du Rhône, le défilé de Donzère sert de cadre majestueux à cette zone de motonautisme et de ski nautique autorisée dans la retenue de l'aménagement C.N.R. de Donzère-Mondragon. Ce plan d'eau proche de Montélimar permet donc aux passionnés de vitesse et de ski nautique de trouver leur plaisir sous la porte de la Provence, de la "Terre d'Amour" que chantait Mistral. Ce sont quand même des conditions peu ordinaires...

The most beautiful site on the course of the Rhône, the Donzère defile, serves as the majestic setting for this zone in which motor-boating and water-skiing have been authorized in the pool of the Compagnie Nationale du Rhône's Donzère-Mondragon hydro-electric scheme. This stretch of water not far from Montélimar therefore enables those with a passion for speed-boating and water-skiing to indulge in their pastime at the gates of Provence, of the "Land of love" lauded by the poet Frédéric Mistral. These are certainly most unusual conditions.

Dieser schönste Rhoneabschnitt mit den Felsen des Défilé de Donzère ist Kulisse für eine Schnellschifffahrtszone im Staubecken der Kraftwerkanlage Donzère-Mondragon. Diese Wassersportzone liegt ebenso nahe bei Montélimar wie bei der Provence, dieser viel besungenen Landschaft – was will man mehr?

Le plan d'eau concerné s'étend du P.K. 166,500 (aval du pont de Viviers) au P.K. 169,500 (amont du pont de Donzère), c'est-à-dire le défilé de Donzère.

ACTIVITÉS AUTORISÉES - Motonautisme - Ski nautique - Voile - Planche à voile - Canoë-kayak - Plongée - Baignade - Pêche.

Le jet-ski® peut être considéré comme toléré mais il est plus prudent de se renseigner sur place.

INTERDIT - Néant.

PRESTATIONS AUTOUR DU PLAN D'EAU - Uniquement la base de l'Union Nautique Viviers-Montélimar-Pierrelatte, au port de Viviers : rampe, possibilité d'avitaillement. Camping. A quelques centaines de mètres de la base, hôtels, restaurants, commerces dans la ville de Viviers (3 500 habitants).

The stretch of water concerned goes from K 166.500 (downstream side of the Viviers bridge) to K 169.500 (upstream side of the Donzère bridge), that is to say through the Donzère defile.

PERMITTED ACTIVITIES - Speed-boats - Water-skiing - Sailing - Wind-surfing - Canoe and kayak - Diving - Swimming - Fishing.

Jet-ski riding may be considered to be tolerated, but it would be prudent to verify this on the spot.

PROHIBITED - Nothing.

SERVICES AROUND THE WATER - There is only the base of the Union Nautique Viviers-Montélimar-Pierrelatte at the port of Viviers : slipway, refuelling possibility. Camping-site. A few hundred metres away from the base, there are hotels, restaurants and shops in the town of Viviers (population 3 500).

REGULATIONS - This stretch of water under the cliffs is crossed by passing traffic.

Der beschriebene Abschnitt liegt zwischen K 166.500 (unterhalb der Brücke von Viviers) und K 169.500 (oberhalb der Brücke von Donzère), das heißt, er führt genau den Felsen von Donzère entlang.

ERLAUBT - Motorboote – Wasserski – Segeln – Windsurfen – Kanu – Kajak – Tauchen – Baden – Angeln.

Jet-Ski® kann in diesem Abschnitt als zugelassen betrachtet werden, am besten erkundigt man sich aber vor Ort.

VERBOTEN - Keine Verbote.

LEISTUNGSANGEBOT ENTLANG DES FLUSSES - Es gibt nur den Stützpunkt der Union Nautique Viviers-Montélimar Pierrelatte im Hafen von Viviers: Sliprampe, Verproviantierungsmöglichkeit, Campingplatz.

Nahe beim Stützpunkt liegen Hotels, Restaurants, Geschäfte in Viviers (3 500 Einwohner).

RÉGLEMENTATION - Ce plan d'eau sous les falaises est parcouru par une navigation de transit. Il convient donc d'appliquer la réglementation générale prévue en rivière; voir le *Code Vagnon fluvial*.

Le règlement particulier régissant la section qui nous intéresse (P.K. 166,500 à 169,500) prescrit que dans cette section la vitesse des embarcations est autorisée jusqu'à 60 km/h pendant les créneaux horaires suivants :

- Octobre et novembre	9 h à 18 h 00
- Décembre et janvier	9 h à 17 h 30
- Février	9 h à 18 h 00
- Mars	9 h à 19 h 00
- Avril et mai	9 h à 19 h 30
- Juin et juillet	9 h à 20 h 30
- Août et septembre	9 h à 19 h 30

Les embarcations ne doivent pas circuler à moins de 30 mètres des rives ni évoluer à moins de 50 mètres des autres embarcations ainsi que des bateaux de commerce.

Les règles à observer pour le ski nautique sont celles du code fluvial sans autre particularité.

Ne peuvent évoluer dans cette zone que les bateaux dont les propriétaires sont couverts par une assurance de responsabilité civile d'un montant illimité.

LE PLAN D'EAU - Il est parcouru par une navigation de transit : trafic moyen en ce qui concerne les bâtiments de commerce et de passagers, beaucoup plus intense en ce qui concerne la plaisance. Le *Guide du Rhône de Lyon à la mer* donne d'intéressantes précisions sur le passage du défilé de Donzère. Les plaisanciers qui viennent ici pour faire du ski nautique apprendront qu'à partir de 3 000 m³/s à l'écluse de Châteauneuf, le courant devient très violent et qu'une panne de moteur peut avoir de graves conséquences. Le même *Guide du Rhône* décrit l'entrée (parfois délicate) du petit port de plaisance de Viviers.

L'Union Nautique Viviers-Montélimar-Pierrelatte, dont la base est située au port de Viviers, n'a pas répondu à notre demande de renseignements sur les conditions de la pratique des sports nautiques sur le plan d'eau et le régime des vents dominants.

CLUB NAUTIQUE

- Union Nautique Viviers-Montélimar-Pierrelatte, chemin du Rhône, 07220 Viviers, tél. 04 75 52 82 15

BAIGNADE - Pas de baignade aménagée (et même possible) dans cette section du fleuve.

BATEAU A PASSAGERS - Si les grands paquebots du Rhône font escale à Viviers avec leurs passagers embarqués à Lyon, il est possible de faire, au départ de Viviers de petites croisières jusqu'à Montélimar (avec passage de l'écluse de Châteauneuf) ou Avignon, avec un des bateaux de la société Resto-Rhône.

Tél. 04 75 60 69 22, fax 04 75 60 63 86.

The traffic regulations to be observed are therefore those applicable to rivers; see the *Code Vagnon Fluvial*.

The specific local regulations governing the section that interests us (K 166.500 to K 169.500) decree that, in this zone, the authorized speed limit is 60 KPH during the following times :

- October and November	9.00 to 18.00 hours
- December and January	9.00 to 17.30 hours
- February	9.00 to 18.00 hours
- March	9.00 to 19.00 hours
- April and May	9.00 to 19.30 hours
- June and July	9.00 to 20.30 hours
- August and September	9.00 to 19.30 hours

Boats must not come within 30 metres from the banks and must keep at least 50 metres away from all other leisure craft and freight vessels.

The rules to be observed for water-skiing are those contained in the inland waterways code, without any specific local additions.

The owners of boats using this zone must obligatorily have a third party insurance policy covering them for an unlimited sum.

THE STRETCH OF WATER - This zone is crossed by passing traffic; the number of freight vessels and passenger boats in transit is not very large but the traffic of passing leisure craft is much denser. The *Guide du Rhône de Lyon à la Mer* (with full text in English) gives interesting details on the passage through the Donzère defile. Enthusiasts who come here to do water-skiing will learn that, with upwards of 3 000 m³ per second at the Châteauneuf lock, the current becomes very violent and that an engine breakdown can have disastrous consequences. The same *Guide du Rhône* describes the entry (which can be tricky) into the small pleasure boat harbour at Viviers.

The Union Nautique Viviers-Montélimar-Pierrelatte, whose base is situated in the Vivier harbour, did not reply to our request for information about the conditions for water sports on this stretch of water and the pattern of prevailing winds.

NAUTICAL CLUBS - (See details in French text under "Club nautique").

SWIMMING - There are no swimming facilities (or even possibilities) on this section of the river.

PASSENGER BOATS - Though the large Rhône liners make a call at Viviers, with the passengers that they have taken on board at Lyon, it is possible to go on small cruises, departing from Viviers, taking you as far as Montélimar (including the passage through the Châteauneuf lock) or Avignon, on one of the boats belonging to the Resto-Rhône company. Tel. 04 75 60 69 22, fax 04 75 60 63 86.

FISHING - The Rhône is classed in the 2nd category.

For addresses of the Ardèche and Drôme (left bank fishing federations, see French text under "Pêche).

VERORDNUNGEN - Dieser Flussabschnitt am Fuße der Felswände von Donzère wird auch vom Transitverkehr benutzt. Es gilt die französische Binnenschifffahrtsverordnung bzw. die Schiffsverkehrsordmung für Flüsse (siehe Code *Vagnon Fluvial*, "édition de l'année", erscheint jedes Jahr neu).

Dazu kommen folgende ergänzende Regelungen:

- Zwischen K 166.500 und K 169.500 darf man mit höchstens 60 km/h fahren und zwar zu folgenden Zeiten:

- Oktober und November	9.00–18.00 h
- Dezember und Januar	9.00–17.30 h
- Februar	9.00–18.00 h
- März	9.00–19.00 h
- April und Mai	9.00–19.30 h
- Juni und Juli	9.00–20.30 h
- August und September	9.00–19.30 h

- Zum Ufer muss ein Abstand von 30 m eingehalten werden, zu anderen Booten und Frachtschiffen mindestens 50 m.
- Die Bestimmungen für Wasserski entsprechen den üblichen (siehe *Code Vagnon Fluvial*).

Es sind nur Fahrzeuge zugelassen, für die eine Haftpflicht mit einer Versicherungssumme in unbeschränkter Höhe besteht.

DAS GEWÄSSER - Auf der Rhone muss mit Berufsschifffahrt gerechnet werden. Man begegnet zwar nicht vielen Frachtschiffen und Passagierschiffen, aber in den Sommermonaten fahren hier doch ziemlich viele Motorboote im Transitverkehr.

Weitere Angaben und Hinweise zu den Schifffahrtsbedingungen für den Abschnitt beim Défilé des Donzères finden Sie im *Guide du Rhône de Lyon à la Mer*.

Auch die Hafeneinfahrt zum kleinen Sportboothafen Viviers, die unter gewissen Umständen schwierig sein kann, ist in diesem Führer beschrieben.

Beträgt die Durchflussmenge an der Schleuse Châteauneuf mehr als 3 000 m³ Wasser pro Sekunde, wird die Strömung sehr stark und eine Motorenpanne kann schwere Folgen haben.

Der Klub L'Union Nautique Viviers-Montélimar-Pierrelatte, den wir zu den Wasser- und Windverhältnissen dieses Abschnitts befragten, hat uns leider nicht geantwortet.

WASSERSPORTKLUB - (Adresse im französischen Text unter "Club nautique").

BADEN - An diesem Flussabschnitt ist kein Badestrand eingerichtet.

AUSFLUGSSCHIFFE - Wenn die großen Hotelschiffe auf ihrer Fahrt von Lyon nach dem Süden in Viviers Halt machen, kann bis Montélimar mitfahren (mit Schleusenpassage Châteauneuf) oder man fährt mit einem Schiff der Gesellschaft Resto-Rhône nach Avignon
(Tel. 04 75 60 69 22, Fax 04 75 60 63 86).

PÊCHE - Le Rhône est classé en 2e catégorie.

Adresse de la Fédération de Pêche de l'Ardèche : Z.I. du Lac, Innoparc, avenue Marc Seguin, 07000 Privas, tél. 04 75 66 38 80

Et celle de la Drôme (rive gauche), 3 place Dragonne, 26000 Valence, tél. 04 75 43 17 98.

ADRESSES UTILES

- Service de la Navigation, subdivision Avignon-Arles : route de Courtine, BP 308, 84021 Avignon cedex 1, tél. 04 90 86 01 41, fax 04 90 82 94 31
- Office de Tourisme de Viviers, place Riquet, 07220 Viviers, tél./fax 04 75 52 77 00

TOURISME - Il y a, bien sûr, le défilé de Donzère et son site. Mais la vieille ville épiscopale de Viviers est à visiter absolument. Et l'arrière-pays à qui la ville a donné son nom : le Vivarais ouvre un univers touristique extraordinaire allant des gorges de l'Ardèche au plateau du Coiron. Reste à persuader le skieur nautique venu se mettre à l'eau à Viviers de penser "tourisme" !

USEFUL ADDRESSES - (See details in French text under "Clubs nautiques").

TOURISM - There is, of course, the Donzère defile and its site. But the ancient episcopal town of Viviers must on no account be missed. The hinterland region which took its name from the town, the Vararais, opens up an extraordinary universe for the tourist, going from the gorges of the Ardèche to the Coiron plateau. It only remains to persuade the water-skier, who has come to Viviers to get into the water, to tear himself away and do some tourism!

ANGELN - Die Rhone gehört den Angelrevieren der 2. Kategorie an.

Adresse der Fédération ...

Adresse für das Drôme (linkes Ufer) ...

(Adressen im französischen Text unter "Pêche").

NÜTZLICHE ANSCHRIFTEN - (Adressen im französischen Text unter "Adresses utiles").

TOURISMUS - Sehr schön sind die Felswände des Défilé de Donzère. Aber auch die Altstadt von Viviers sollte man unbedingt besichtigen. Das Hinterland Le Vivarais, dem die Stadt seinen Namen gegeben hat, bietet einmalige Ausflüge und Exkursionen in die Ardècheschluchten und zum Plateau du Coiron. Nun müsste man die Wasserskifahrer, die in Viviers über die Rhone flitzen, nur noch davon überzeugen, dass auch am Land viel Schönes wartet ...

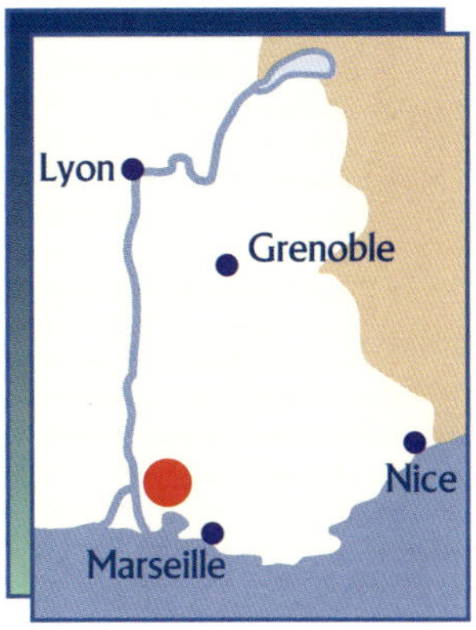

ENTRESSEN (Étang d')

BOUCHES-DU-RHÔNE

Miramas 9 km - Arles 32 km - Avignon 51 km - Salon-de-Provence 19 km
Istres 16 km
Martigues 31 km - Marseille 69 km
Altitude : 35 mètres - Altitude : 35 metres - Höhe über Meer: 35 Meter
Superficie : 100 ha - Surface area : 247 acres - Fläche: 100 Hektaren
Profondeur maximum : 10 mètres - Maximum depth : 10 metres
- Maximale Tiefe: 10 Meter

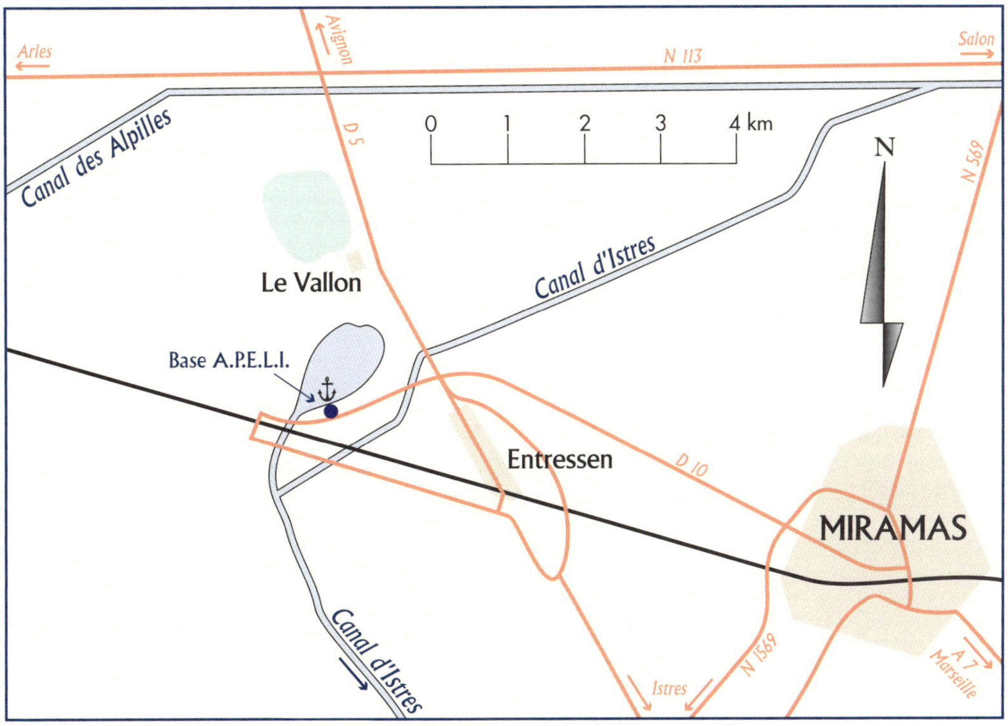

Dans cette immense plaine de la Crau battue par le mistral, voici un inattendu et sympathique plan d'eau naturel d'une centaine d'hectares. Il est géré par la municipalité d'Istres et un seul club y est implanté "mais — écrit-il gentiment — on n'est pas des sauvages et tout le monde peut l'essayer !". Réservé à la voile et à l'eau vive (le moteur et, plus surprenant, la baignade, y sont interdits), il héberge un centre de formation fédéral et d'autres activités. A quelques kilomètres de la mer, un plan d'eau intérieur intéressant.

In this immense Crau plain, over which the Mistral wind whistles, here is an unexpected and attractive natural stretch of water with a surface area of nearly 250 acres. It is managed by the municipality of Istres and a lone club has its base there. This water is reserved for sailing and paddle powered locomotion(motors and, more surprisingly, swimming are forbidden here) and a training school of the sailing federation has taken up residence here, alongside other activities. The Etang d'Entressen is an interesting inland expanse of water, only a few kilometres away from the sea.

Vom Mistral gepeitscht, liegt dieser schöne natürliche See mit seiner Fläche von einigen hundert Hektaren in der endlosen Ebene von Crau. Unterhalten wird er von der Gemeinde Istres. Es gibt nur einen einzigen Wassersportklub. Genutzt wird der Etang d'Entressen zum Segeln und als Trinkwasserquelle – Motorboote und überraschenderweise auch Baden sind verboten. Am See gibt es ein Wassersportzentrum und verschiedene andere Einrichtungen. Alles in allem ist der Etang d'Entressen ein interessantes, küstennahes Binnengewässer.

ACTIVITÉS AUTORISÉES - Voile - Planche à voile - Canoë-kayak - Pêche.

INTERDIT - Motonautisme - Ski nautique - Jet-ski® - Baignade.

PRESTATIONS - Par le club A.P.E.L.I. : 4 brevets d'État, centre de formation fédéral (voile - planche - kayak). Extensions possibles : plongée, kayak rivière et de mer, croisière, etc.

RÉGLEMENTATION - Un arrêté municipal interdit donc la baignade et les bateaux à moteur (sauf aux adhérents de la société de pêche disposant d'une embarcation d'une puissance maximum de 5 CV).

LE PLAN D'EAU - Il est très bien venté car il est situé dans la plaine de la Crau que balaie un mistral encore accéléré à la sortie des Alpilles. L'étang bénéficie aussi des brises thermiques.

CLUB NAUTIQUE
A.P.E.L.I., étang d'Entressen, 13118 Entressen, tél. 04 90 50 52 39 (cotisation 1998 de 120 à 410 F selon l'âge et le domicile, comprenant un prêt éventuel de matériel).

PÊCHE - Le droit de pêche a été octroyé à la Société de Pêche d'Entressen.

TOURISME - Il y a la Crau, ce désert de cailloux à l'horizon sans fin, qui dégage une certaine magie. Et, dans un rayon de 20 à 30 kilomètres : Arles, les Alpilles, l'Étang de Berre et Martigues, sites dont la réputation n'est plus à faire.

PERMITTED ACTIVITIES - Sailing - Wind-surfing - Canoe and kayak - Fishing.

PROHIBITED - Motor-boats - Water-skiing - Jet-ski® - Swimming.

SERVICES - Through the A.P.E.L.I. club : 4 national diploma courses, sailing federation training centre (sailing - wind-surfing - kayak). Possible additional activities : diving, kayak on river and sea, cruising, etc.

REGULATIONS - So there is a municipal order prohibiting swimming and motor-boats (except for members of the fishing club who have a boat with a motor of not more than 5 HP).

THE STRETCH OF WATER - There is plenty of wind, as the étang is situated in the Crau plain that is swept by the Mistral whose force is further increased on emerging from the Alpilles. The water also benefits from thermal breezes.

NAUTICAL CLUB - (See French text under "Club nautique". The membership fee, including loan of equipment, in 1998 was 120 to 410 francs, depending on age and place of residence).

FISHING - The right to fish has been conceded to the Société de Pêche d'Entressen.

TOURISM - The Crau, a stony desert that stretches to the horizon in all directions, exudes a certain sense of magic. Then, within a radius of 20 to 30 kilometres : Arles, the Alpilles, the Etang de Berre and Martigues, all tourist attractions whose fame has long ago spread far and wide.

ERLAUBT - Segeln – Windsurfen – Kanu – Kajak – Angeln.

VERBOTEN - Motorboote – Wasserski – Jet-Ski® – Baden.

LEISTUNGSANGEBOT RUND UM DEN SEE - Im Klub A.P.E.L.I. sind verschiedene Wassersportarten vereinigt (Segeln – Windsurfen – Kajak). Weitere Möglichkeiten: Tauchen, Kajak, Ausflugsfahrten usw.

VERORDNUNGEN - Ein Gemeindeerlass untersagt das Baden und das Fahren mit Motorschiffen. Ausgenommen sind Boote der Mitglieder der Société de pêche d'Enteressen (maximal 5 PS).

DAS GEWÄSSER - Da der See in einer Ebene liegt, bläst ständig ein Wind. Das kann ein Mistral sein, der gegen die Alpilles hin zu noch zunimmt, es gibt daneben aber auch thermische Brisen.

WASSERSPORTKLUB
A.P.E.L.I. ... (Mitgliederbeitrag je nach Alter und Wohnort 120–140 F, einschließlich Ausleihgebühr für Material).
(Adresse im Französischen Text unter "Club nautique").

ANGELN - Inhaberin der Fischereirechte ist Société de Pêche d'Entressen.

TOURISMUS - Von La Crau, der Kieswüste mit dem endlosen Horizont, geht eine eigenartige Faszination aus. Im Umkreis von 20 bis 30 Kilometern liegen Arles, das Massiv der Alpilles, der Étang de Berre und Martigues, bekannte Namen, die keiner weiteren Erklärung bedürfen.

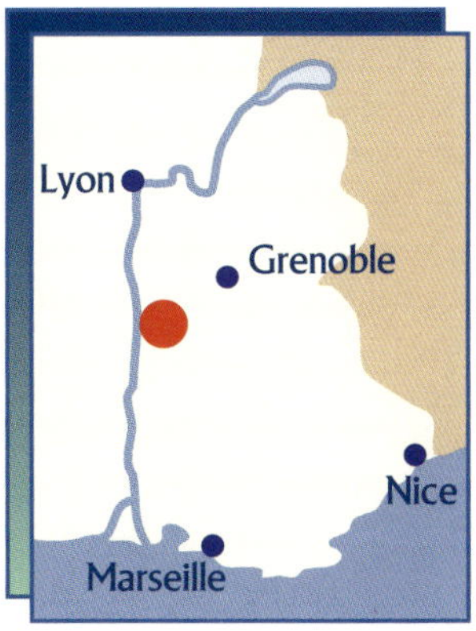

VALENCE (Le Rhône à)

DRÔME ET ARDÈCHE

Valence 2 km - Tournon 20 km - Lyon 102 km - Romans 30 km
Privas 43 km - Avignon 128 km

Altitude : 104 mètres - Altitude : 104 metres - Höhe über Meer: 104 Meter

Superficie : 200 ha - Surface area : approx. 494 acres - Fläche: 200 Hektaren

Carte dans le *Guide du Rhône de Lyon à la Mer* (Guide Vagnon N°5)

Un très beau plan d'eau de 11 kilomètres de long sur 300 mètres de large, dominé par l'éperon orgueilleux des ruines de Crussol et la tour penchée de Soyons. Cette section du Rhône est un domaine rêvé pour les sports nautiques : pas moins de huit clubs de différentes disciplines ont leur base au port de Valence-L'Epervière, le plus grand et le mieux équipé de tous les ports du Rhône. Certes, on est sur un fleuve et non sur un lac et cela peut entraîner quelques contraintes de navigation, de même que les vents dominants dans cette vallée orientée nord-sud. Mais le cadre et les prestations offertes effacent ces inconvénients relativement mineurs.

A very beautiful stretch of water 11 kilometres long and 300 metres wide, overlooked by the proud spur of the ruins of Crussel and by the leaning tower of Soyons. This section of the Rhône is a dream domain for practising water sports. No less than eight clubs covering different types of activity have their base in the port of Valence-L'Epervière, the largest and best equipped of all the harbours on the Rhône. It is true that we are talking about a river and not a lake and this can entail certain navigational constraints, as can the prevailing winds in this valley orientated north-south. But the setting and the services available more than offset these relatively minor drawbacks.

Ein sehr schönes Wassersportgebiet von 11 Kilometer Länge und 300 Meter Breite, mit Blick auf den Felsvorsprung mit den Ruinen von Cressol und den schiefen Turm von Soyons. Dieser Rhoneabschnitt ist ein Traumrevier für Wassersportler; nicht weniger als acht Klubs verschiedener Sportdisziplinen sind im Hafen Valence-L'Epervière ansässig, dem schönsten und größten aller Sportboothäfen an der Rhone. Sicher, man ist hier auf einem Fluss und nicht auf einem See, was gewisse Nachteile mit sich bringen kann. Auch muss man mit den entsprechend dem Talverlauf orientierten Winden rechnen (Nordwind und Südwind). Aber die schöne Umgebung und die vielseitigen Möglichkeiten machen die wenigen kleinen Nachteile längstens wett.

La section de Rhône concernée va du P.K. 107,800 (fin du Rhône court-circuité par l'Aménagement de Bourg-lès-Valence) au P.K. 119 (amont du barrage de Charmes).

ACTIVITÉS AUTORISÉES -
Motonautisme et ski nautique sont autorisés sur deux zones :

a) du P.K. 107,800 au P.K. 110,500 (de la fin du Rhône court-circuité à 1 200 mètres à l'aval du pont de Valence) ;

The section of the Rhône concerned goes from kilometre mark 107.800 (the end of the Rhône short-circuited by the Bourg-lès-Valence improvement scheme) to kilometre mark 119 (the upstream side of the Charmes barrage).

PERMITTED ACTIVITIES - Motor-boats and water-skiing are authorized in two zones :

a) from K 107.800 to K 110.500 (from the end of the short-circuited Rhône to 1 200 metres downstream from the port of Valence) ;

Der hier beschriebene Flussabschnitt geht von K 107.800 (unteres Ende des Schleusenkanals des Kraftwerks Bourg-lès-Valence) bis zu K 119.000 oberhalb des Stauwehrs Charmes.

ERLAUBT - Schnelle Motorboote und Wasserski sind in zwei Zonen erlaubt:

a) von K 107.800 bis K 110.500 (vom unteren Ende des Schleusenkanals des Kraftwerks Bourg-lès-Valence bis 1 200 m unterhalb der Brücke Valence

(1) Le Guide du Rhône est en vente à "Navig'Rhodanien", le shipchandler du port de l'Épervière.
The Guide du Rhône (with text in English) is on sale at Navig'Rhodanien, the ship's chandler in the Epervière harbour.
Der Guide du Rhône ist erhältlich bei Navig'Rhodanien, dem Schiffsausrüster im Hafen l'Epervière.

b) du P.K. 114 au P.K. 119 (de la station électrique rive droite à Soyons jusqu'à l'amont du barrage de Charmes).

Le jet-ski® peut être considéré comme toléré dans les deux zones ci-dessus, mais il est plus prudent de se renseigner sur place.

Voile - Planche à voile - Canoë-kayak - Aviron - Plongée - Baignade - Pêche + la navigation de transit.

INTERDIT - Néant.

PRESTATIONS AUTOUR DU PLAN D'EAU - (Voir aussi le *Guide du Rhône*).

Le port de l'Épervière offre toutes les prestations d'un grand port de plaisance. Rampe de mise à l'eau. Élévateur à bateaux jusqu'à 30 tonnes ou 18 mètres. Zone technique fermée. 280 postes à quai et 60 places à terre. Eau, électricité sur tous les pontons. Poste de carburant à l'entrée du port. Mécanicien. Shipchandler. Restaurant. Promenades en bateau.

Dans l'Espace de Loisirs de l'Épervière : hôtel, restaurant, camping, piscine, mini-golf, tennis, bowling.

La ville de Valence (100 000 habitants) est à 2 kilomètres de l'Épervière.

Le port de Portes-lès-Valence est dans la zone de motonautisme, au P.K. 116,400 rive gauche. Mais c'est un port de commerce et il convient de mettre votre embarcation à l'eau au port de l'Épervière.

RÉGLEMENTATION - Cette section du Rhône est ouverte à la navigation à voile et à la rame et à la navigation de transit, à la vitesse maximum de 30 km/h. Elle comporte, on l'a vu, deux zones de motonautisme et de ski nautique dans lesquelles les conditions sont différentes.

Dans ces deux zones (P.K. 107,800 à 110,500 et P.K. 114,000 à 119,000), la vitesse des embarcations est autorisée jusqu'à 60 km/h pendant les créneaux horaires suivants :

- octobre et novembre	9 h à 18 h 00
- décembre et janvier	9 h à 17 h 30
- février	9 h à 18 h 00
- mars	9 h à 19 h 00
- avril et mai	9 h à 19 h 30
- juin et juillet	9 h à 20 h 30
- août et septembre	9 h à 19 h 30

Les embarcations ne doivent pas circuler à moins de 30 mètres des rives, ni évoluer à moins de 50 mètres des autres embarcations, ainsi que des bateaux de commerce.

Les règles à observer pour le ski nautique sont celles du code fluvial sans autre particularité.

Ne peuvent évoluer dans ces deux zones que les bateaux dont les propriétaires sont couverts par une responsabilité civile d'un montant illimité.

Observons en passant qu'un bateau à moteur partant de l'Épervière pour gagner l'une des deux zones de ski nautique devra circuler à 30 km/h jusqu'au moment où il entrera dans la zone en question.

b) from K 114 to K 119 (from the electricity generating station on the right bank at Soyons to the upstream side of the Charmes barrage).

Jet-skiing® can be considered to be tolerated in the two zones described above, but it would be more prudent to seek information on the spot.

Sailing - Wind-surfing - Rowing - Canoe and kayak - Diving - Swimming - Fishing + navigation passing through.

PROHIBITED - Nothing.

SERVICES AROUND THE LAKE - (See also the *Guide du Rhône*).

The l'Epervière port offers all the services to be expected in a major pleasure boat harbour. Launching slipway. Boat lift for boats up to 30 tons or 18 metres hull length. Secure repair area. 280 berths and space for 60 boats on land. Water and electricity on all pontoons. Refuelling station at the harbour entrance. Mechanic. Ship's chandler. Restaurant. Passenger boat excursions.

In the l'Epervière leisure area, hotel, restaurant, camping-site, swimming pool, mini-golf course, tennis courts, bowling alley.

The town of Valence (population 100 000) is 2 kilometres away from l'Epervière.

The Potes-lès-Valence harbour is in the motor-boating zone, at K 116.400 on the left bank. But it is a commercial port and it is preferable to put your boat into the water in the Epervière harbour.

REGULATIONS - This section of the Rhône is open for sailing, rowing and all boats passing through, with a speed limit of 30 KPH. As we have already seen, it includes two zones for motor-boats and water-skiing in which the regulations are different.

In these two zones (K 107.800 to K 110.500 and K 114.000 to K 119.000), a maximum speed of 60 KPH is authorized during the times as follows :

October and November	9.00 to 18.00 hours
December and January	9.00 to 17.30 hours
February	9.00 to 18.00 hours
March	9.00 to 19.00 hours
April and May	9.00 to 19.30 hours
June and July	9.00 to 20.30 hours
August and September	9.00 to 19.30 hours

Boats must not come within 30 metres from the banks and must keep at least 50 metres away from all other leisure craft and freight vessels.

The rules to be observed for water-skiing are those contained in the inland waterways code, without any specific local additions.

The owners of boats using these two zones must obligatorily have a third party insurance policy covering them for an unlimited sum.

We would mention in passing that a motor-boat leaving the Epervière harbour to go to one of the two water-skiing zones must restrict its speed to 30 KPH until it enters the zone in question.

b) von K 114.000 bis K 119.000 (vom Kraftwerk bei Soyons am rechten Ufer bis oberhalb des Wehrs Charmes).

Jet-Ski® können in diesen beiden Zonen als zugelassen betrachtet werden, aber man sollte sich vorsichtshalber vor Ort erkundigen.

Segeln – Windsurfen – Rudersport – Kanu – Kajak – Tauchen – Baden – Angeln – Transitverkehr.

VERBOTEN - Keine Verbote.

LEISTUNGSANGEBOT ENTLANG DES FLUSSES - (siehe auch *Guide du Rhône*)

Der Hafen L'Eperviѐre bietet alle Einrichtungen eines großen Sportboothafens: Sliprampe – Kran bis 30 Tonnen oder 18 m – Technische Zone – 280 Liegeplätze an den Stegen und 60 Schiffslagerplätze an Land – Wasser und Strom an allen Stegen – Tankstelle am Anfang des Hafens – Mechaniker – Schiffsbedarf – Restaurant – Fahrten mit dem Ausflugsschiff.

In der Freizeitanlage L'Epervière: Hotel – Restaurant – Campingplatz – Schwimmbad – Minigolf – Tennis – Bowling.

Die Stadt Valence mit 100 000 Einwohnern ist 2 km entfernt.

Der Hafen Portes-lès-Valence liegt an der Schnellschifffahrtszone, bei K 116.400 am linken Ufer. Das ist aber ein Handelshafen, Sportboote lässt man besser im Hafen L'Epervière zu Wasser.

VERORDNUNGEN

- Dieser Rhoneabschnitt ist offen für Segler, Ruderboote und natürlich den Transitverkehr. Die zulässige Höchstgeschwindigkeit beträgt 30 km/h.
- In den beiden oben genannten Schnellschifffahrtszonen gelten andere Höchstgeschwindigkeiten. Von K 107.800 bis K 110.500 und von K 114.000 bis K 119.000 darf mit 60 km/h gefahren werden, aber nur zu den folgenden Zeiten:

- Oktober und November	9.00–18.00 h
- Dezember und Januar	9.00–17.30 h
- Februar	9.00–18.00 h
- März	9.00–19.00 h
- April und Mai	9.00–19.30 h
- Juni und Juli	9.00–20.30 h
- August und September	9.00–19.30 h

- Zum Ufer muss ein Abstand von 30 m eingehalten werden, zu anderen Booten und Frachtschiffen mindestens 50 m.
- Die Bestimmungen für Wasserski entsprechen den üblichen (*Code Vagnon Fluvial*, "édition de l'année", erscheint jedes Jahr neu).
- Es sind nur Fahrzeuge zugelassen, für die eine Haftpflicht mit einer Versicherungssumme in unbeschränkter Höhe besteht.
- Motorboote, die aus dem Hafen L'Epervière auslaufen, um in eine der beiden Schnellschifffahrtszonen zu gelangen, müssen bis dorthin die Maximalgeschwindigkeit von 30 km/h einhalten.

Le plan d'eau est parcouru par une navigation de transit montant ou descendant le fleuve. Vis-à-vis de cette navigation comme entre bateaux et engins de plaisance s'applique la réglementation générale fluviale. Comme il n'est pas classé "grand plan d'eau", il faut appliquer les règles de route propres aux fleuves et rivières et non aux lacs. C'est ainsi qu'un voilier (ou une planche) ne sera pas prioritaire sur une péniche mais seulement sur une autre "menue embarcation" motorisée.

LE PLAN D'EAU - Nous sommes donc sur un grand fleuve, avec de la navigation commerciale (relativement peu importante en nombre de passages mais ce sont souvent de gros bâtiments ou des convois poussés) et du balisage. A noter que le balisage du chenal est implanté avec un déport de 20 mètres à l'extérieur du chenal; en tenir compte. On aura toutes les précisions sur les conditions de navigation sur le Rhône en consultant le Guide Vagnon N° 5, *Guide du Rhône de Lyon à la Mer*. Le plan d'eau de l'Épervière est couvert par plusieurs cartes du *Guide du Rhône*.

La vallée du Rhône est orientée nord-sud. Les vents dominants sont naturellement le mistral (vent du Nord) en premier et le vent du Sud qui annonce souvent la pluie. Le Cercle de la Voile de Valence, établi à l'Épervière, précise que le mistral est plus irrégulier en force (rafales de vent) et en direction que le vent du Sud. Par contre, le vent du Sud soulève un clapot court jusqu'à un mètre par vent fort et selon l'importance du courant. Ce clapot est très apprécié par les planchistes. Le club ajoute que le plan d'eau est très technique car il demande de la rapidité (beaucoup de manœuvres) et améliore les bords de près.

Le niveau de l'eau ne descend pratiquement jamais beaucoup en dessous de celui de la retenue normale mais, par contre, s'élèvera en temps de crue. La navigation est arrêtée quand le niveau atteint la cote des Plus Hautes Eaux Navigables (P.H.E.N.). Pour le savoir, appeler le 04 78 69 60 70.

On peut connaître l'évolution des crues et du débit du Rhône en consultant :

- le 04 72 56 59 20 (répondeur)
- le minitel 36-15 Infocrues ou 36-17 Info-Rhône.

Malgré qu'on soit dans une retenue, il y a toujours du courant qui peut être de l'ordre de 1,5 mètre-seconde mais qui devient beaucoup plus fort en temps de crue. C'est ainsi que le courant ajouté à un mistral très fort gênera considérablement, à la remontée, un bateau à moteur de faible puissance.

CLUBS NAUTIQUES - Les 8 clubs ci-après ont leur base au port de l'Épervière.

- Yacht-Motor-Club Rhodanien (motonautisme) tél. 04 75 41 52 70 / 04 75 42 11 79
- Club de Ski Nautique Valentinois (ski nautique) tél. 04 75 81 25 52 / 04 75 59 65 07

This stretch of water is traversed by through traffic going up and down the river. With regard to these passing vessels, as well as to all leisure craft using the stretch, the general regulations for inland waterways apply. As this water is not classified as a large expanse of water, the traffic rules that apply are those for rivers and not those for lakes. It follows that a sailing boat (or a wind-surf board) will not have priority over a barge, but will have right of way over a "small motor-craft".

THE STRETCH OF WATER - Here we find ourselves on a major river with commercial traffic (the frequency of passing boats is not high, but there is a large proportion of heavy tonnage vessels and push-tow convoys) and with marker stakes and buoys. You should be aware that the channel markers are situated 20 metres outside the channel; remember to take account of this. You can find a detailed description of the conditions of navigation on the Rhône in the *Guide du Rhône de Lyon à la Mer N° 5* (with full text in English). The Epervière stretch of water is covered by several maps in this guide.

The valley of the Rhône is orientated north-south. The prevailing winds are naturally the Mistral (north wind), for the most part, and the south wind that often heralds rain. The Cercle de la Voile de Valence, which is based at l'Epervière, states that the Mistral is more irregular in strength (sharp gusts) and in direction than the south wind. On the other hand, the south wind raises a short chop, with troughs of up to one metre when the wind is strong and depending on the speed of the current. These waves are very much to the liking of wind-surfers. The club adds that this stretch of water is very technical, as it requires rapid reactions (lots of manoeuvres) and gives plenty of practice in close hauled tacking.

The level of the water almost never drops much below its normal level, but, on the other hand, rises considerably during periods of flood. All navigation is halted when the level reaches the PHEN mark (highest navigable water level). To find out if this is the case, call 04 78 69 60 70.

You can obtain information on the evolution of floods and the flow of current of the Rhône by calling :

- 04 72 56 59 20 (recorded message)
- minitel 36 15 code Infocrues or 36 17 code Info-Rhône.

Although this section is the pool above one of the large barrages on the Rhône, there is still some current, which may be around 1.5 metres per second, but which becomes very much swifter when the river is in spate. At such times, the current, in conjunction with a strong Mistral, will considerably hinder the progress upstream of any boat with a low powered engine.

• Dieser Flussabschnitt wird auch vom Transitverkehr benutzt. Es gelten die Regelungen der allgemeinen französischen innenschifffahrtsverordnung. Das es sich um eine Flussstrecke handelt, die nicht als "grand plan d'eau" (Großwasserfläche) eingestuft ist, gilt hier die Schiffsverkehrsordnung für Flüsse und nicht für Seen. Deshalb haben Segler und Surfer auch nicht Vorrang gegenüber Frachtschiffen, sondern nur gegenüber motorisierten Fahrzeugen.

DAS GEWÄSSER - Auf der Rhone muss mit Berufsschifffahrt gerechnet werden. Man begegnet zwar nicht vielen Frachtschiffen, aber diese können sehr groß sein oder es kann sich um Schubverbände handeln.

Achtung: Die Betonnung verläuft im Abstand von 20 m der Fahrrinne entlang! Alle diesbezüglichen Angaben und weitere Hinweise zu den Schifffahrtsbedingungen finden Sie im *Guide du Rhône de Lyon à la mer N° 5*. Auch der Hafen L'Epervière ist dort mit mehreren Karten dokumentiert.

Das Rhonetal verläuft in nordsüdlicher Richtung. Die hauptsächlichen Winde sind deshalb der Mistral (Nordwind) und der Südwind, der oft schlechtes Wetter ankündigt. Der Cercle de la Voile de Valence, in L'Epervière ansässig, präzisiert, dass der Mistral höhere Windstärken erreicht als der Südwind und von heftigen Böen begleitet sein kann.

Je nach Windstärke und Wasserführung der Rhone kann der Südwind aber bis 1 m hohe Wellen aufwerfen. Die Surfer werden sich darüber sich freuen!

Das Befahren dieser Wasserfläche ist anspruchsvoll, da man häufig manövrieren muss.

Der Wasserstand fällt praktisch nie unter den Normalwasserstand, er kann bei Hochwasser aber beträchtlich steigen. Die Schifffahrt wird eingestellt, wenn das Niveau die Marke P.H.E.N (höchstschiffbarer Wasserstand) erreicht. Entsprechende Informationen erhält man unter Tel. 04 78 69 60 70.

Veränderungen des Wasserstandes bei Hochwasser und die Durchflussmengen kann man abfragen bei:

- 04 72 56 59 20 (Automat)
- Minitel 36-15 Infocrues oder 36-17 Info-Rhône

Auch wenn man sich hier auf einem gestauten Flussabschnitt befindet, kann die Strömung doch bis 1,5 m/s ausmachen und in Hochwasserperioden stark zunehmen. Wenn noch ein kräftiger Mistral dazukommt, können schwach motorisierte Boote erhebliche Schwierigkeiten bekommen.

- Cercle de la Voile de Valence (voile/planche) tél. 04 75 43 49 30 / 04 75 56 40 86
- Vent d'Ouest Valentinois (voile) tél. 04 75 40 99 06 / 04 75 58 52 59
- Aviron Valentinois (aviron) tél. 04 75 60 32 95 / 04 75 44 14 67
- Canoë Club de Valence (canoë-kayak) tél. 04 75 84 47 16 / 04 75 56 35 98
- Les Marsouins de Valence (nage avec palmes) tél. 04 75 81 22 99 ou 04 75 43 43 12
- Cercle Valence Plongée (plongée) tél. 04 75 42 54 45

Par ailleurs un club ardéchois a sa base rive droite, à la fin de la zone aval de motonautisme et de ski nautique :

- Club motonautique de Charmes-Saint-Georges, base nautique, 07800 Charmes-sur-Rhône, tél. 04 75 60 81 74

BATEAUX DE PROMENADE - Des bateaux à passagers basés au port de l'Épervière permettent d'accomplir des croisières sur le Rhône, à l'amont et à l'aval de Valence, avec restauration à bord. Société Resto-Rhône, tél. 04 75 60 69 22, fax 04 75 60 63 86. Intéressantes croisières qui donnent un aperçu de ce très beau voyage qu'est la descente du Rhône et qu'on gagnera à accompagner de la lecture du *Guide du Rhône*.

BAIGNADE - Il n'y a pas de plage aménagée dans cette section. Sur le Rhône d'ailleurs, elles sont rares...

PÊCHE - Le Rhône est classé en 2e catégorie.

ADRESSES UTILES

- Service de la Navigation, subdivision Vienne-Valence, 3 place Antonin Perrin, 69007 Lyon, tél. 04 78 69 60 70, fax 04 75 44 90 41
- Capitainerie du Port de l'Épervière, tél. 04 75 81 18 93, V.H.F. canal 9, fax 04 75 41 02 31
- Chambre de Commerce et d'Industrie (gestionnaire du port), tél. 04 75 75 70 38
- Office de Tourisme de Valence, Parvis de la Gare, 26000 Valence, tél. 04 75 44 90 40

TOURISME - Valence est l'une plaque tournante du tourisme. Le plaisancier qui laisserait son bateau à l'Épervière et déciderait d'"excursionner" en voiture aurait du pittoresque à 360 degrés autour de lui. La ville de Valence d'abord, à deux pas. Puis, au nord, Tournon, la Drôme des collines, Vienne et Lyon. A l'est, le Vercors. Au sud-est, la Drôme des lavandes. Au sud, Montélimar, Avignon. Au sud-ouest et à l'ouest, le Vivarais avec les Gorges de l'Ardèche, l'Aven d'Orgnac, jusqu'au mont Mézenc. Ce qui imposerait une escale de plusieurs jours à l'Épervière...

NAUTICAL CLUBS - The 8 clubs listed in the French text have their base in the Port de l'Epervière. Thier activities are respectively :

(motor-boating)
(water-skiing)
(sailing - wind-surfing)
(sailing)
(rowing)
(canoe and kayak)
(swimming with fins)
(diving)

Otherwise, there is a club with its base on the Ardèche side on the right bank, at the end of the downstream zone for motor-boating and water-skiing.

(See details in French text under "Clubs nautiques")

EXCURSION BOATS - Passenger boats based at the Port de l'Epervière offer cruises on the Rhône, going both upstream and downstream from Valence, with meals served on board. Société Resto-Rhône, tel. 04 75 60 69 22 / fax. 04 75 60 63 86.

SWIMMING - There are no proper beaches on this section. There are, in fact, very few anywhere on the Rhône.

FISHING - The Rhône is classed in the 2nd category.

USEFUL ADDRESSES - (See details in French text under "Adresses utiles")

TOURISM - Valence is a major base for tourist excursions. The yachtsman who leaves his boat at the Epervière harbour and decides to go touring by car will have picturesque attractions on all points of the compass around him. Firstly, there is the town of Valence a stone's throw away. Then, to the North, the towns of Tournon, Vienne and Lyon and the hilly part of the Drôme region. To the East, the Vercors region. To the South-East, the lavender fields of the Drôme. To the South, Montélimar and Avignon. To the South-West and the West, the Vivarais region with the Ardèche gorges, the Aven d'Orgnac cave, as far as the Mont Mézenc. All this requires a stay lasting several days at Epervière.

WASSERSPORTKLUBS - 8 Klubs haben ihren Sitz im Hafen L'Epervière.

(Motorboote)
(Wasserski)
(Segeln – Windsurfen)
(Segeln)
(Rudersport)
(Kanu – Kajak)
(Schwimmen mit Flossen)
(Tauchen)

Ein weiterer Klub der Ardèche hat seinen Stützpunkt am rechten Ufer, am Ende der unteren Schnellschifffahrtsstrecke

(Adressen im französischen Text unter "Clubs nautiques")

AUSFLUGSSCHIFFE - Ausflugsschiffe der Gesellschaft Resto-Rhône (Tel. 04 75 60 69 22 / Fax 04 75 60 63 86) bieten Fahrten auf der Rhone an, flussauf- und flussabwärts, mit Restauration an Bord. Ausgangspunkt ist der Hafen L'Epervière. Diese Fahrten zeigen Ihnen die Schönheiten des Rhonelaufes, zu dem der *Guide du Rhône de Lyon à la Mer* viele interessanten Informationen liefert.

BADEN - An diesem Flussabschnitt gibt es keine eingerichteten Badestrände. Auch anderswo auf der Rhone sind sie selten.

ANGELN - Die Rhone gehört den Angelrevieren der 2. Kategorie an.

NÜTZLICHE ANSCHRIFTEN - (Adressen im französischen Text unter "Adresses utiles")

TOURISMUS - Valence ist eine touristische Drehscheibe. Der Sportbootfahrer kann sein Schiff im Hafen L'Epervière lassen und in einem Umkreis von 360 Grad schöne Autofahrten in die Umgebung machen.

Die Stadt Valence liegt unmittelbar in der Nähe. In Richtung Norden kommt man nach Tournon, La Drôme des Collines, nach Vienne und Lyon. Im Osten liegt Le Vercors, im Südosten La Drôme des Lavandes. In Richtung Süden gelangt man nach Montélimar und Avignon. Im Westen und Südwesten liegen Le Vivarais mit den Ardècheschluchten, L'Aven d'Orgnac und der Mont Mézenc. Also – ein paar Tage sollte man schon in L'Epervière bleiben!

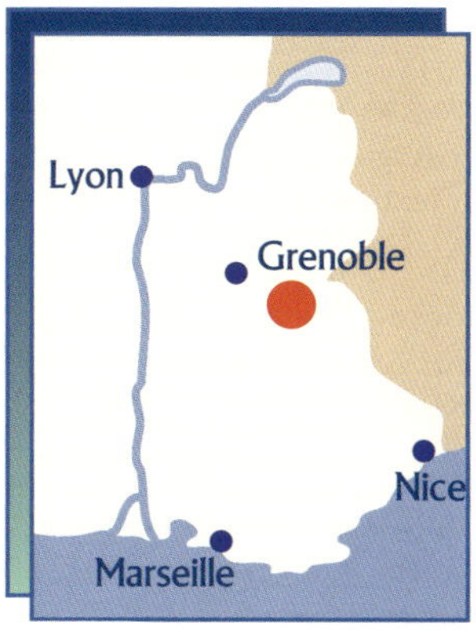

CHAMBON (Lac du)

ISÈRE

Les Deux-Alpes 11 km - Bourg-d'Oisans 14 km - Grenoble 64 km - Lyon 170 km - La Grave 14 km - Briançon 53 km

Altitude : 1 044 mètres - Altitude : 1 044 metres - Höhe über Meer: 1 044 Meter

Superficie : 140 ha - Surface area : 346 acres - Fläche: 140 Hektaren

Profondeur maximum : 80 mètres près du barrage - Moyenne : 40 mètres

Maximum depth : 80 metres near to the dam - Average : 40 metres

Maximale Tiefe: 80 Meter beim Wehr - durchschnittliche Tiefe 40 Meter

"Ne résistez pas au plaisir de tirer quelques bords sur le plus beau fjord de l'Oisans, sur les eaux turquoise du lac de Chambon !" nous écrit avec enthousiasme et lyrisme le responsable du club nautique établi sur cette retenue de la Romanche. Suivez ce conseil ! En juillet et en août, ce club dynamique vous permettra de passer, sous les sommets grandioses de l'Oisans, des journées formidables.

The secretary of the sailing club based on this reservoir on the Romanche river wrote to us enthusiastically and lyrically "Do not resist the pleasure of tacking up the most beautiful fjord in the Oisans region, on the turquoise waters of the Lac du Chambon!" We suggest you follow his advice. In July and August, this dynamic club will enable you to spend marvellous days beneath the grandiose peaks of the Oisans range of mountains.

"Gönnen Sie sich das Vergnügen, auf dem Lac de Chambon, diesem schönen Fjord des Oisans mit seinem türkisfarbenen Wasser, ein paar Runden zu ziehen!" schreibt uns der Club Nautique, der in diesem Staubecken der Romanche seinen Sitz hat. Im Juli und im August können Sie hier vor dem Panorama der grandiosen Gipfel des Alpenmassivs Oisans wunderschöne Tage genießen.

ACTIVITÉS AUTORISÉES - Voile - Planche à voile - Canoë-kayak - Barque - Pêche.

INTERDIT - Motonautisme - Ski nautique - Jet-ski® - Plongée - Baignade.

PRESTATIONS AUTOUR DU PLAN D'EAU - Rampe de mise à l'eau à la base nautique - Buvette.

RÉGLEMENTATION - Le règlement particulier du lac ne nous a pas été communiqué. Ce qui est important, c'est que le moteur est interdit. N'espérez pas monter au Chambon pour faire du jet-ski® et troubler ainsi le silence de la montagne au pied des pentes arides de l'Oisans !

LE PLAN D'EAU - Il est peu venté : force 1 à 3. Pas de tempête à redouter (une seule en 32 ans...). Pontons d'embarquement. Périmètre de navigation surveillé en juillet et en août.

Les berges sont encaissées mais le site est magnifique.

Le marnage est important : il peut atteindre 60 mètres.

LE BARRAGE - C'est un des plus célèbres des Alpes françaises. Barrage-poids (résistant, par son poids, à la poussée des eaux) de près de 300 mètres de long, 90 mètres de haut et 70 mètres de large à sa base.

PERMITTED ACTIVITIES - Sailing - Wind-surfing - Canoe and kayak - Sculling - Fishing.

PROHIBITED - Motor-boats - Water-skiing - Jet-ski® - Diving - Swimming.

SERVICES AROUND THE LAKE - Launching slipway at the sailing club base - Snack bar.

REGULATIONS - The specific regulations in force on this lake have not been communicated to us. N.B. All engines are outlawed. Do not hope to go up to Chambon to ride your jet-ski®, thus disturbing the silence of the mountains at the foot of the stony slopes of the Oisans massif!

THE STRETCH OF WATER - Winds are light : force 1 to 3. No fear of gales (one only in 32 years...). Landing pontoons. The sailing area is under surveillance in July and August.

The shores are boxed-in but the site is magnificent.

The variation in the level of the water is substantial : the maximum difference is 60 metres.

THE DAM - It is one of the most famous in the French Alps. It is a weight barrage (it resists the pressure of the water by virtue of its mass) nearly 300 metres long, 90 metres high and of a thickness of 70 metres at its base.

ERLAUBT - Segeln – Windsurfen – Rudersport – Kanu – Kajak – Angeln.

VERBOTEN - Motorboote – Wasserski – Jet-Ski® – Tauchen – Baden.

LEISTUNGSANGEBOT RUND UM DEN SEE - Sliprampe beim Klubgelände – Getränkekiosk.

VERORDNUNGEN - Besondere Regelungen wurden uns nicht gemeldet. Wichtig ist zu wissen, dass Motoren nicht zugelassen sind. Kein Lärm von Jet-Skis® soll hier die Stille der Berge stören!

DAS GEWÄSSER - Der See liegt tief eingeschnitten in schöner Umgebung.

Es gibt nur wenig Wind (Windstärke 1 bis 3). Stürme braucht man nicht zu befürchten (es gab nur einen einzigen vor 32 Jahren...). Anlegestege sind vorhanden. Im Juli und im August wird die Schifffahrtszone überwacht.

Achtung: Der Niveauunterschied kann bis 60 m ausmachen!

DAS STAUWEHR - Das Wehr Chambon ist eines der bekanntesten Stauwehre in den französischen Alpen. Es ist fast 300 m lang, 90 m hoch und an der Basis 70 m breit. Beim Damm handelt es sich um eine Gewichtsstaumauer, die dem Wasserdruck durch ihr immenses Eigengewicht standhält.

CLUB NAUTIQUE - Club Nautique du Chambon, M. Lucien Dode, Le Séréou, 38860 Les-Deux-Alpes, tél. 04 76 79 22 82 (hors saison) et 04 76 80 10 84 (en juillet et août). Base ne fonctionnant qu'en juillet et août.

LOCATION DE BATEAUX - On peut louer pédalos, barques, dériveurs légers (monocoques et catamarans), kayaks, planches à voile, à la base du club (coordonnées ci-dessus).

PÊCHE - Le lac du Chambon est en 1re catégorie. Vous y pêcherez la truite ! Adresse pour la délivrance de la carte : M. Auguste Gonon, barrage du Chambon, 38860 Mont-de-Lans.

ADRESSES UTILES

- Office de Tourisme de Bourg-d'Oisans, quai Girard, 38520 Bourg-d'Oisans, tél. 04 76 80 03 25, fax 04 76 80 10 38
- Office de Tourisme 05320 La Grave, tél. 04 76 79 90 05 - fax 04 76 79 91 65

TOURISME - Le lac du Chambon est situé dans la vallée de la Romanche, aux gorges sauvages de l'Infernet et de Malaval, au site grandiose de la Meije (3 983 mètres), au-dessus de La Grave. Un bon aperçu de l'Oisans. Au-delà, le col du Lautaret donne accès au Briançonnais et au Queyras, région de montagne au ciel bleu qui est à voir mais qui est plus proche du lac de Serre-Ponçon (voir page 43) que de celui du Chambon.

NAUTICAL CLUB - The base only operates during July and August. (See French text under "Club nautique").

BOAT HIRE - One can hire pedal craft, fishing-boats, light dinghies (mono-hulls and catamarans), kayaks and wind-surf boards at the sailing club base (address and telephone given in French text).

FISHING - The Chambon lake is classed in category 1. There is no lack of trout! For address for obtaining a fishing licence see French text under "Pêche").

USEFUL ADDRESSES - (See details in French text under "Adresses utiles").

TOURISM - The Lac du Chambon is situated in the valley of the Romanche river. There are the wild gorges of Infernet and Malaval and the grandiose site of the Meije (3 983 metres) above La Grave. You will get a good idea of the Oisans region. Beyond the valley, the Lautaret pass gives you access to the Briançon and Queras regions, whose mountains and blue skies are certainly worth seeing but which are nearer to the Serre-Ponçon lake (see page 43) than to the Chambon lake.

CLUB NAUTIQUE - Der Stützpunkt des Wassersportklubs ist nur im Juli und im August in Betrieb. (Adresse im französischen Text unter "Club nautique")

VERMIETUNGEN - Pedalos, Ruderboote, leichte Segelboote (auch Katamarane), Kajaks und Surfbretter können beim Stützpunkt des Klubs gemietet werden.

ANGELN - Der Lac de Chambon gehört den Angelrevieren der 1. Kategorie an. Hier kann man sogar Forellen fangen! Angelscheine sind erhältlich bei M. Auguste Gonon, Barrage de Chambon, 38860 Mont-de-Lans.

NÜTZLICHE ANSCHRIFTEN - (Adressen im französischen Text unter "Adresses utiles").

TOURISMUS - Der Lac de Chambon liegt im Romanchetal, in den wilden Gebirgsengpässen Gorges de l'Infernet und Gorges de Malaval, in der grandiosen Umgebung des Meije (3 983 m ü. M.) bei La Grave. Gute Sicht auf das Oisansmassiv. Über den Col du Lautaret erreicht man Briançon und den Queyras, eine gebirgige Gegend unter blauem Himmel, die aber näher am Lac de Serre-Ponçon (siehe Seite 43) liegt ist als am Lac de Chambon.

◄ Lac du Chambon

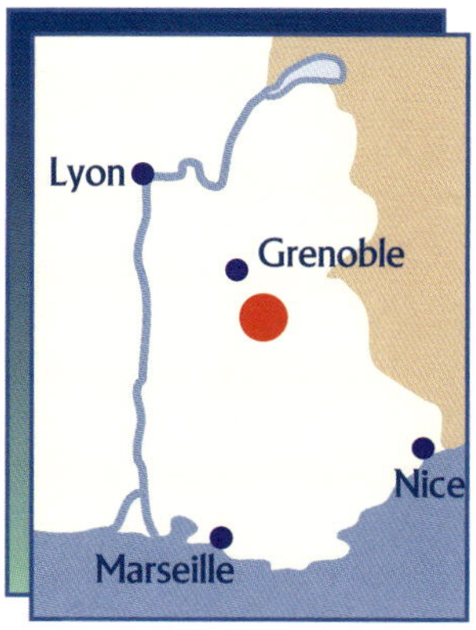

LAFFREY (Lac de)

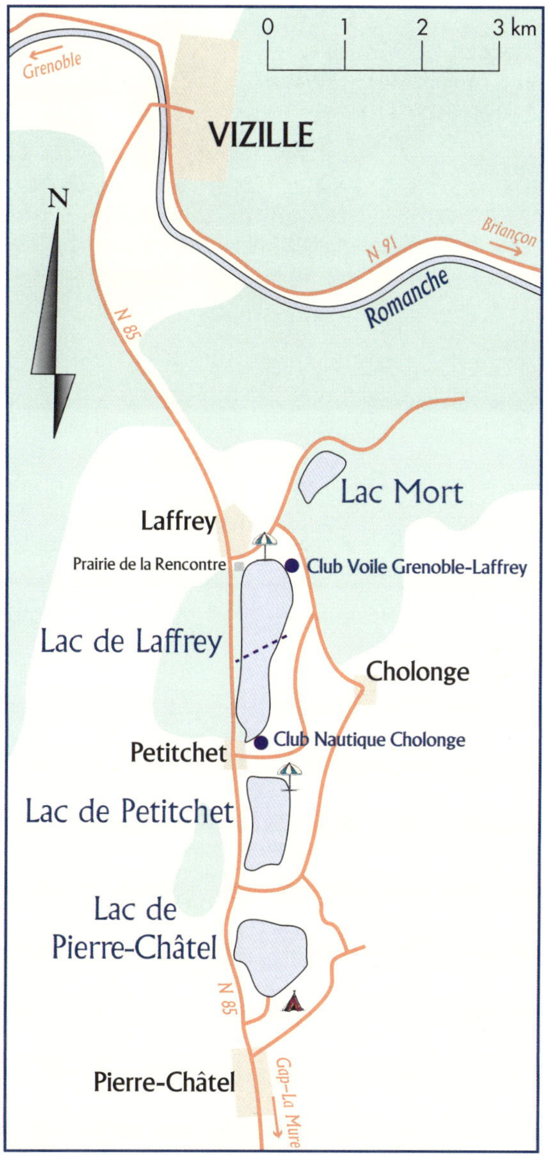

ISÈRE

Grenoble 26 km - Vizille 8 km
La Mure 15 km - Gap 80 km
Lyon 130 km

Altitude : 900 mètres
Altitude : 900 metres
Höhe über Meer: 900 Meter

Superficie : 127 ha
Surface area : 314 acres
Fläche: 127 Hektaren

Profondeur maximum : 40 mètres
Maximum depth : 40 metres
Maximale Tiefe: 40 Meter

Sur les bords de ce lac, un épisode de l'Histoire de France : la rencontre de Napoléon, à son retour de l'île d'Elbe, avec les troupes venues lui barrer le passage et qui, finalement, se rallièrent à lui. Mais aujourd'hui, le lac de Laffrey, à moins de trente kilomètres de Grenoble, fait le bonheur des amateurs de voile (le moteur y est interdit) et de pêche, dans un cadre de montagnes assez majestueux. Le site est agréable et reposant.

On the shores of this lake occurred an episode in the history of France : on his return after his banishment on the island of Elba, Napoléon met the troops that had been sent to bar his way and who finally went over to his side. But today the Lac de Laffrey, less than thirty kilometres away from Grenoble, is a source of delight for sailing enthusiasts (motors are prohibited there) and fishermen, in the setting of rather majestic mountains. The site is pleasant and restful.

Die Ufer dieses Sees sind geschichtsträchtig: Bei seiner Rückkehr von der Insel Elba traf Napoleon I hier auf die Truppen, die ihn am Weitermarsch hindern wollten, sich aber schließlich mit ihm verbündeten.
Heute ist der Lac de Laffrey – weniger als 30 km von Grenoble entfernt – ein Segel - und Angelparadies (Motorboote sind verboten) inmitten eines majestätischen Gebirgspanoramas.

© CDT Isère/C. SARRAMON

◀ Lac de Laffrey

ACTIVITÉS AUTORISÉES - Voile - Planche à voile - Aviron - Canoë-kayak - Plongée - Baignade - Pêche.

INTERDIT - Motonautisme - Ski nautique - Jet-ski®.

PRESTATIONS AUTOUR DU PLAN D'EAU - 2 bases nautiques avec rampes de mise à l'eau - 3 hôtels - 6 restaurants - 4 campings.

RÉGLEMENTATION - Le règlement particulier du lac ne nous a pas été communiqué. Mais compte tenu que le moteur y est interdit (sauf pour les bateaux de sécurité des écoles de voile) et que naviguent seulement voiliers, planches, barques à rames et pédalos, la navigation ne pose pas beaucoup de problèmes. Il est interdit d'entrer dans les roselières (une au nord du lac et une autre au milieu du lac).

LE PLAN D'EAU - Il y a, en réalité, quatre lacs disposés du nord au sud (voir la carte) mais nous ne parlerons que du lac de Laffrey proprement dit, sur lequel sont d'ailleurs implantées les deux bases nautiques.

Sur le lac de Laffrey et selon les indications fournies par le Club de Voile de Grenoble-Laffrey, un petit vent du Nord régulier (brises thermiques) s'établit à force 3 dans le nord du lac et devient plus fort dans la partie sud. C'est ainsi que les débutants de l'école de voile commencent au nord du lac.

Le vent du Sud est très fort, avec des pointes dépassant force 7 ou 8. Il peut souffler pendant une journée et le lendemain c'est la pluie. Mais le sud du lac, où est établi le Club Nautique de Cholonge est protégé de ce vent du Sud par le relief.

A noter que ce plan d'eau, si agréable en été, est parfois pris par les glaces en hiver. S'il est situé sur le 45e parallèle, il est à plus de 900 mètres d'altitude et le plateau de la Matheysine est particulièrement froid...

PERMITTED ACTIVITIES - Sailing - Wind-surfing - Rowing - Canoe and kayak - Diving - Swimming - Fishing.

PROHIBITED - Motor-boats - Water-skiing - Jet-ski®.

SERVICES AROUND THE LAKE - 2 water-sports bases with launching slipways - 3 hotels - 6 restaurants - 4 camping-sites.

REGULATIONS - The lake's own specific regulations have not been communicated to us. But as motors are banned (except for the security boats of the sailing schools) and only sailing boats, wind-surf boards, competition rowing boats and pedal craft use the lake, navigation does not pose many problems. You are not allowed to enter the reed-beds (one on the north side and the other in the middle of the lake).

THE STRETCH OF WATER - There are, in reality, four lakes strung in a line from north to south (see the map), but we shall only deal with the Lac de Laffrey itself, on which there are two water-sports bases.

According to the information supplied by the Club de Voile de Grenoble-Laffrey, a regular little north wind (thermal breezes) blows at force 3 over the north end of the lake and becomes stronger in the southern part. So the beginners at the sailing school start at the north end of the lake. The south wind is very strong, with gusts exceeding force 7 or 8. It can blow for a whole day and the following day there will be rain. But the southern part of the lake, where the Club Nautique de Cholonge is installed, is protected from this south wind by the contour of the land.

It may be noted that this lake, which is so pleasant in summer, sometimes ices over in winter. Although it is situated on the 45th parallel, it is at an altitude of over 900 metres and the Matheysine plateau is particularly cold.

NAUTICAL CLUBS - (See details in French Text under "Clubs nautiques").

ERLAUBT - Segeln – Windsurfen – Rudersport – Kanu – Kajak – Tauchen – Baden – Angeln.

VERBOTEN - Motorboote – Wasserski – Jet-Ski®.

LEISTUNGSANGEBOT RUND UM DEN SEE - 2 Klubstützpunkte mit Sliprampe – 3 Hotels – 6 Restaurants – 4 Campingplätze.

VERORDNUNGEN - Besondere Regelungen wurden uns nicht gemeldet. Da nur die Begleitfahrzeuge der Segelschulen motorisiert sein dürfen, verkehren nur Segelboote, Surfbretter, Ruderboote und Pedalos auf dem See – der Schiffsverkehr bietet also keine besonderen Probleme.

Es ist verboten, die Schilfbestände im Norden und in der Mitte des Sees zu befahren oder zu betreten.

DAS GEWÄSSER - Eigentlich sind es vier Seen, die in nordsüdlicher Richtung hintereinander liegen (siehe Karte), wir gehen hier aber nur auf den Lac de Laffrey ein, auf dem auch die beiden Klubstützpunkte angesiedelt sind.

Der Club de Voile de Grenoble-Laffrey meldete uns, dass auf dem Lac de Laffrey ein regelmäßiger leichter Nordwind weht, der im der nördlichen Teil Windstärke 3 erreicht und gegen Süden zunimmt. Anfänger im Segeln sollten deshalb mit den ersten Versuchen im Norden beginnen.

Der Südwind ist heftig, mit Windstärken bis zu 7 oder 8. Wenn er aufkommt, regnet es am nächsten Tag. Der südliche Teil des Sees, wo der Club Nautique de Cholonge seinen Stützpunkt hat, ist infolge der geografischen Lage vor Südwind geschützt.

So angenehm das Klima im Sommer hier ist, kann es doch vorkommen, dass der See im Winter zufriert – schließlich liegt er auf dem 45. Breitenkreis, auf einer Höhe von 900 m über Meer, und das Plateau de la Matheysine ist ausgesprochen kalt ...

© CDT Isère/C. PACCARD

Lac de Laffrey ▶

CLUBS NAUTIQUES - Club de Voile de Grenoble-Laffrey, O.M.S., 3 passage du Palais de Justice, 38000 Grenoble, tél. 04 76 73 15 39
- Club Nautique de Cholonge, tél. 04 76 83 08 35

LOCATION DE BATEAUX - Il est possible de louer des pédalos à la plage située devant l'Hôtel de la Plage, près de la base du Club de Voile de Grenoble-Laffrey.

BAIGNADE - Deux plages de galets, non surveillées, une sur le lac de Laffrey, l'autre sur le lac de Petitchet (voir la carte). Cadre agréable face à la chaîne de montagnes qui sépare le lac du Drac et du lac de Monteynard.

PÊCHE - Le lac de Laffrey est classé en 2e catégorie. La pêche à la journée est possible dans la partie nord.

On peut y pêcher en barque des espèces de poissons remarquables : corégones, ombles chevaliers et des espèces plus classiques. De gros efforts d'alevinage ont été accomplis dans l'optique d'un "tourisme-pêche".

ADRESSE UTILE
- Syndicat d'Initiative, 38220 Laffrey, tél. 04 76 73 16 36

TOURISME - Le lac de Laffrey c'est, bien entendu, la "Prairie de la Rencontre" où Napoléon renversa la situation (statue équestre de Napoléon).

Mais toute la région est éminemment touristique : la montagne de Beauregard, la "Pierre Percée" (l'une des 7 Merveilles du Dauphiné), toute la chaîne parcourue par le chemin de fer de La Mure, le plateau de la Matheysine. Et, dans un rayon plus large, une bonne partie des Alpes dauphinoises : Vercors, Trièves, Valbonnais, Chamrousse.

Sans oublier toutefois, à 8 kilomètres seulement de Laffrey, le château de Vizille, berceau de la Révolution française...

BOAT HIRE - You can hire pedal craft on the beach in front of the Hotel de la Plage, near to the base of the Club de Voile de Grenoble-Laffrey.

SWIMMING - There are two pebble beaches, without surveillance, one on the Laffrey lake and the other on the Petitchat lake (see the map). The setting is pleasant facing towards the chain of mountains that lies between the Drac and the Monteynard lake.

FISHING - The Lac de Laffrey is classed in the 2nd category. Fishing by the day is possible in the northern part. From a boat, one can catch remarkable species of fish : corégones, char and the more usual kinds. Considerable efforts have been made to restock the lake with young fry, with a view to developing "fishing tourism".

USEFUL ADDRESS - (See details in French Text under "Adresse utile").

TOURISM - The Lac de Laffrey is, of course, well known for its "Prairie de la Rencontre" (Meeting meadow) where Napoléon turned the tables (equestrian statue of Napoléon).

But the entire region is full of attractions for tourists : the Beauregard mountain, the "Pierre Percée" (pierced stone), classed as one of the 7 marvels of the Dauphiné region, the whole chain of mountains along which runs the La Mure railway line, the Matheysine plateau. Farther afield, there is a large part of the Alps of the Dauphiné 'département', Vercors, Trièves, Valbonnais, Chamrousse.

One must not forget, however, the Château de Vizille, only 8 kilometres from Laffrey and the cradle of the French Revolution.

WASSERSPORTKLUBS - (Adressen im französischen Text unter "Clubs nautiques").

VERMIETUNGEN - Pedalos können am Strand vor dem Hotel de la Plage gemietet werden, neben dem Stützpunkt des Club de Voile de Grenoble-Laffrey.

BADEN - Es gibt zwei nicht überwachte Kiesstrände, einer liegt am Lac de Laffrey, der andere am Lac de Petitchat (siehe Karte). Schöne Umgebung mit Sicht auf die Bergkette, die den Lac de Laffrey vom Drac und dem Lac de Monteynard trennt.

ANGELN - Der Lac de Laffrey gehört den Angelrevieren der 2. Kategorie an. Im nördlichen Teil kann man Tageslizenzen lösen. Neben besonderen Fischarten wie Felchen und Wandersaibling sind hier auch die klassischen Fischarten zu Hause. Um einen regelmäßigen Fischbestand zu sichern, wird im See immer wieder Fischbrut eingesetzt.

NÜTZLICHE ANSCHRIFT - (Adressen im französischen Text unter "Adresse utile").

TOURISMUS - Der Lac de Laffrey ist wie bereits erwähnt die Begegnungsstätte Napoleons mit gegnerischen Truppen, wo es ihm gelang, das Blatt der Geschichte zu wenden. Es gibt hier eine Reiterstatue des berühmten Herrschers.

Die Region bietet viele touristische Attraktionen: Die Montagne de Beauregard, La "Pierre Percée" (eines der "Sept Merveilles du Dauphiné") sowie die ganze Bergkette, die die Bahn ab La Mure durchfährt. Nicht zu vergessen die Alpes Dauphinoises mit den Ortschaften Vercors, Trièves, Valbonnais und Chamrousse.

Schloss Vizille, Wiege der französischen Revolution, liegt nur 8 km von Laffray entfernt.

© CDT Isère/C. PACCARD

▲ Lac de Monteynard

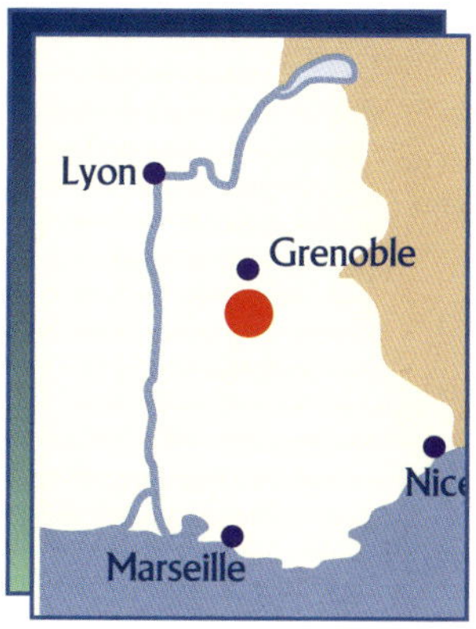

MONTEYNARD (Retenue de)

ISÈRE

Monestier-de-Clermont 13 km
Grenoble 37 km - La Mure 16 km
Sisteron 121 km - Lyon 141 km

Altitude : 487 mètres
Altitude : 487 metres
Höhe über Meer: 487 Meter

Superficie : 657 ha
Surface area : 1 623 acres
Fläche: 657 Hektaren

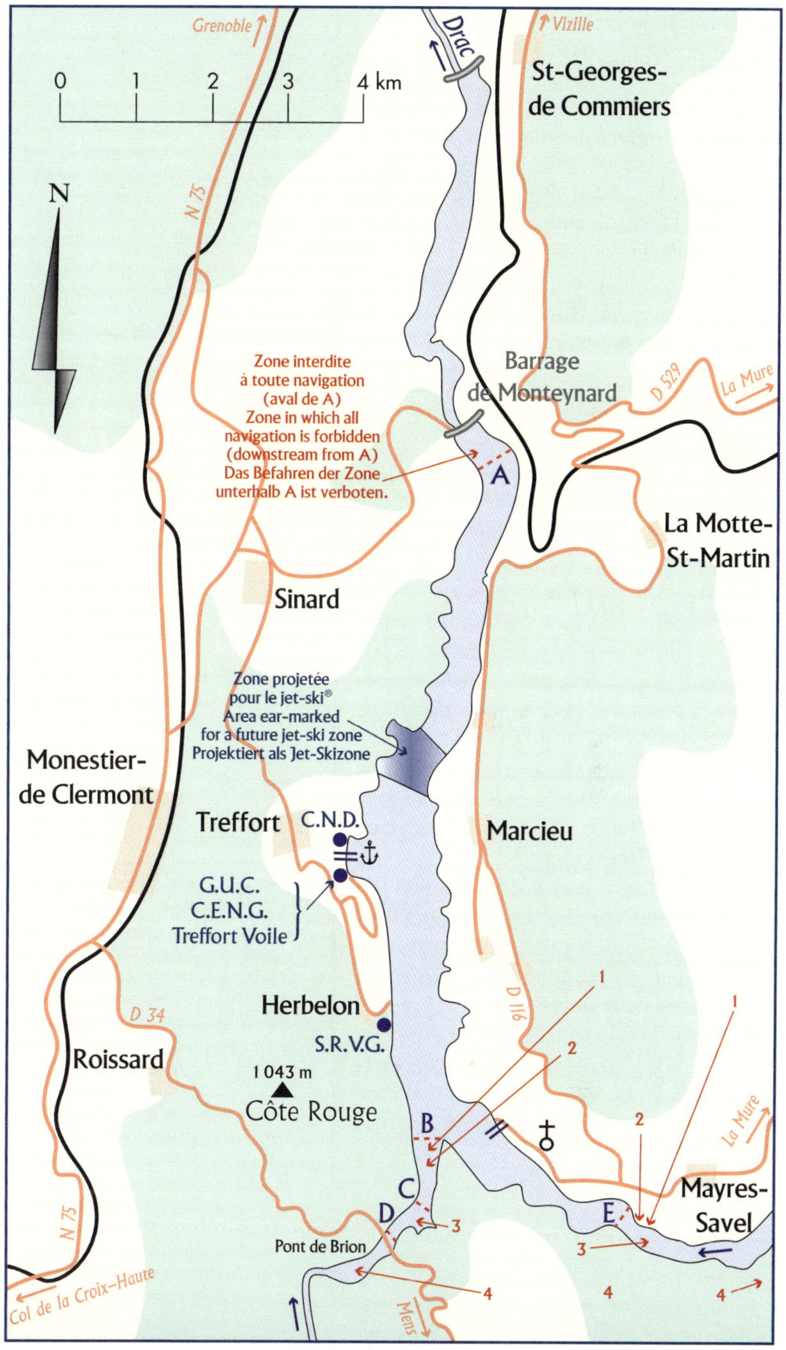

1. - Ski nautique interdit en amont de B et E
Water-skiing forbidden upstream from B and E
Wasserskifahren oberhalb B und E verboten!

2 - Navigation interdite à moins de 20 ou 30 m de la rive (de B à D et amont de E)
No craft allowed within 20 to 30 m of the bank (from B to D and upstream from E)
Das Befahren der Uferzone von 20–30 m Breite ist verboten (von B bis D und oberhalb E).

3 - 6 km/h maxi (de C à D et amont de E)
Speed limit 6 KPH (from C to D and upstream from E)
Maximalgeschwindigkeit 6 km/h (von C bis D und oberhalb E)

4 - Zones interdites à toute navigation sauf canoës et kayaks (amont de D et amont d'un point à 3,5 km de E)
Zones from which all craft are excluded, except for canoes and kayaks(upstream from D and above a point 3.5 kms beyond E)
Dieser Bereich ist Kanus und Kajaks vorbehalten (oberhalb D und ab 3.500 km oberhalb E)

L'auteur de ce guide a connu la retenue de Monteynard à ses débuts, dans les années soixante, quand un chemin de terre dégringolait de Treffort vers le plan d'eau. Aujourd'hui, ce spectaculaire fjord de plus de douze kilomètres de long, noyant la vallée du Drac, attire beaucoup de monde, touristes et plaisanciers. Ces derniers, en majorité Grenoblois, apprécient l'étendue du plan d'eau et son régime de brises thermiques dû à son site encaissé. Et à tous, une promenade jusqu'au pont de Brion ou au bout du canyon, le long des rives abruptes et inaccessibles, donnera une juste idée de la beauté de la retenue en plus de son intérêt pour le nautisme.

The author of this guide knew the Monteynard reservoir in the nineteen sixties, when it had only recently been created and an earth track straggled down from Treffort towards the water. Today, this spectacular fjord of more than twelve kilometres in length, that has flooded the Drac valley, attracts large numbers of people, both tourists and water-sports enthusiasts. The latter, mostly coming from Grenoble, appreciate the vastness of the stretch of water and the pattern of thermal breezes that is caused by its boxed-in situation. For all visitors, a trip as far as the Brion bridge or to the end of the canyon, along the steep and inaccessible banks, will give a real idea of the beauty of the reservoir, in addition to its interest for nautical activities.

Der Autor dieses Führer kann sich noch erinnern, dass in den Sechzigerjahren ein steiler Weg von Treffort zum Wasser der neuen Staustrecke Monteynard hinunterführte. Heute ist dieser spektakuläre, mehr als 12 km lange Fjord im Dractal ein Anziehungspunkt für Touristen und Wassersportler. Letztere kommen vor allem aus dem Gebiet um Grenoble. Sie schätzen die Weite der Wasserfläche und die thermischen Brisen, die hier infolge der geografischen Lage vorherrschen. Ein Spaziergang bis zum Pont de Brion oder bis zum Ende der Schlucht, den steil abfallenden, schwer zugänglichen Ufern entlang, zeigt die wilde Schönheit dieses Staubeckens.

ACTIVITÉS AUTORISÉES - Motonautisme - Ski nautique - Jet-ski® (zone délimitée) - Voile - Planche à voile - Aviron - Canoë-kayak - Pêche.

INTERDIT - Plongée - Baignade - Patinage.

PRESTATIONS AUTOUR DU PLAN D'EAU - A Treffort, plusieurs bases de clubs nautiques. Rampe de mise à l'eau. Camping. Hôtel et restaurant au village. Monestier-de-Clermont (1 000 habitants) est à une douzaine de kilomètres.

A Mayres-Savel (rive droite), rampe de mise à l'eau, camping. La Mure (5 000 habitants) est également à douze kilomètres.

RÉGLEMENTATION - Le lac de Monteynard étant classé "grand plan d'eau", ce sont les règles de route à appliquer sur les lacs (et non sur les fleuves) qu'il faut observer. Voir le *Code Vagnon fluvial*.

En plus de cette réglementation générale, il existe des dispositions propres à ce plan d'eau dont les principales sont les suivantes :

L'exercice de la plaisance est subordonné à l'utilisation prioritaire du plan d'eau par E.D.F. Les plaisanciers doivent prendre toutes précautions appropriées pour éviter accidents et avaries pouvant résulter du marnage.

Différentes interdictions et restrictions ont été édictées. Pour plus de clarté, elles ont été reportées sur la carte que nous vous engageons à consulter.

Toute navigation est interdite à moins de 500 mètres du barrage et en amont des points indiqués sur la carte. Mais les canoës et kayaks peuvent continuer à naviguer en amont de ces deux points.

La navigation est également interdite : de nuit - en dessous de la cote 470 - au-dessus de la cote 490 - à 20 ou 30 mètres de la rive dans les parties amont de la retenue (voir la carte).

PERMITTED ACTIVITIES - Motorboats - Water-skiing - Jet-ski® - Sailing - Wind-surfing - Rowing - Canoe and kayak - Fishing.

PROHIBITED - Diving - Swimming - Ice skating.

SERVICES AROUND THE LAKE - There are several sailing club bases at Treffort. Launching ramp. Camp-site. Hotel and restaurant in the village. Monestier-de-Clermont (population 1 000) is about twelve kilometres away.

At Mayres-Savel (right bank), launching slipway, camp-site. La Mure (population 5 000) is also a dozen kilometres away.

REGULATIONS - As the Lac de Monteynard is classed as a "large expanse of water", the traffic regulations that you must obey are those in force on lakes and not those applicable to rivers. See the *Code Vagnon Fluvial*.

In addition to these general regulations, there are also this lake's own specific dispositions, of which the main ones are described below.

Leisure activities on the water are subordinate to the primary use of the reservoir for the purposes of the electricity generating authority. Participants in all boating and water-sports activities must take all appropriate precautions to avoid accidents and damage that could result from drops in the water level.

Various orders have been issued, forbidding or restricting certain activities. For greater clarity, we have shown them on the map, which we strongly recommend you to consult.

No craft is allowed to enter the zone extending 500 metres upstream from the dam. There is another exclusion zone upstream from the points shown on the map. Canoes and kayaks, however, may go on above these two points.

ERLAUBT - Motorboote – Wasserski - Jet-Ski® in der dafür vorgesehenen Zone – Segeln – Windsurfen – Rudersport – Kanu – Kajak – Angeln.

VERBOTEN - Tauchen – Baden – Schlittschuhlaufen.

LEISTUNGSANGEBOT RUND UM DAS STAUBECKEN - In Treffort sind verschiedene Wassersportklubs angesiedelt. Sliprampe – Campingplatz – Hotel und Restaurant im Ort.

Monestier-de-Clermont (1 000 Einwohner) liegt rund 12 Kilometer entfernt.

In Mayres-Savel (rechtes Ufer) gibt es eine Sliprampe und einen Campingplatz.

La Mure (5 000 Einwohner) ist ebenfalls 12 km entfernt.

VERORDNUNGEN - Der Lac de Monteynard ist als "grand plan d'eau" (Großwasserfläche) klassiert. Die Schifffverkehisordnung entspricht deshalb derjenigen für Seen (nicht für Flüsse), siehe *Code Vagnon Fluvial*, "édition de l'année" (erscheint jedes Jahr neu).

Neben dieser allgemeinen Verordnung gilt es die speziell für diese Wasserfläche geltenden Regelungen zu beachten, deren wichtigste weiter unten aufgeführt werden.

Bitte beachten Sie die verschiedenen Verbote und Einschränkungen, die wir der besseren Übersichtlichkeit halber zusätzlich direkt auf der Karte vermerkt haben!

- Wie in allen Staubecken bei Kraftwerken hat die Nutzung der Wasserkraft durch die E.D.F. den Vorrang vor allen anderen Aktivitäten. Das Ausüben von Wassersport erfolgt auf eigenes Risiko und es müssen alle Vorsichtsmaßnahmen getroffen werden, um Unfälle und Havarien zu vermeiden. Besonderes Augenmerk ist auf die variable Höhe des Wasserstandes und Hindernisse unter Wasser zu richten.
- Der Bereich bis 500 m oberhalb des Wehrs darf nicht befahren werden. Im oberen Teil des Beckens gilt in den auf der Karte markierten Zonen ebenfalls ein allgemeines Fahrverbot. Ausgenommen sind lediglich Kanus und Kajaks, die auch oberhalb der angegeben Punkte fahren dürfen.
- Allgemeines Schifffahrtsverbot gilt auch:
  - nachts
  - unterhalb eines Wasserstandes von 470 m ü. M.
  - oberhalb eines Wasserstandes von 490 m ü. M.
  - in einer Uferzone von 20–30 m Breite im obersten Bereich des Staubeckens (siehe Karte)
- Zwischen Punkt A und den Punkten B und E gilt eine 40 m breite Uferzone (nicht markiert). Innerhalb dieser Zone ist die Geschwindigkeit auf 5 km/h beschränkt.
- In den oberen Verzweigungen des Sees gilt in gewissen Bereichen eine

© CDT Isère/J. DROIN

Une bande de rive de 40 mètres de largeur a été instituée entre le point A sur la carte et les points B et E. Elle n'est pas balisée. A l'intérieur de cette bande, la vitesse est limitée à 5 km/h.

Une autre limitation de vitesse, à 6 km/h, concerne une partie des branches supérieures de la retenue. Voir la carte.

Le ski nautique est interdit en amont des points B et E sur la carte. En dehors des règles habituelles à sa pratique, posées par le code fluvial, signalons qu'à Monteynard les bateaux tractant un skieur n'ont pas priorité sur les autres bâtiments motorisés.

Le règlement particulier du lac délivre une priorité générale de route aux bateaux à passagers faisant route sur le plan d'eau.

Enfin, le stationnement de bateaux habitables doit faire l'objet d'une autorisation.

LE PLAN D'EAU - On l'a dit : le lac de Monteynard bénéficie d'un régime particulier de vents thermiques, dû à son site très encaissé. Le Club Nautique Dauphinois, qui pratique le ski nautique sur le plan d'eau, indique qu'un vent du Nord, de force 3 à 5, se lève après midi. C'est ce que confirme le club de voile du Grenoble Université Club qui ajoute qu'il peut y avoir des coups de mistral à force 7 et que le vent du Sud, qui est rare, peut également atteindre force 7 ou 8. Ce vent du Sud est très irrégulier.

Le clapot est moyen : de l'ordre de 50 centimètres. Le marnage est important et pose des problèmes au mouillage de parcours de voile notamment. Les pentes du lac sont abruptes et l'on n'a pied que sur un mètre environ.

Vous pouvez mettre à l'eau votre bateau en utilisant deux rampes : l'une à Treffort, l'autre à Mayres-Savel sur la rive droite. L'accès est gratuit.

CLUBS NAUTIQUES

- Club Nautique Dauphinois (ski nautique), Sous-Juillière, 38650 Treffort, tél. 04 76 34 13 40
- Grenoble Université Club "Voile", Sous-Juillière, 38650 Treffort, tél. 04 76 34 00 99
- C.E.N.G., Sous-Juillière, 38650 Treffort
- S.R.V.G., Herbelon, 38650 Treffort
- Club Treffort Voile, Sous-Juillière, 38650 Treffort

LOCATION DE BATEAUX - On peut louer à "Monteynard Surf à Voile", à Treffort (à côté du G.U.C et du C.E.N.G.), tél. 04 76 34 06 42.

BATEAU DE PROMENADE - Le bateau *La Mira* effectue des croisières commentées de 1 heure 30 ou 2 heures 30, avec ou sans restauration à bord. Embarcadères à Treffort et à Mayres-Savel. Pour ceux qui n'ont pas de bateau, le meilleur moyen de découvrir le site. Tél. 04 76 34 14 56, fax 04 76 34 02 24.

BAIGNADE - Elle est interdite par le règlement particulier du lac.

Navigation is also forbidden : at night - below the 470 line and above the 490 line - within 20 to 30 metres of the banks in the upstream part of the reservoir (see the map).

A bankside strip of water 40 metres wide has been instituted between point A on the map and the points B and E. Within this strip, which is not marked out, the speed limit is 5 KPH.

There is another speed limit of 6 KPH in a part of the upper branches of the reservoir. Refer to the map.

Water-skiing is forbidden upstream from points B and E on the map. Apart from the usual rules governing water-skiing, set out in the inland water code, we would point out that, on the Monteynard lake, boats towing skiers do not have priority over other boats with motors.

The specific lake regulations give a general right of priority to passenger boats cruising along the stretch of water.

Lastly, prior authorization is required for the mooring of boats with living accommodation.

THE STRETCH OF WATER - As we have already said, the Lac de Monteynard has the benefit of a particular pattern of thermal winds that results from its very boxed-in situation. The Club Nautique Dauphinois, which organizes water-skiing on this reservoir, informs us that a north wind of force 3 to 5 gets up after midday. The sailing club of Grenoble Université Club confirms this information and adds that there can be gusts of mistral reaching force 7 and that the south wind, which only occurs rarely, can also attain force 7 or 8. This south wind is very irregular.

The waves are medium, the troughs being around 50 centimetres. The variations in the water level are substantial and pose problems for short-term moorings for boats, in particular. The shores of the lake are steep and you are only in your depth for about one metre from the water's edge.

You can launch your boat using the two slipways, one at Treffort, the other at Mayres-Savel on the right bank. There is a change for their use.

NAUTICAL CLUBS - (See details in French Text under "Clubs nautiques").

BOAT HIRE - You can hire boats and wind-surf boards at "Monteynard Surf à Voile" at Treffort (next to the G.U.C. and the C.E.N.G.) - Tel. 04 76 34 06 42.

EXCURSION BOAT - The *Mira* passenger boat offers cruises with commentaries lasting 90 minutes or two and a half hours, with or without a meal on board. The landing stages are at Treffort and Mayres-Savel. This is the best means of seeing the site, for those who do not have a boat. Tel. 04 76 34 14 56 and 04 76 81 37 75 - Fax 04 76 34 02 24.

SWIMMING - The lake's regulations prohibit swimming.

Maximalgeschwindigkeit von 6 km/h (siehe Karte).

- Wasserskifahren ist verboten oberhalb der Punkte B und E. Im Übrigen gelten die für diesen Sport üblichen Vorschriften (siehe *Code Vagnon Fluvial*). Zusätzlich ist zu beachten, dass Boote, die einen Wasserskifahrer schleppen, hier keinen Vortritt haben gegenüber anderen Motorfahrzeugen.
- Das speziell für diese Wasserfläche geltende Reglement bestimmt, dass Passagierschiffe, die auf dem See verkehren, allgemein Vorrang haben.
- Das Stationieren von bewohnbaren Schiffen bedarf einer behördlichen Bewilligung.

DAS GEWÄSSER - Wie bereits erwähnt herrschen hier infolge des engen Tales thermische Brisen vor. Der Club Nautique Dauphinois, ein Wasserskiklub, teilte uns mit, dass im Laufe des Nachmittags Nordwind mit Windstärke 3 bis 5 aufkommt. Das bestätigte auch der Segelklub, der Grenoble Université Club, und ergänzte, dass bei Mistral Windspitzen bis 7 Beaufort vorkommen. Auch der Südwind, der selten ist, kann Windstärken von 7 oder 8 erreichen. Dieser Südwind ist sehr unregelmäßig.

Der See ist mittelstark bewegt, in der Regel sind die Wellen etwa einen halben Meter hoch. Durch den Betrieb des Kraftwerkes kann sich das Niveau des Wasserspiegels erheblich verändern und besonders auf Segeltörns zu Problemen beim Ankern führen. Die Ufer fallen steil ab, die Uferbänder sind teilweise nur einen Meter breit.

Boote können an zwei Orten auf Sliprampen zu Wasser gelassen werden, in Treffort und in Mayres-Savel am rechten Ufer. Das Benutzen der Slirampe ist kostenlos.

WASSERSPORTKLUBS - (Adressen im französischen Text unter "Clubs nautiques").

VERMIETUNGEN - "Monteynard Surf à Voile", in Treffort (neben G.U.C. und C.E.N.G.). Tel. 04 76 34 05 42.

AUSFLUGSSCHIFF - Das Ausflugsschiff *La Mira* bietet kommentierte Rundfahrten von 1/2 Stunden und 1/2 Stunden, mit oder ohne Restauration an Bord. Haltestellen in Treffort und Mayres-Savel. Für alle, die nicht mit dem eigenen Boot kommen, die beste Art, den See zu erkunden!
Tel. 04 76 34 14 56, Fax 04 76 34 02 24.

BADEN - Baden ist in diesem Gewässer verboten.

ANGELN - Der Lac de Monteynard gehört den Angelrevieren der 2. Kategorie an. Adresse im französischen Text unter "Pêche".

NÜTZLICHE ANSCHRIFTEN - (Adressen im französischen Text unter "Adresses utiles").

PÊCHE - Le lac de Monteynard est classé en 2e catégorie. Adresse de la Fédération des Associations de Pêche de l'Isère, 1 rue Cujas, 38000 Grenoble, tél. 04 76 44 28 39.

ADRESSES UTILES

- Direction Départementale de l'Équipement, Cellule de l'Eau, BP 45, 38040 Grenoble cedex 9, tél. 04 76 70 76 56 - fax 04 76 70 78 57
- Syndicat d'Initiative de Monestier-de-Clermont, 38650 Monestier-de-Clermont (en saison, le matin), tél. 04 76 34 15 99.

TOURISME - Pendant que vos enfants font de la voile (ou du moteur) sur le lac, prenez votre voiture. Redescendez sur Vif. Par St-Georges-de-Commiers et Monteynard, vous prendrez la route de La Mure qui domine le lac et offre des points de vue remarquables. Ensuite : le plateau de la Matheysine, le Valbonnais prolongé par le Valjouffrey jusqu'au Parc National des Ecrins. Retour par Mens et Monestier-de-Clermont. La route n'aura jamais dépassé 1 000 mètres mais se sera inscrite dans un cadre impressionnant de haute montagne, sauvage et imposante, de 2000 à 3 000 mètres d'altitude.

FISHING - The Lac de Monteynard is classed in the 2nd category.

For the address of the Federation, see French text under "Pêche").

USEFUL ADDRESSES - (See details in French Text under "Adresses utiles").

TOURISM - While your children are sailing or motor-boating on the lake, take your car and go back down to Vif. Via St-Georges-de-Commiers and Monteynard, you will follow the road to La Mure, which looks down over the lake and offers superb viewing points. Successively after that, the Matheysine plateau, the Valbonnais prolonged by the Valjouffrey as far as the Parc National des Ecrins. You can return via Meüs and Monestier-de-Clermont. The road will never have gone higher than 1 000 metres and yet it takes you through some impressive high-mountain scenery that is wild and commanding, the peaks varying between 2 000 and 3 000 metres in altitude.

TOURISMUS - Wer den See aus einem anderen Gesichtswinkel erleben möchte, kann mit dem Auto nach Vif hinunter fahren und über St-Georges-de-Commiers und Monteynard die Straße nach La Mure nehmen, die prächtige Ausblicke auf den See bietet. Dann geht es weiter über das Plateau La Matheysine, Valbonnais und Valjouffrey bis zum Nationalpark Ecrins. Die Rückfahrt führt über Mens und Monestier-de-Clermont. Die Straße steigt nie höher als auf 1 000 Meter ü. M., aber sie führt durch eine eindrucksvolle Gebirgsregion mit hohen, imposanten Zweitausendern und Dreitausendern.

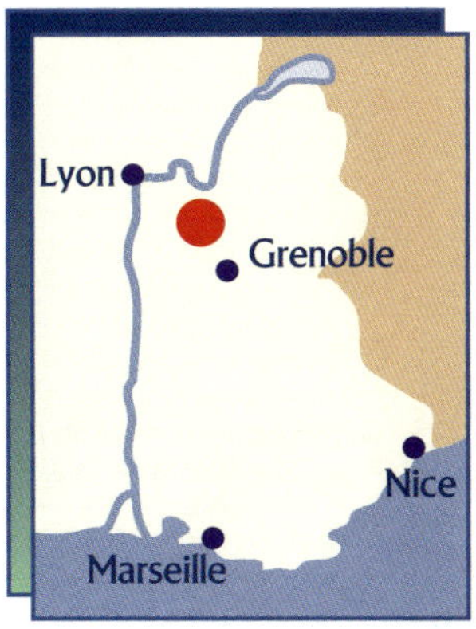

PALADRU (Lac de)

ISÈRE

Lyon 76 km - Bourgoin-Jallieu 36 km - Chambéry 45 km - Voiron 12 km Grenoble 38 km

Altitude : 497 mètres - Altitude : 497 metres - **Höhe über Meer: 497 Meter**

Superficie : 390 ha - Surface area : 964 acres - **Fläche: 390 Hektaren**

Profondeur maximum : 30 mètres - Maximum depth : 30 metres **- Maximale Tiefe: 30 Meter**

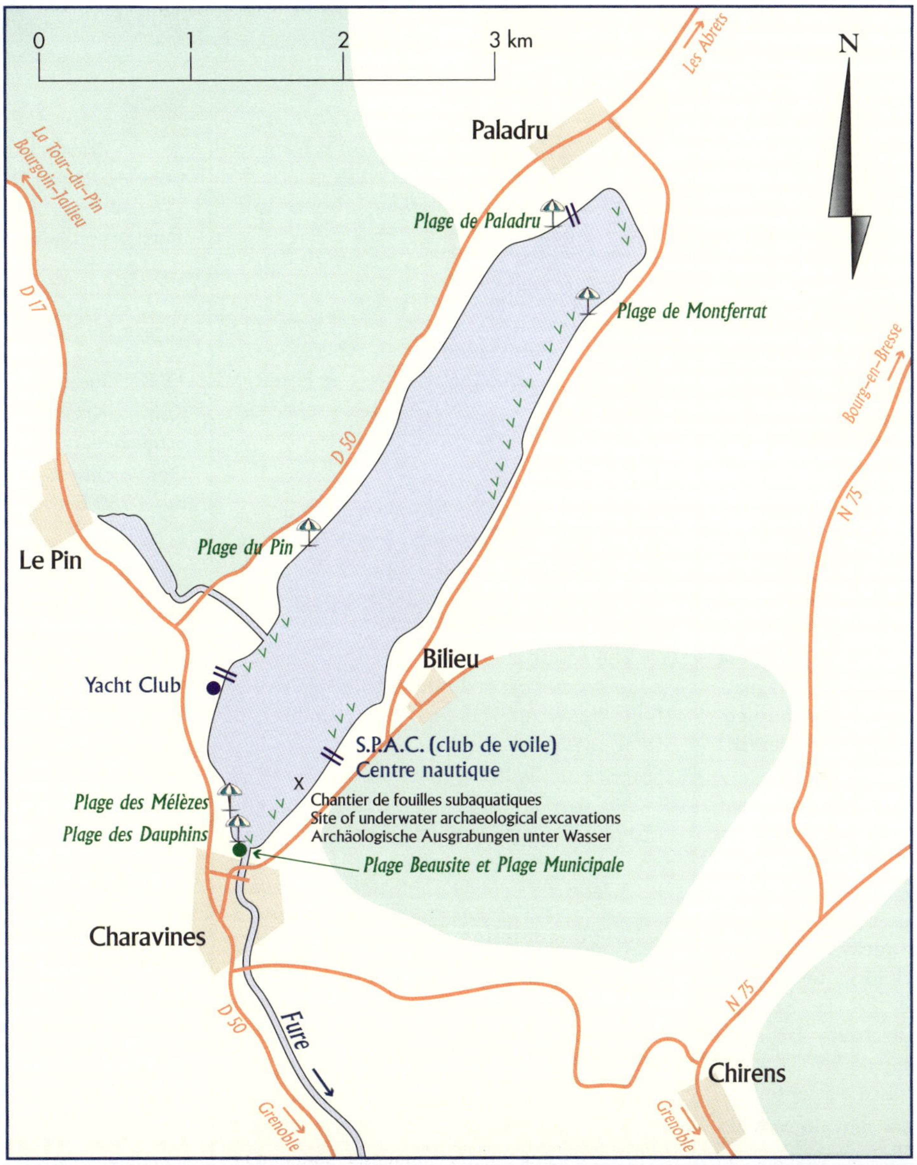

Au cœur des Terres Froides (froides l'hiver mais fraîches et verdoyantes en plein été !), le lac de Paladru étale ses quatre cents hectares dans le cadre agreste des coteaux du Bas-Dauphiné. Ses dimensions relativement importantes intéresseront les plaisanciers (le moteur y est, toutefois, réglementé) mais aussi les pêcheurs et les touristes. Ces derniers seront sensibles au paysage reposant ; ils pourront en outre s'intéresser aux fouilles archéologiques subaquatiques révélant des habitations de pêcheurs du xe siècle, noyées sous 6 mètres d'eau mais bien conservées.

In the heart of the Terres Froides (Cold Lands, so called because of their climate in winter, but fresh and green in full summer!), the Lac de Paladru spreads its thousand acres in the rural surroundings of the gentle hillsides of the Bas-Dauphiné region. Being relatively large, it is of interest to boating enthusiasts (motors being, nonetheless, subject to regulations), but also to fishermen and tourists. The latter will enjoy the relaxing countryside and may also be interested by the underwater archaeological excavations, uncovering fishermen's dwellings of the 10th century that are 6 metres below the surface of the water but are well preserved.

Im Herzen der Terres Froides (im Winter kalt und im Hochsommer frisch und grün!) breitet sich der Wasserspiegel des Lac de Paladru mit seinen vierhundert Hektaren in ruhiger, ländlicher Umgebung zwischen den Hügeln des Bas-Dauphiné aus. Seine relativ große Fläche ist interessant für Wassersportler (motorisierte Fahrzeuge unterliegen jedoch gewissen Einschränkungen), aber auch für Angler und Touristen. Besonders erwähnenswert sind die archäologischen Ausgraben unter Wasser, die Fischerbehausungen ausdem 10. Jahrhundert zu Tage förderten. Sie liegen 6 Meter unter dem Wasserspiegel, sind aber noch gut erhalten.

ACTIVITÉS AUTORISÉES - Motonautisme et ski nautique (mais réglementés). Voir plus loin la rubrique "Réglementation" - Voile - Planche à voile - Aviron - Canoë-kayak - Baignade - Pêche.

INTERDIT - Jet-ski®.

PRESTATIONS AUTOUR DU PLAN D'EAU - 3 rampes de mise à l'eau - Pas d'engin de levage, ni mécanicien, ni ship-chandler, ni carburant à quai - 5 hôtels - 15 restaurants - 11 campings. La localité riveraine la plus importante, Charavines, compte 1 250 habitants.

RÉGLEMENTATION - Le lac de Paladru est un lac privé, appartenant à la Société du lac de Paladru, mais accessible au public.

Tout bateau circulant sur le lac doit être muni d'une autorisation délivrée par la Société du Lac (vignette à coller sur le plat-bord arrière). Tarifs variables : à la journée, au mois, à la saison. Les droits sont délivrés sur chaque commune.

Les bateaux à moteur de plus de 9,9 CV sont soumis à une autorisation et une réglementation spéciales. Adresser une demande écrite à la Société du Lac de Paladru, Le Magnoud, 38850 Paladru. Pour les plaisanciers de passage, tarifs de week-end ou d'une semaine avec une autorisation temporaire à demander au garde de la Société, tél. 06 11 62 72 97. De toute façon, le nombre de bateaux de plus de 9,9 CV autorisés est limité ; il y a une liste d'attente.

La navigation est autorisée uniquement du lever au coucher du soleil.

Une bande de rive continue de 200 mètres de large, comprenant aussi la baie de Charavines, est établie tout autour du lac. Elle est délimitée par des bouées sphériques jaunes.

Aucun bateau ne peut dépasser la vitesse de 5 km/h sauf pendant les heures autorisées ci-après aux bateaux de plus de 9,9 CV tractant ou non des skieurs et ceci en dehors de la bande de rive :

- en juillet et en août de 11 à 13 heures et de 18 à 20 heures ;
- en septembre : de 11 à 13 heures et de 17 à 19 heures.

La pratique du ski nautique obéit aux prescriptions habituelles qu'on trouve dans le

PERMITTED ACTIVITIES - Motor-boats and water-skiing (but subject to restrictions). See the section "Regulations". - Sailing - Wind-surfing - Rowing - Canoe and kayak - Diving - Swimming - Fishing.

PROHIBITED - Jet-ski®

SERVICES AROUND THE LAKE - 3 launching slipways - No cranes, mechanics, ship's chandlers or refuelling station - 6 hotels - 15 restaurants - 11 camping-sites. The largest town on the shores, Charavines, has a population of 1 250.

REGULATIONS - The Lac de Paladru is a private lake, belonging to the Société du lac de Paladru, but it is open to the public.

Any boat using the lake must be in possession of an authorization issuaed by the Société du Lac. The permit stickers, which must be affixed to the stern of the hull, can be bought in all the shoreside villages. There are daily, monthly and whole season rates.

Motor-boats with engines of more than 9,9 HP require special authorization and are subject to specific regulations. You need to send a written request to La Société du Lac de Paladru, Le Magnoud 38850 Paladru. Visitors making a short stay should ask for week-end and weekly rates with a temporary authorization by calling the company's permanent help line, 06 11 62 72 97. In any case, the number of authorizations given for boats of over 9,9 HP is limited and there is a waiting list.

Boating is only allowed between sunrise and sunset.

A 200 metres wide shoreside strip has been instituted all round the lake, including in the Charavines bay. It is marked out with spherical yellow buoys.

No boat may exceed the speed of 5 KPH, except during the times shown below for boats of over 9.9 HP, whether or not towing skiers and beyond the shoreside strip :

- in July and August : from 11.00 to 13.00 and from 18.00 to 20.00 hours.
- in September : from 11.00 to 13.00 and from 17.00 to 19.00 hours.

Water-skiing is governed by the usual regulations that can be found in the *Code Vagnon Fluvial*. There are additional local regulations on the Paladru lake : starts from

ERLAUBT - Motorboote und Wasserski (mit Einschränkungen, siehe Abschnitt "Verordnungen") – Segeln – Windsurfen – Rudersport – Kanu – Kajak – Tauchen – Baden – Angeln.

VERBOTEN - Jet-Ski®.

LEISTUNGSANGEBOT RUND UM DEN SEE - 3 Sliprampen – 6 Hotels – 15 Restaurants – 11 Campingplätze.

Kein Kran, kein Mechaniker, kein Schiffsbedarf, kein Treibstoff am Kai.

Der wichtigste Ort am See ist Charavines mit 1 250 Einwohnern.

VERORDNUNGEN - Der Lac de Paladru ist in Privatbesitz. Er gehört der Société du lac de Paladru, ist aber der Öffentlichkeit zugänglich.

- Jedes Schiff auf dem See muss mit einer Vignette versehen sein (am oberen Rand des Hecks aufgeklebt). Es gibt verschiedene Tarife: pro Tag, pro Monat, pro Saison. Die Vignette kann in jeder Gemeinde bezogen werden.
- Die Anzahl der Zulassungen von Schiffen mit einem Motor, der stärker ist als 9,9 PS, ist beschränkt; es besteht eine Warteliste.
- Fahren darf man nur von Sonnenaufgang bis Sonnenuntergang.
- Rund um den See gilt eine Uferzone von 200 m Breite. Sie schließt die Bucht von Charavines mit ein und ist gekennzeichnet mit gelben Kugelbojen.
- Auf dem See darf nicht schneller als mit 5 km/h gefahren werden. Eine Ausnahme bilden Boote (mit oder ohne Wasserskifahrer) mit mehr als 9,9 PS, aber nur während der im Folgenden aufgeführten erlaubten Zeiten und außerhalb der Uferzone:
  - Juli und August: von 11–13 h und von 18–20 h
  - September: von 11–13 h und von 17–19 h
- Wasserskifahren unterliegt den üblichen Regelungen (siehe *Code Vagnon Fluvial*, "édition de l'année", erscheint jedes Jahr neu). Auf dem Lac de Paladru dürfen Wasserskifahrer nicht vom Ufer aus starten, sondern nur von den eigens dafür eingerichteten Pontons aus (die den

Code Vagnon fluvial. En plus, sur le lac de Paladru : départ de la rive interdit, uniquement à partir de pontons réservés à cet effet (et à l'usage exclusif des skieurs) ou en pleine eau. Ne pas passer à moins de 50 mètres des baigneurs et des bateaux. Le ski nautique ne se pratique que dans les zones et aux horaires indiqués plus haut.

La navigation est interdite dans les roselières (indiquées sur la carte).

Le stationnement est interdit du 1er novembre au 1er mars. Tous les bateaux doivent avoir été retirés avant le 1er novembre.

Les règles de barre et de route sont celles à observer sur les lacs et grands plans d'eau. Voir le *Code Vagnon fluvial*.

La plongée est autorisée en dehors des périodes estivales mais uniquement dans le cadre d'un club de plongée.

LE PLAN D'EAU - Le S.P.A.C., club de voile E.F.V. établi sur le lac, indique que les vents dominants sont le vent du Nord (correspondant au mistral dans la vallée du Rhône) et, en période dépressionnaire, le vent du Sud. Les brises thermiques ne se développent guère.

Le lac étant placé à l'articulation d'un régime de plaine et d'un régime préalpin, les variations climatiques sont rapides. Les phases d'éclaircies sont nombreuses, avec souvent une belle lumière, même si elles sont parfois très courtes. Leur avantage - ajoute le club - c'est une évacuation rapide des perturbations.

On peut seulement regretter l'absence de phénomènes thermiques importants pendant les périodes anticycloniques.

Rappelons l'importance de ce plan d'eau qui s'étend sur une longueur de plus de 5 kilomètres.

CLUBS NAUTIQUES

- S.P.A.C., École de Voile E.F.V., montée de Bilieu, 38850 Charavines, tél. 04 76 06 61 21 et 04 76 55 66 02
- Yacht-Club de Grenoble-Charavines, M. Claude Gachet, 13 avenue Maurice Ravel, 38130 Échirolles, tél. 04 76 23 21 68

LOCATION DE BATEAUX - Il existe des possibilités de louer pédalos et barques à Charavines, Paladru, et à la plage de Le Pin notamment.

Autre location très intéressante, celle de bateaux électriques. En 3 endroits (voir la carte) :

- plage des Mélèzes à Charavines, tél. 04 76 55 73 01
- plage des Dauphins à Charavines, tél. 04 76 06 61 78
- plage de Paladru, tél. 04 76 32 38 88

BAIGNADE - La baignade est interdite en dehors des plages surveillées. Elle est interdite notamment dans les roselières.

Les plages sont au nombre d'une demi-douzaine (voir la carte), généralement de gravier ou de galets

the banks are forbidden and they are allowed only from the pontoons installed for this purpose (and for the exclusive use of skiers) or from open water. Do not get within 50 metres of other boats and of swimmers. Water-skiing is only allowed in the zones and during the times shown above.

Boats must not enter the reed-beds (shown on the map).

Mooring is prohibited from November 1st until March 1st. All boats must have been taken out of the water before November 1st.

Helmsmen's rules and traffic regulations are those applicable to lakes and large expanses of water. See the *Code Vagnon Fluvial*.

Diving is permitted outside holiday periods, but solely under the auspices of a diving club.

THE STRETCH OF WATER - The S.P.A.C., a sailing club based on the lake and member of the national federation, informs us that the prevailing winds are the north wind (the equivalent of the mistral in the Rhône valley) and, during periods of depression, the south wind. Thermal breezes do not really come into play here.

As the lake is situated on the border line between weather patterns of the plain and of the Alpine foothills, climatic variations occur very rapidly. Phases with clear skies are very frequent, often accompanied by beautiful light, but they can be very fleeting. The advantage of this, adds the club, is that atmospheric disturbances are evacuated rapidly.

One may simply regret the absence of substantial thermal phenomena during anticyclonic periods.

We remind you of the size of this water, which extends over a length of 5 kilometres.

NAUTICAL CLUBS - (See details in French text under "Clubs Nautiques").

BOAT HIRE - It is possible to hire pedalos and fishing boats, notably at Charavines and Paladru. There is another type of hire that is very advantageous, that of electric boats. There are 3 places for this (look at the map) (look at the map and see addresses in French text under "Location de bateaux").

SWIMMING - You are not allowed to swim anywhere other than at beaches with supervision. Swimming is particularly prohibited in the reed-beds.

There are half a dozen beaches, mostly gravel or shingle (see map).

FISHING - Fishing licences are issued in all the five localities round the lake shore : Charavines - Bilieu - Montferrat - Paladru - Le Pin.

It may be noted that a rowing boat, used only for fishing, is exempt from paying the right of use fee about which we have given details in the preceding "Regulations" section.

USEFUL ADDRESSES - (See details in French text under "Adresses utiles").

Wasserskifahrern vorbehalten sind!) oder auf dem offenen See. Sie müssen zu Badenden und anderen Fahrzeugen einen Sicherheitsabstand von 50 m einhalten. Wasserskifahren ist nur in den dafür vorgesehenen Zonen und zu den oben erwähnten Zeiten erlaubt.

- Alle Schiffe müssen bis spätestens am 1. November aus dem Wasser genommen werden.
- Die Sperrzeiten und die chifffahrtsverordnung entsprechen der allgemeinen Verordnung für Seen und große Wasserflächen (siehe *Code Vagnon Fluvial*).
- Tauchen ist während der Sommerperiode erlaubt, aber nur im Rahmen eines Tauchklubs.

DAS GEWÄSSER - Der See hat eine respektable Länge von 5 Kilometern.

Der S.P.A.C., Segelklub E.F.V., der auf dem See ansässig ist, meldete uns, dass die hauptsächlichsten Winde der Nordwind (er entspricht dem Mistral auf der Rhone) und – bei Tiefdrucklagen – der Südwind sind. thermische Brisen entwickeln sich kaum.

Der See liegt in einer Ebene der Voralpen, deshalb können sich die klimatischen Verhältnisse rasch ändern. Bei schlechtem Wetter gibt es immer wieder Aufhellungen – manchmal mit sehr schönem Licht – die aber oft nur von sehr kurzer Dauer sind. Dafür ziehen Störungen relativ rasch vorüber. Nur schade, dass bei Hochdrucklagen keine Thermische Brisen in Erscheinung treten.

WASSERSPORTKLUBS - (Adressen im französischen Text unter "Clubs nautiques").

VERMIETUNGEN - Pedalos und Ruderboote können in Charavines und in Paladru gemietet werden.

An drei Orten ist das Mieten von Schiffen mit Elektroantrieb möglich (siehe Karte). (Adressen im französischen Text unter "Clubs nautiques").

BADEN - Außerhalb der überwachten Strände ist das Baden verboten. Dies gilt insbesondere für Schilfbestände.

Es gibt rund ein halbes Dutzend Badestrände (siehe Karte) mit Kies oder Steinen.

ANGELN - Angelscheine sind erhältlich in den folgenden fünf Gemeinden: Charavines – Bilieu – Montferrat – Paladru – Le Pin.

Ruderboote, die ausschließlich zum Angeln benutzt werden, sind von den im Abschnitt "Verordnungen" aufgeführten Regelungen ausgenommen.

NÜTZLICHE ANSCHRIFTEN - (Adressen im französischen Text unter "Adresses utiles").

TOURISMUS - Direkt am See kann man im Musée de Charavines eine permanente Ausstellung über die überfluteten Dörfer oder die archäologische Ausgrabungsstätte besuchen (siehe Karte). In der Region um den See und das Ainantal sind schöne Touren möglich, sei es mit dem Auto, zu Fuß oder gar

PÊCHE - Le permis est délivré sur les 5 communes riveraines du lac : Charavines - Bilieu - Montferrat - Paladru - Le Pin.

A noter qu'une barque à rames, utilisée exclusivement pour la pêche, est exemptée des droits relatifs à l'autorisation de circuler dont nous avons parlé ci-dessus à la rubrique "Réglementation".

ADRESSES UTILES

- Société du lac de Paladru, Le Magnoud, 38850 Paladru, tél. 04 76 32 33 04, tél. du garde (pour les autorisations) 06 11 62 72 97
- Office de Tourisme, 38850 Charavines, tél. 04 76 06 60 31 et 04 76 06 60 50.

TOURISME - Sans quitter le bord même du lac, on trouvera, au musée de Charavines, une exposition permanente sur les villages engloutis (voir le texte sur la carte) et on pourra visiter le chantier des fouilles.

La région du lac et du Val d'Ainan peut être parcourue (notamment en randonnées en V.T.T. bien organisées, au départ de Charavines), ce qui permet de voir les fermes traditionnelles en pisé, caractéristiques du Bas-Dauphiné, des châteaux (Virieu, par exemple). 1er espace VTT labellisé par la FFC en Isère, 16 circuits balisés.

Dans un rayon beaucoup plus important, le Bugey, la Chartreuse, la ville de Grenoble, le Vercors, peuvent faire l'objet d'une excursion d'une journée en voiture.

TOURISM - Without even leaving the edge of the lake, you can go to the Charavines museum to see the permanent exhibition on the submerged villages (see the text on the map) and you can visit the site of the archaeological excavations. The region surrounding the lake and the Val d'Ainan can be explored, particularly by means of well organized mountain bike expeditions starting from Charavines. This will enable you to see the traditional farms, constructed using puddled clay, typical of the Bas Dauphiné area, Romanesque churches and châteaux (Virieu, for example).

Within a much larger radius, le Bugey, la Chartreuse, the town of Grenoble and the Vercors can be covered in a day-long car excursion.

mit dem Rad (organisierte Radtouren ab Charavines). Unterwegs sehen Sie die für den Bas-Dauphiné typischen, mit Stampferde gebauten Bauernhöfe, romanische Kirchen und Schlösser beispielsweise Virieu.

In der weiteren Umgebung bieten sich verschiedene Tagesausflüge mit dem Auto an. Mögliche Ziele sind das Bugeymassiv, La Chartreuse, Grenoble oder Le Vercors.

© CDT Isère

LAC DU SAUTET

C'est aux confins des départements de l'Isère et des Hautes Alpes, à deux pas du Parc National des Écrins que se situent Corps et le Lac du Sautet.
Le voyageur a la surprise d'apercevoir soudain, au sortir d'un virage, une eau turquoise miroitant paisiblement au fond de la vallée, dans un écrin de montagnes, à 900 mètres d'altitude. Ainsi se découvre le lac du Sautet depuis la célèbre Route Napoléon.
Avant d'être un lac, cette vallée regroupait une quarantaine d'âmes réparties dans deux hameaux. En 1935, ils furent engloutis sous les eaux du barrage du Sautet, de même qu'un pont romain témoin des origines lointaines.
C'est sur ce même barrage que les amateurs de sensations fortes viennent s'essayer au saut en élastique. La retenue d'eau est devenue un site très fréquenté car tous les plaisirs de l'eau y sont réunis : une base nautique propose des locations et stages de planche à voile, catamarans...
Le canotage et la pêche y sont également autorisés.
L'amateur pourra aussi pratiquer le kayak dans les magnifiques gorges de la Souloise et y admirer les "Demoiselles coiffées" ainsi que les hérons cendrés, espèce en voie de disparition.
Dans ce cadre de montagne, au pied du majestueux Obiou qui domine le lac du haut de ses 2793 mètres, c'est l'endroit rêvé pour les randonnées et le repos.
Cette année, le SIVOM du Canton de Corps a lancé un programme d'aménagement des rives du lac qui améliorera l'accueil tout en conservant l'esprit d'un environnement très nature.
Le lac du Sautet constitue donc une escale accueillante et sympathique à ne pas manquer.

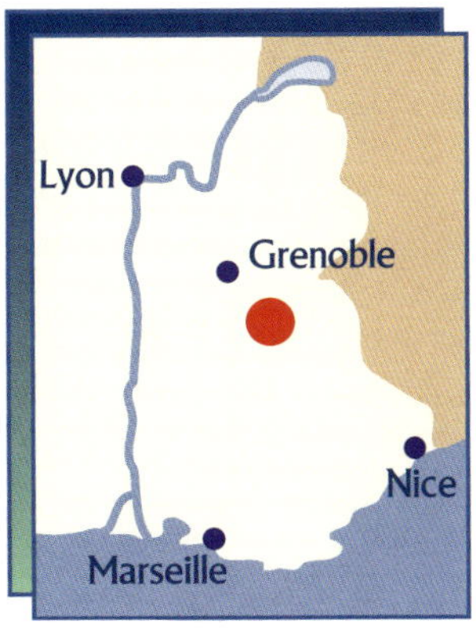

SAUTET (Lac du)

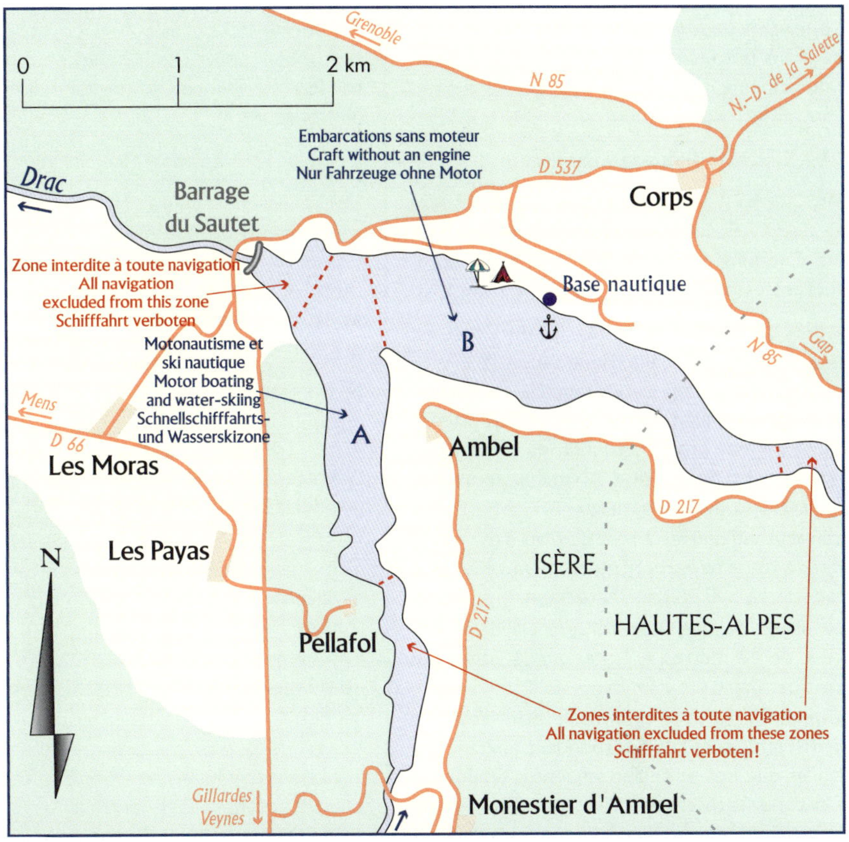

ISÈRE ET HAUTES-ALPES

La Mure 28 km - Gap 43 km - Grenoble 68 km - Lyon 172 km - Briançon 129 km

Altitude : 750 mètres
Altitude : 750 metres
Höhe über Meer: 750 Meter
Superficie : 348 ha
Surface area : 860 acres
Fläche: 348 Hektaren
Profondeur maximum : 115 mètres
Maximum depth : 115 metres
Maximale Tiefe: 115 Meter

On écoute toujours avec plaisir le responsable d'une base nautique parler avec passion de son plan d'eau et de son désir de le promouvoir. C'est le cas de celui de la base du lac du Sautet. Voici une retenue du Drac aux eaux d'un bleu profond, veillée par le pic majestueux et enneigé de l'Obiou (2 790 m), ventée convenablement et ouverte à la voile et au moteur. Site splendide, intéressant pour le plaisancier mais relativement ignoré jusqu'à présent par les amateurs de sports nautiques. Alors, écoutez ce moniteur et venez découvrir son beau lac. Il n'est pas tellement éloigné de Gap ni de Grenoble.

One always takes pleasure in listening to the director of a water sports centre talking enthusiastically about his stretch of water and about his desire to promote it. This was certainly true in the case of the director of the base on the Lac du Sautet, which is a reservoir on the Drac river. Its waters are deep blue, it is watched over by the majestic snow-covered peak of the Obiou mountain (2 790 metres), it is favoured by good winds and it is open to sailing and motorized activities. This splendid site, offering plentiful advantages to water sports enthusiasts, has until now been relatively under-utilized for leisure activities. So heed the advice of this instructor and go and enjoy his beautiful lake. It is not so very far from either Gap or Grenoble.

Man hört dem Vorsitzenden eines Klubs immer gerne zu, wenn er mit Enthusiasmus "seinen" See beschreibt und möglichst viele Leute davon überzeugen möchte, was sie verpassen, wenn sie ihn nicht kennen. So ist es auch im Klubstützpunkt auf dem Lac du Sautet. Der See ist ein Staubecken des Drac mit tiefblauem Wasser, am Fuße des majestätischen, schneebedeckten Gipfel des Objou (2 790 m ü. M.), mit angenehmen Windverhältnissen. Sowohl das Fahren mit Motorbooten wie auch Segeln sind hier erlaubt, trotzdem ist dieser See bei Wassersportlern noch nicht sehr bekannt. Also, lassen Sie sich überzeugen und entdecken Sie dieses schöne Gewässer, nicht weit entfernt von Gap und Grenoble!

▼ L'Obiou (2 790 mètres)

© CDT Isère

© CDT Isère

ACTIVITÉS AUTORISÉES - Motonautisme - Ski nautique - Voile - Planche à voile - Aviron - Canoë-kayak - Baignade - Pêche.

Le jet-ski® peut être considéré comme toléré (dans la zone du moteur). Prochainement, une réforme du règlement particulier devrait l'autoriser explicitement.

INTERDIT - Plongée - Patinage.

PRESTATIONS AUTOUR DU PLAN D'EAU - Base nautique sur la rive nord du lac. Camping. Les hôtels, restaurants et commerces essentiels sont à Corps, à 2 km.

RÉGLEMENTATION - Le lac du Sautet est une retenue hydroélectrique; aussi l'exercice de la plaisance est subordonné à l'utilisation prioritaire du plan d'eau par E.D.F. Les plaisanciers doivent prendre toutes les précautions appropriées pour éviter accidents et avaries qui seraient dus au marnage.

La carte indique les zones du plan d'eau interdites à toute navigation; notamment celle commençant à 500 mètres du barrage.

La bande de rive (non balisée) est d'une largeur de 40 mètres. A l'intérieur, la vitesse ne doit pas dépasser 5 km/h.

Comme la carte le montre, le plan d'eau est divisé en 2 zones (correspondant aux anciens tracés du Drac et de son affluent la Souloise) :

- la zone A, réservée au motonautisme et au ski nautique;
- la zone B, réservée aux embarcations sans moteur (voile, canoë, etc.).

A noter qu'un bateau à moteur mis à l'eau en zone B peut traverser cette dernière pour gagner la zone A mais devra le faire à 5 km/h et en laissant la priorité aux embarcations non motorisées.

La réforme envisagée du règlement du lac devrait, à une date encore indéterminée, permettre aux voiliers de naviguer également en zone A.

La navigation est interdite la nuit. La pratique de la voile est autorisée du 1er mai au 31 octobre; celle du ski nautique du 15 mai au 15 septembre.

Contrairement au lac de Monteynard situé à l'aval, les bateaux tractant un skieur ont priorité sur les autres bâtiments motorisés. Pour le reste du ski nautique, ce sont les règles habituelles, reprises dans le code fluvial, qui sont à observer.

Le règlement particulier prévoit des balises biconiques jaunes aussi bien pour le balisage de la zone de baignade que pour celui d'un chenal éventuel de ski nautique.

Le lac du Sautet est classé comme un "grand plan d'eau". En conséquence, appliquer les règles de route à observer sur les lacs (et non sur les fleuves) qu'on trouvera dans le *Code Vagnon fluvial*, et toute la réglementation en eaux intérieures contenue dans le code.

LE PLAN D'EAU - Sur le lac du Sautet, le vent dominant est le mistral (appelé aussi la bise), vent du Nord qui vient ici de l'Ouest et remonte chacune des deux branches du lac. Au mistral s'additionnent, à partir de midi et

PERMITTED ACTIVITIES - Motor-boats - Water-skiing - Sailing - Wind-surfing - Rowing - Canoe and kayak - Swimming - Fishing. Jet-skiing® can be considered to be tolerated (in the zone for motorized activities). In the near future, a revised set of regulations should explicitly authorize it.

PROHIBITED - Diving - Ice skating.

SERVICES AROUND THE LAKE - Water sports centre on the north shore of the lake. Camping site. The hotels, restaurants and basic shopping facilities are at Corps, 2 kilometres away.

REGULATIONS - The Lac du Sautet is a hydroelectric reservoir and so leisure activities are subordinate to the primary use of the water by the national electricity company. Users must take all appropriate precautions to avoid accidents and damage that might be caused by variations in the water level.

The map shows the zones in which no navigation is allowed, particularly the one starting 500 metres above the dam.

The shoreside strip (not marked out) is 40 metres wide. Within this, the speed limit is 5 KPH.

As you can see on the map, the lake is divided into 2 zones, which correspond to the former courses of the Drac and its tributary, the Souloise :

- the zone A is reserved for motor boating and water-skiing
- the zone B is reserved for craft without engines (sailing boats, canoes, etc.).

You may note that a motor-boat put into the water in the B zone can cross this zone to get to the A zone, but must do so at no more than 5 KPH and giving way to craft without engines. The proposed revisions to the regulations should, at a date that is not yet fixed, allow sailing boats also to use the A zone.

No navigation is allowed at night. Sailing is allowed from May 15th until September 15th. Contrary to the Lac de Monteynard, situated farther downstream, boats towing a skier have right of way over other motorized craft. Otherwise, the regulations governing water-skiing are the usual ones embodied in the inland waterways code.

Local regulations stipulate that swimming zones and water-skiing channels will be marked out with yellow double-cone buoys.

As the Lac du Sautet is classed as a large expanse of water, the regulations in force on it are those applicable to lakes (rather than those for rivers), which can be found in the *Code Vagnon Fluvial*, and all the rules for inland water contained in the code.

THE STRETCH OF WATER - On the Lac du Sautet, the prevailing wind is the Mistral (also known as the "bise"), a north wind that comes here from the west and blows along both branches of the lake. From midday until 4 or 5 pm, thermal breezes combine with the Mistral, giving an overall strength of force 4 to 5.

ERLAUBT - Motorboote – Wasserski – Segeln – Windsurfen – Rudersport – Kanu – Kajak – Baden – Angeln. Jet-Ski® kann in der Schnellschifffahrts- und Wasserskizone als zugelassen betrachtet werden, verbindliche Regelungen werden demnächst in einer speziellen Verordnung festgelegt.

VERBOTEN - Tauchen – Schlittschuhlaufen.

LEISTUNGSANGEBOT RUND UM DEN SEE - Klubstützpunkt am Nordufer des Sees – Campingplatz – Hotels, Restaurants und Geschäfte findet man in Corps, 2 km entfernt.

VERORDNUNGEN

- Der Lac du Sautet ist ein Staubecken, die Nutzung des Wassers durch die E.D.F. hat Priorität. Das Ausüben von Wassersport erfolgt auf eigenes Risiko und es müssen alle Vorsichtsmaßnahmen getroffen werden, um Zwischenfälle zu vermeiden. Besonderes Augenmerk ist auf mögliche Niveauunterschiede des Wasserspiegels zu richten.
- Auf der Karte sind die für die Schifffahrt verbotenen Zonen eingezeichnet; beachten Sie bitte vor allem den Bereich bis 500 m oberhalb des Wehrs.
- Die Uferzone (nicht gekennzeichnet) ist 40 m breit. Dort gilt die Höchstgeschwindigkeit von 5 km/h.
- Wie die Karte zeigt, ist die Wasserfläche in zwei Zonen eingeteilt. Die eine umfasst den alten Lauf des Dracs, die andere seinen Zufluss, die Souloise:
  - Zone A ist reserviert für Motorboote und Wasserski
  - Zone B ist reserviert für motorlose Fahrzeuge (Segler, Kanus usw.)
- Motorschiffe dürfen die Zone B durchqueren, müssen aber die Höchstgeschwindigkeit von 5 km/h einhalten und den nicht motorisierten Fahrzeugen den Vortritt gewähren.

Die vorgesehene Revision der für den Lac de Sautet geltenden Verordnung sieht vor, Segelboote auch in der Zone A zuzulassen. Der Zeitpunkt dieser Änderung steht noch nicht fest.

- Es besteht ein Nachtfahrverbot.
- Segeln darf man vom 15. Mai bis 15. September.
- Anders als auf dem flussabwärts gelegenen Lac de Monteynard haben Boote, die einen Wasserskifahrer schleppen, Vorrang gegenüber anderen Motorbooten. Die übrigen Vorschriften für den Wasserskisport entsprechen den allgemein gültigen Regelungen (siehe Code Vagnon Fluvial, "édition de l'année", erscheint jedes Jahr neu).
- Sowohl Badezonen wie auch Wasserskizonen sind mit gelben Doppelkegeln gekennzeichnet.
- Der Lac du Sautet ist als "grand plan d'eau" (Großwasserfläche) eingestuft. Deshalb gelten hier die Regelungen der Schiffsverkehrsordnung für Seen (nicht für Flüsse!). Man findet diese – sowie die vollständige französische Binnenschifffahrtsverordnung – im Code Vagnon Fluvial.

jusqu'à 16 - 17 heures, des brises thermiques, ce qui donne au total force 4 à 5.

Le vent du Sud – ajoute le responsable de la base nautique qui nous a aimablement fourni ces précisions – qui est un vent Sud-Sud-Est, vient à l'avant d'une dépression, à force 4 ou 5. Il est plus régulier et amène un clapot plus important.

Le marnage est important mais le niveau reste stable en saison, ce qui est l'essentiel.

En résumé, un plan d'eau qui mérite beaucoup mieux que la fréquentation moyenne qui est la sienne à l'heure actuelle.

Les adeptes du moteur (et du ski nautique) mettent leur bateau à l'eau à la base nautique (rampe). Ils rejoignent ensuite leur zone à vitesse réduite. Il s'agit uniquement de particuliers.

LE BARRAGE - Un des plus anciens barrages des Alpes et premier barrage-voûte construit au monde, il a été mis en service en 1935. Hauteur de 126 mètres au-dessus des fondations et 75 mètres d'épaisseur à la base. La centrale produit 176 millions de kWh par an.

CLUB NAUTIQUE

- Base Nautique du Sautet, 38970 Corps, tél./fax 04 76 30 05 23. Voile, planche à voile, canoë-kayak.

LOCATION DE BATEAUX - La base nautique loue catamarans, dériveurs et planches à voile.

BAIGNADE - Plage sur la rive nord, en dessous du camping. Surveillée en saison. Elle a un bon degré de pente, ce qui fait que le marnage ne présente que peu d'inconvénients.

PÊCHE - Le lac du Sautet est classé en 1re catégorie. Carte en vente au Garage Rivière à Corps.

Adresse de la Fédération des Associations de Pêche de l'Isère, 1 rue Cujas, 38000 Grenoble, tél. 04 76 44 28 39.

ADRESSES UTILES

- Direction Départementale de l'Équipement, Cellule de l'Eau, BP 45, 38040 Grenoble cedex 9, tél. 04 76 70 76 56, fax 04 76 70 78 57
- Office de Tourisme de Corps, rue Fossès, 38970 Corps, tél. 04 76 30 03 85

TOURISME - Très proches du lac du Sautet, deux sites dont les guides touristiques ne parlent pas : la Maison du Patrimoine à Pellafol et les résurgences des Gillardes, à 3 kilomètres du bout du lac (branche de la Souloise). Et pour ceux qui croient au ciel s'impose forcément le sanctuaire de N.-D. de la Salette.

Comme l'écrit l'actif Office de Tourisme de Corps, la région est au point de convergence des vallées du Valgaudemar, du Champsaur et du Dévoluy. Pour "rayonner", vous n'avez que l'embarras du choix. Si vous vous en tenez à la Route Napoléon, la N 85, elle vous mènera à La Mure ou à Gap. Ce n'est pas loin et, en revenant de Gap, vous retrouverez, en le surplombant, le miroir étincelant du lac du Sautet avec l'Obiou en toile de fond.

The director of the water sports base, who kindly gave us all this information, adds that the wind from the south, south-east sector precedes a depression and blows at force 4 or 5. It is more regular and only whips up a slight chop.

The variations in the level of the water are substantial, but the level remains stable during the boating season, which is the important thing.

To sum up, this is a piece of water that deserves much more intensive use than the surprisingly low level seen at present.

Motor-boating and water-skiing enthusiasts will put their boats into the water down the slipway at the water sports base. They will then go over to their zone at reduced speed. Private boat owners only are concerned.

THE DAM - This dam, put into service in 1935, is thefore one of the oldest in the Alps. Its was also the first vault dam constructed anywhere in the world. Its height above the foundations is 126 metres and its thickness at the base is 75 metres. The generation station produces 176 million kWh per year.

NAUTICAL CLUB - (See details in French text under "Club nautique").

Sailing - Wind-surfing - Canoeing and kayaking.

BOAT HIRE - The water sports base hires out catamarans, dinghies and wind-surf boards.

SWIMMING - Beach on the north shore, below the camping-site. There is surveillance during the season. There is a good degree of slope, which means that variations in the water level hardly entail any inconvenience.

FISHING - The Lac du Sautet is classed in the 1st category. Fishing permits on sale at the Garage Rivière at Corps.

For the address of the Federation, see French text under "Pêche").

USEFUL ADDRESSES - (See details in French text under "Adresses utiles").

TOURISM - Very near to the Lac du Sautet are two sites that are not mentioned in the guide books : the Maison du Patrimoine at Pellafol and the reappearances of the subterranean river at the Gillardes, 3 kilometres from the end of the Souloise branch of the lake. Those who believe in heaven will certainly want to visit the sanctuary of Notre-Dame de la Salette. As the tourist office of Corps has written, the region is at the point of convergence of the Vagaudemar, the Champsaur and the Dévoluy valleys. To roam around, you can go in any direction, with a wealth of choice. If you keep to the Route Napoléon, the Nationale 85, it will take you to la Mure or to Gap. The latter is not far and, returning from there, you will find yourself looking down on the sparkling surface of the Lac du Sautet with the Obiou mountain as a backdrop.

DAS GEWÄSSER - Auf dem Lac du Sautet ist der Mistral (auch Bise genannt), der häufigste Wind, ein Nordwind, der hier aus dem Westen kommt und in beide oberen Enden des Sees hineinbläst. Neben dem Mistral kommen ab Mittag bis ca. 16–17 h thermische Brisen auf, die Spitzen von 4 bis 5 Beaufort erreichen können. Sie wehen regelmäßig und verursachen keine hohen Wellen.

Die Niveauunterschiede können beträchtlich sein. Die Höhe des Wasserspiegels bleibt jedoch während der Saison konstant.

Motorboot- und Wasserskifahrer – es sind nur vereinzelte – lassen ihre Boote an der Sliprampe des Klubstützpunktes zu Wasser und fahren dann mit reduzierter Geschwindigkeit in die für sie vorgesehene Zone.

Zusammenfassend ist zu sagen, dass dieser See mehr Beachtung verdient, als er heute findet.

DAS STAUWEHR - Die Gewölbestaumauer wurde 1935 in Betrieb genommen. Le Sautet ist eines der ältesten Stauwehre der Alpen. Seine Höhe beträgt 126 m, die Breite an der Basis 75 m. Das Kraftwerk produziert jährlich 176 Millionen kWh.

WASSERSPORTKLUBS - Segeln – Windsurfen – Kanu – Kajak.

VERMIETUNGEN - Beim Klubstützpunkt werden Katamarane, leichte Segelboote und Surfbretter vermietet.

BADEN - Ein Badestrand, der während der Saison überwacht wird, liegt am Nordufer unterhalb des Campingplatzes. Er hat einen günstigen Neigungswinkel, eventuelle Veränderungen des Wasserspiegelniveaus fallen wenig ins Gewicht.

ANGELN - Der Lac du Sautet gehört den Angelrevieren der 1. Kategorie an.

Angelscheine sind erhältlich in der Garage Rivière in Corps.

Adresse der Association im französischen Text unter "Pêche").

NÜTZLICHE ANSCHRIFTEN - (Adressen im französischen Text unter "Clubs nautiques").

TOURISMUS - Zwei Sehenswürdigkeiten im Bereich des Lac du Sautet werden in jedem Touristenführer erwähnt: La Maison du Patrimoine in Pellafol und die Quellen Les Gillardes, 3 km oberhalb des Seeendes (Souloisezipfel). Diejenigen, die an den Himmel glauben, müssen unbedingt den Hochaltar in der Notre-Dame de la Salette ansehen.

Wie uns das Office de Tourisme in Corps mitteilte, liegt die Region im Schnittpunkt dreier Täler: Valgaudemar, Champsaur und Dévoluy. Wer mit dem Auto ausfahren will, hat also höchstens die Qual der Wahl. Wenn Sie die Route Napoléon wählen – die Route Nationale 85 – kommen Sie nach La Mure oder Gap. Der Weg dorthin ist nicht weit, und auf dem Rückweg von Gap überrascht sie plötzlich die Aussicht auf den glitzernden Seespiegel des Lac du Sautet mit dem Obiou im Hintergrund.

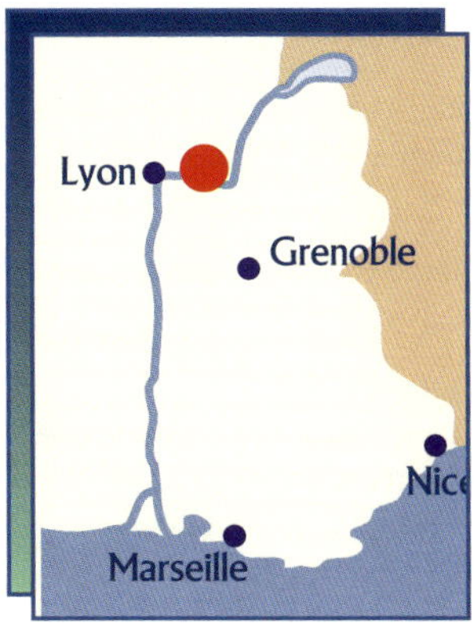

VALLÉE BLEUE (La)

ISÈRE ET AIN

Montalieu 1,5 km - Lyon 60 km
Bourg-en-Bresse 51 km
Chambéry 70 km - Grenoble 90 km
Voiron 62 km - Bourgoin-Jallieu 34 km

Altitude : 203 mètres
Altitude : 203 metres
Höhe über Meer: 203 Meter

Superficie : 200 ha environ
La retenue s'étend sur 27 kilomètres
Surface area : approx. 494 acres
The reservoir stretches over a length of 27 kilometres
Fläche: ca. 200 Hektaren
Die Staustrecke ist 27 km lang

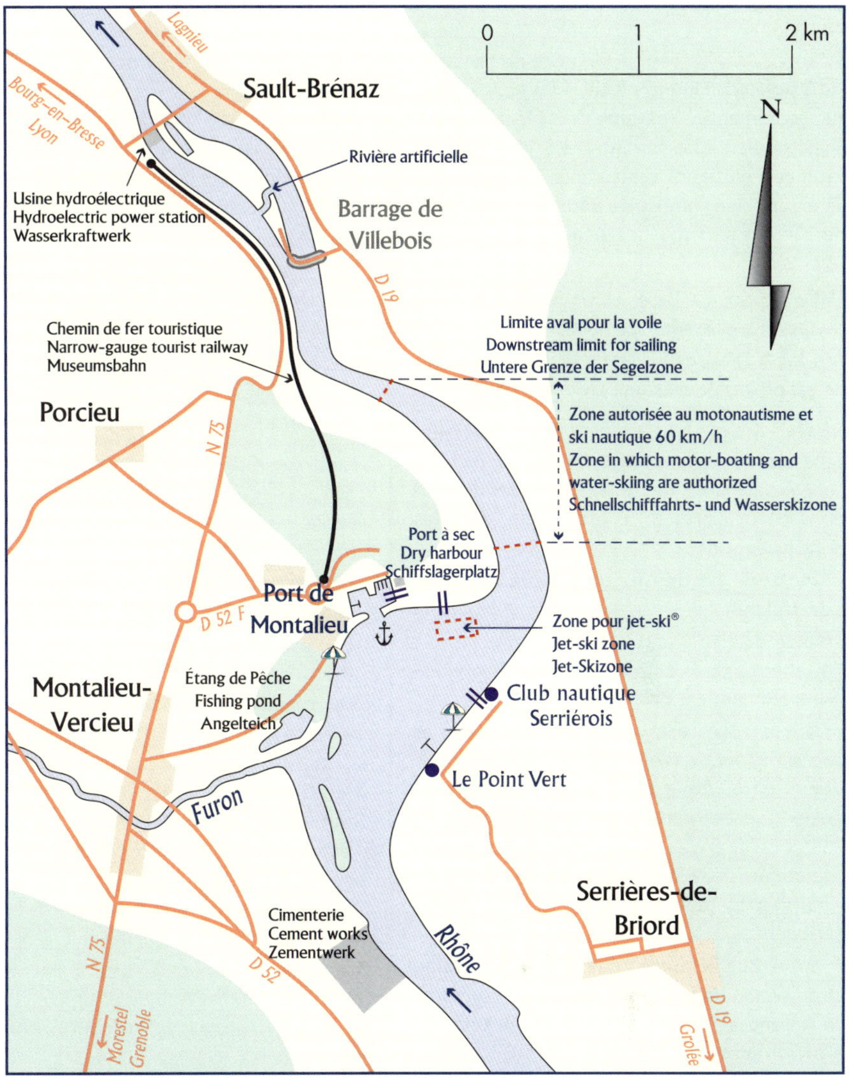

L'aménagement hydroélectrique du Rhône en amont de Lyon a permis la création de ce complexe de loisirs nautiques très réussi, dans la large retenue de Sault-Brénaz. A une heure de voiture de Lyon, c'est un plan d'eau très fréquenté par les plaisanciers à moteur comme à voile. C'est même l'un des rares à posséder une zone réservée au jet-ski® ! Beaucoup d'activités annexes sont proposées. Touristes, pêcheurs, baigneurs, campeurs y trouvent leur bonheur sur les deux rives. Le tout dans un très joli paysage, au pied des falaises calcaires du Bugey, derniers contreforts méridionaux du Jura.

The hydroelectric scheme on the Rhône upstream from Lyon has permitted the creation of this very successful nautical leisure centre in the broad Sault-Brénaz pool. One hour's car drive from Lyon, this stretch of water attracts large numbers of enthusiasts for both sailing and motor-boating. It is even one of the rare venues to possess a zone reserved for jet-skis®! Many ancillary activities are also offered. On both banks, there are excellent facilities to delight tourists, fishermen, swimmers and campers. And all this is set in very pretty countryside at the foot of the chalk cliffs of Bugey, the last southern buttresses of the Jura mountains.

Das Wasserkraftwerk an der Rhone oberhalb Lyon ermöglichte die Einrichtung dieses gelungenen Freizeitkomplexes in der breiten Staustrecke von Sault-Brénaz. Nur eine Autostunde von Lyon entfernt liegt hier ein viel besuchtes Wassersportrevier für Motor- und Segelboote. Hier gibt es sogar eine für Jet-Ski® reservierte Zone! Daneben sind viele andere Aktivitäten möglich. Touristen, Angler, Badende und Camper finden Zeitvertreib und Erholung in dieser herrlichen Landschaft am Fuße der Kalkfelsen des Bugeymassivs, dem letzten südlichen Ausläufer des Juras.

ACTIVITÉS AUTORISÉES - Motonautisme - Ski nautique - Jet-ski® - Voile - Planche à voile - Aviron - Canoë-kayak - Baignade - Pêche.

INTERDIT - Plongée - Parachute ascensionnel.

PRESTATIONS AUTOUR DU PLAN D'EAU

Rive gauche (Montalieu) - Un port de plaisance (110 places) - Un port à sec - Rampes - Grue sur commande (payante) - Mécanicien - Shipchandler - Carburant à 1,5 km - Village-vacances, plusieurs restaurants, un camping - Tennis, piscine, mini-golf - Bateau de promenade - Train touristique à vapeur.

Rive droite (le "Point Vert", Serrières-de-Briord) - Halte nautique - Base nautique de voile avec rampe - Restaurant - Camping.

A 4 km à l'aval, dans l'île de la Serre, parcours de canoë-kayak dans une rivière artificielle.

RÉGLEMENTATION - Réglementation générale de la navigation intérieure (voir le *Code Vagnon fluvial* de l'année), plus des dispositions particulières à ce plan d'eau, dont les principales sont :

- Navigation de transit autorisée, à la vitesse de 18 km/h.
- Bande de rive à partir de 10 mètres jusqu'à 40 mètres de la berge, dans laquelle la vitesse maximum est de 18 km/h.
- Dans la zone réservée au motonautisme et au ski nautique (voir la carte), vitesse maximum de 60 km/h et 18 km/h dans les chenaux d'accès à cette zone. Le ski nautique est autorisé de 8 à 21 heures et les bateaux tracteurs ne peuvent s'approcher à moins de 50 mètres des baigneurs et des autres bateaux.

A noter qu'une autre zone de motonautisme et de ski nautique est autorisée à 7 kilomètres en amont, à l'amont du port de Briord, sur 4,2 kilomètres, sur la même retenue.

- La limite aval de la pratique de la voile est à 1 kilomètre en amont du barrage de Villebois (voir la carte). La voile est interdite dans la zone de jet-ski®.
- Le jet-ski® ne peut être pratiqué que par temps clair, entre 10 et 20 heures.
- Les canoës-kayaks et bateaux à rames ne peuvent pas s'approcher à moins de 200 mètres du barrage de Villebois et de l'usine de Porcieu. Ils sont interdits dans la zone de jet-ski®.
- L'amarrage permanent doit faire l'objet d'une autorisation délivrée par le Service de la Navigation après avis de la Compagnie Nationale du Rhône.
- L'exercice de la plaisance se fait aux risques et périls de l'usager. Il est subordonné à l'utilisation prioritaire du plan d'eau pour la production électrique.

LE PLAN D'EAU - Il ne souffre pas de marnage proprement dit puisqu'il s'agit ici d'un aménagement hydroélectrique au fil de l'eau. Le niveau varie en fonction des sujétions d'exploitation de l'usine et des crues du fleuve.

Sur le site, le vent du Nord est le vent domi-

PERMITTED ACTIVITIES - Motor-boats - Water-skiing - Jet-skis® - Sailing - Windsurfing - Rowing - Canoe and kayak - Swimming - Fishing.

PROHIBITED - Diving - Para-gliding.

SERVICES AROUND THE LAKE

Left bank (Montalieu) - A pleasure boat harbour (110 berths) - Covered boat storage facilities - Slipways - Crane services on order (users pay) - Mechanic - Ship's chandler - Fuel 1.5 kms away - Holiday village, several restaurants, camping-site - Tennis courts, swimming pool, mini-golf course - Excursion boat - Steam railway for tourists.

Right bank ("Point Vert", Serrières-de-Briord) - Mooring station - Sailing base with launching slipway - Restaurant - Camping-site.

4 kilometres downstream, on the Ile de la Serre, a canoe / kayak course in an artificial river.

REGULATIONS - The general regulations for inland waterways (see the current edition of the *Code Vagnon Fluvial*) apply, plus the lake's own specific regulations, of which the main elements are given below.

- Passing traffic may go through at a maximum speed of 18 KPH.
- Shoreside strip, starting 10 metres from the bank and ending 40 metres from it, in which the speed limit is 18 KPH.
- In the zone reserved for motor-boats and water-skiing (see the map), the speed limit is 60 KPH. In the access channels to this zone, the speed limit is 18 KPH. Water-skiing is allowed from 8 am to 9 pm and boats towing skiers must not come within 50 metres of swimmers or of other boats.

We would mention that there is another zone in which motor-boats and water-skiing are authorized, 7 kms farther upstream, above the port of Briord, over 4.2 kilometres of the same pool.

- The downstream limit for sailing boats is 1 kilometre above the Villebois barrage (see the map). Sailing is forbidden in the jet-ski® zone.

ERLAUBT - Motorboote – Wasserski – Jet-Ski® – Segeln – Windsurfen – Rudersport – Kanu – Kajak – Baden – Angeln.

VERBOTEN - Tauchen – Sky-Surfing.

LEISTUNGSANGEBOT ENTLANG DES STAUBECKENS

Linkes Ufer (Montalieu) - Sportboothafen (110 Plätze) – Schiffslagerplatz – Sliprampen – Kran (auf Bestellung, kostenpflichtig) – Mechaniker – Schiffsbedarf – Straßentankstelle in 1,5 km Entfernung – Feriendörfer – mehrere Restaurants – Campingplatz – Tennis, Schwimmbad, Minigolf – Ausflugsschiff – Dampfeisenbahn.

Rechtes Ufer ("Le Point Vert", Serrières-de-Briord) - Anlegestelle – Segelstützpunkt mit Sliprampe – Restaurant – Camping.

4 km weiter flussabwärts wurde auf der Ile de la Serre ein künstlicher Parcours für Kanus und Kajaks angelegt.

VERORDNUNGEN - Es gilt die allgemeine französische Binnenschifffahrtsverordnung (siehe *Code Vagnon Fluvial*, "édition de l'année", erscheint jedes Jahr neu).

Daneben gibt es für dieses Gewässer einige spezielle Bestimmungen, die im Folgenden aufgeführt werden.

- Transitverkehr ist erlaubt. Maximalgeschwindigkeit 18 km/h.
- Die Uferzone ist zwischen 10 m und 40 m breit. Auch hier beträgt die Höchstgeschwindigkeit 18 km/h.
- In der Schnellschifffahrts- und Wasserskizone (siehe Karte) darf mit höchstens 60 km/h und auf der Zufahrtsstrecke zu dieser Zone mit 18 km/h gefahren werden. Wasserskifahren ist erlaubt von 8 h bis 21 h. Schleppfahrzeuge müssen zu Badenden und anderen Schiffen einen Mindestabstand von 50 m einhalten.

Eine andere 4,2 km lange Schnellschifffahrts- und Wasserskizone liegt 7 km weiter flussaufwärts, oberhalb des Hafens Briord in derselben Staustrecke.

nant. Il est très fort, prenant le Rhône à rebrousse-poil, avec du clapot, et cet état des choses attire alors les amateurs de fun. Le vent du Sud, moins fréquent, annonce le mauvais temps.

Comme la carte le montre, motonautisme et ski nautique sont autorisés dans la partie aval du plan d'eau, les scooters nautiques dans une zone de la partie centrale. La retenue est suffisamment vaste, les autres activités nautiques ont toutes leur place mais il faut que les utilisateurs de jet-ski® ne sortent pas de leur zone, les "voileux" du club de Serrières-de-Briord en face se plaignent de leurs évolutions trop proches et des nuisances sonores. Pour éviter des conflits, un peu de bonne volonté...

Le port de Montalieu est bien aménagé, avec une large rampe de mise à l'eau (une autre rampe, à l'aval, servant au jet-ski®) et un professionnel du bateau établi avec la capitainerie.

Il est bon de signaler que de la Vallée Bleue on peut remonter en bateau jusqu'à Aix-les-Bains, soit 75 kilomètres, à la condition de passer les usines de Brégnier-Cordon et de Brens sur un chariot (travel-lift) prévu à cet effet mais dont la manœuvre allonge la durée du voyage. Renseignements à la Compagnie Nationale du Rhône (adresse ci-dessous). Voir aussi le *Mini-atlas des voies navigables - Guide Vagnon du tourisme fluvial N° 1*. Il y a des hauts-fonds sur le parcours.

LE BARRAGE - Etabli à Villebois, en amont des rapides de Sault-Brénaz, il est du type à bouchure mobile avec 4 passes de 18 mètres équipées de vannes-segments. Il peut évacuer un débit de 3 150 m^3/sec.

L'usine hydroélectrique, établie à Porcieu-Amblagnieu, permet une production annuelle moyenne de 245 millions de kWh.

CLUBS NAUTIQUES

- Club Nautique Serriérois, le Point Vert, 01470 Serrières-de-Briord, tél. 04 74 36 72 16
- Association Jet-Force (jet-ski®), 108 impasse du Pré Roseau, 01700 Beynost, tél. 04 78 55 17 54

LOCATION DE BATEAUX - Il est possible de louer sur place des barques et des planches à voile.

BATEAU DE PROMENADE - Un bateau à passagers de 65 places, le *Dauphin Bleu*, accomplit, au départ de la Vallée Bleue, des croisières pouvant être accompagnées d'un repas ou d'un goûter. Excellente occasion de découvrir cette très belle retenue du Haut-Rhône, dans une nature sauvage, au pied des falaises. Tél. 04 74 83 43 00, fax 04 74 36 75 27.

BAIGNADE - Chaque rive possède une grande plage de sable : rive gauche, devant toutes les installations de la Vallée Bleue ; rive droite, au Point Vert, plage rectiligne surveillée en juillet et en août. De cette dernière, on ne voit pas la cimenterie de Bouvesse. Son accès, toutefois (par Serrières-de-Briord) peut paraître assez long mais il est bien fléché.

- Jet-skis® can only be taken out in clear weather, between 10 am and 8 pm.
- Canoes, kayaks and rowing boats must not get nearer than 200 metres to the Villebois barrage or to the Porcieu power station. These craft are not allowed to enter the jet-ski® zone.
- Permanent moorings must receive due authorization issued by the Service de la Navigation, after the Compagnie Nationale du Rhône has been consulted.
- Waterborne leisure activities are engaged in at the risks and perils of participants. They are subordinate to the primary use of the water for the generation of electricity.

THE STRETCH OF WATER - There is no bleeding off of water from the reservoir, as on lakes, as this is a hydro-electric scheme using the river's natural current. The water level varies, according to the fluctuating requirements of the power station and the volume of water carried down the river. On this stretch, the prevailing wind is the north wind. It can be very strong and, blowing in the opposite direction from the Rhône's current, whips up a sharp chop. These conditions attract fun-board enthusiasts. The south wind, which occurs less frequently, brings bad weather in its wake.

As is shown on the map, motor-boats and water-skiing are authorized in the downstream part of this stretch of water and water scooters have a zone in the middle part. This pool is sufficiently large and there is room enough for all types of nautical activity, but jet-ski users must avoid going beyond the limits of their zone. The members of the Serrières-de-Briord sailing club opposite complain that jet-skis intrude on their area and make excessive noise. To avoid conflicts, a little good will is required.

The Montalieu harbour is well fitted out and has a wide launching slipway (a second slipway downstream is used for jet-skis®) and a boat repair specialist accredited by the harbour master.

It is worth pointing out that, from the Vallée Bleue, you can go up the river as far as Aix-les-Bains, a distance of 75 kilometres. This involves passing the power stations at Brignin-Cordon and Brens by getting the boat transported on a wagon (travel-lift) ; this system, designed to avoid the necessity for a conventional lock, does increase the time required to complete the trip. Information can be had from the Compagnie Nationale du Rhône (details in French text under "Adresses utiles"). See also the *Mini-atlas des voies navigables - Guide Vagnon du tourisme fluviale N° 1*. There are shoals along this route.

THE DAM - Situated at Villebois, upstream from the Sault-Brénaz rapids, the barrage is of the mobile opening type, with 4 passages 18 metres wide, fitted with variable opening sluices. It can allow through a flow of 3 150 cubic metres per second. The hydro-electric power station, situated at Porcieu-Amblagnieu, has an output capacity of 245 million kWh per year.

NAUTICAL CLUBS - (See details in French text under "Clubs nautiques").

- Die untere Grenzlinie der Segelzone verläuft 1 km oberhalb des Wehrs Villebois (siehe Karte). Segeln ist in der Jet-Skizone® verboten.
- Kanus, Kajaks und Ruderboote müssen zum Wehr Villebois und zum Kraftwerk Porcieu einen Mindestabstand von 200 m einhalten. In der Jet-Skizone® sind sie nicht zugelassen.
- Das Stationieren von Fahrzeugen bedarf der Genehmigung durch den Service de la Navigation in Absprache mit der Compagnie Nationale du Rhône.
- Das Ausüben von Wassersport erfolgt auf eigenes Risiko. Die Nutzung der Wasserkraft den Vorrang vor allen anderen Aktivitäten.

DAS GEWÄSSER - Eigentliche Wasserspiegelabsenkungen sind nicht zu befürchten, da es sich hier um die Staustrecke für ein Flusskraftwerk handelt. Unterschiedliche Höhen des Wasserspiegels stehen im Zusammenhang mit dem Betrieb des Kraftwerks und mit möglichem Hochwasser der Rhone.

In diesem Flussabschnitt dominiert der Nordwind. Er ist sehr heftig und bläst gegen die Strömung der Rhone, sodass mit erheblichem Wellenschlag gerechnet werden muss. Diese Situation macht vielen Wassersportlern besonders Spaß.

Der Südwind ist weniger häufig. Er kündigt schlechtes Wetter an.

Wie die Karte zeigt, sind schnelle Motorboote und Wasserski im unteren Teil des Vallée Bleue zugelassen, den Jet-Skis® ist die mittleren Partie zugeteilt. Letztere müssen darauf achten, in der für sie vorgesehenen Zone zu bleiben; die Mitglieder des gegenüberliegenden Segelklubs von Serrières-de-Briord beklagen sich über "Grenzübergriffe" und Lärm. Mit etwas gutem Willen lassen sich solche Konflikte sicher vermeiden. Das Staubecken ist groß genug, dass alle Wassersportarten ihren Platz finden.

Der Hafen Montalieu ist gut eingerichtet: Breite Sliprampe (weiter flussabwärts liegt noch eine Jet-Skirampe) – Capitainerie – Schiffsbedarf.

Vom Vallée Bleue aus kann man 75 km weiter hinauf nach Aix-les-Bains fahren, allerdings muss man dann die Kraftwerke Brignin-Cordon und Brens passieren und zwar mit Hilfe von speziell eingerichteten Schiffslifts. Die Fahrt dauert deshalb also etwas länger. Auskünfte erteilt die Compagnie Nationale du Rhône (Adresse im französischen Text unter "Adresses utiles"). Eine Karte für diesen Abschnitt findet sich im *Mini-Atlas des voies navigables – Guide Vagnon du tourisme fluvial N° 1*. Achtung, auf der Strecke gibt es Untiefen!

DAS STAUWEHR - Das Wehr liegt in Villebois, oberhalb der Stromschnellen von Sault-Brénaz. Die Wasserstandsregulierung erfolgt mittels 4 Schiebern von je 18 m Breite, durch die pro Sekunde bis zu 3 150 m^3 Wasser abgelassen werden können.

Das Kraftwerk Porcieu-Amblagnieu produziert eine jährliche Strommenge von 245 Millionen kWh.

PÊCHE - La Vallée Bleue présente un "plus" : deux "étangs de pêche" (un sur chaque rive) ombragés, bien fournis en carpes, poissons blancs, brochets.

CHEMIN DE FER TOURISTIQUE - Et à vapeur, s'il vous plaît ! Cette ligne de 4 kilomètres, sur voie étroite, relie la Vallée Bleue au pont de Sault-Brénaz. Un parcours pittoresque à travers le bois de Corniolay et le long du Rhône. Après le bateau, le train...
Tél. 04 74 88 52 01.

ADRESSES UTILES

- Capitainerie, tél. 04 74 36 15 52 et 04 74 83 42 92
- S.E.M. "Vallée Bleue", 38390 Montalieu-Vercieu. Accueil, renseignements touristiques, tél. 04 74 88 49 23, fax 04 74 88 62 11
- Pour le Point Vert (rive droite), renseignements en mairie de Serrières-de-Briord (01470), tél. 04 74 36 70 04, fax 04 74 36 15 45
- Service de la Navigation du Rhône, 2 rue de la Quarantaine, 69321 Lyon cedex 05, tél. 04 72 56 59 22
- Compagnie Nationale du Rhône, chemin des Soupirs, BP 107, 01303 Belley cedex, tél. 04 79 81 31 36, fax 04 79 81 17 91
- Marine Technique, tél. 04 74 36 15 52

TOURISME - En dehors du site de la Vallée Bleue proprement dite (où un superbe feu d'artifice est tiré chaque année le premier samedi après le 14 juillet) et de la longue retenue en direction de l'amont, on peut faire des excursions intéressantes dans la région. Citons : le musée paléo-écologique de Serin - le parc archéologique de Larina - les carrières de Villebois - les centrales nucléaires du Bugey et de Creys-Malville - les grottes de la Balme - la région de l'Isle-Crémieu et la cité médiévale de Crémieu - l'église abbatiale de Saint-Chef et, sur la rive droite du Rhône, le massif du Bugey qui accompagne le fleuve.

BOAT HIRE - It is possible to hire on site rowing boats and wind-surf boards.

EXCURSION BOAT - The *Dauphin Bleu*, an excursion boat able to take 65 passengers, runs cruises starting from the Vallée Bleue, that can include a meal or a snack. It is an excellent means of seeing round this very beautiful pool of the Haut-Rhône, set amongst unspoilt landscapes at the foot of cliffs.
Tel. 04 74 83 43 00, fax 04 74 36 75 27.

SWIMMING - Both banks have a broad sandy beach. On the left bank, it is in front of all the Vallée Bleue installations. On the right bank, the rectilinear beach at Point Vert is supervised in July and August and you have the advantage of not being able to see the Bouvesse cement works. Getting to it, however, via Serrières-de-Briord, can seem rather long, although it is well sign-posted.

FISHING - The Vallée Bleue offers a "bonus" : two "fishing ponds", one on each bank, with shade and well stocked with carp, white fish and pike.

TOURIST RAILWAY - And with steam locomotives, if you please! This narrow gauge line, 4 kilometres long, runs between the Vallée Bleue and the Sault-Brénaz bridge. It follows a picturesque route through the Corniolay woods and along the Rhône. After the boat, the train!

USEFUL ADDRESSES - (See details in French text under "Adresses utiles").

TOURISM - Apart from the site of the Vallée Bleue itself (where there is a superb fireworks display every year, on the first Saturday after the 14th of July) and the long pool stretching upstream, there are interesting excursions to be made in the region. We would pick out :
- The Serin paleo-ecological museum - the Larina archaeological park - the Villebois quarries - the Bugey and Creys-Malville nuclear power stations - the Balme caves - the Isle-Crémieu region and the mediaeval city of Crémieu - the abbey church of Saint-Chef - on the right bank of the Rhône, the Bugey massif that accompanies the river.

WASSERSPORTKLUBS - (Adressen im französischen Text unter "Clubs nautiques").

VERMIETUNGEN - Man kann vor Ort Ruderboote und Surfbretter mieten.

AUSFLUGSSCHIFFE - Der *Dauphin Bleu*, ein Passagierschiff mit 65 Plätzen am Eingang des Vallée Bleue bietet Rundfahrten an, auf Wunsch mit Verpflegung. Eine ausgezeichnete Möglichkeit, das schöne Vallée Bleue in der wilden Naturlandschaft entlang der Felswände zu genießen.
Tel. 04 74 83 43 00, Fax 04 74 36 75 27.

BADEN - An beiden Ufern gibt es je einen großen Sandstrand. Der eine liegt am linken Ufer in der Nähe der wassersportlichen Einrichtungen, der andere beim Point Vert am rechten Ufer. Der Badestrand verläuft gradlinig, man kann das Zementwerk Bouvess nicht sehen. Im Juli und August wird dieser Strandabschnitt überwacht. Von Serrières-de-Briord aus ist es ziemlich weit, der Weg ist aber gut ausgeschildert.

ANGELN - Das Vallée Bleue kann ein Plus aufweisen: Zwei schattige Angelteiche (einen auf jeder Uferseite) mit vielen Fischen wie Karpfen, Weißfischen oder Hechten.

DIE MUSEUMSBAHN - Sie fährt mit Dampf, wohlverstanden! Diese 4 Kilometer lange Eisenbahnlinie führt vom Vallée Bleue zur Brücke von Sault-Brénaz – eine malerische Strecke durch den Wald von Corniolay und der Rhone entlang! Nach der Fahrt mit dem Schiff also noch eine Zugfahrt...
Tel. 04 74 88 52 01.

NÜTZLICHE ANSCHRIFTEN - (Adrssen im französischen Text unter "Clubs nautiques").

TOURISMUS - In der weiteren Umgebung des eigentlichen Vallée Bleue, wo alljährlich am ersten Samstag nach dem 14. Juli ein grandioses Feuerwerk stattfindet, und der Fortsetzung des Tals flussaufwärts, kann man interessante Ausflüge und Exkursionen machen.

Hier einige lohnenswerte Ziele: Das Musée Paléo-Ecologique Serin – Der Parc Archéologique Larina – Die Steinbrüche von Villebois – Die Atomkraftwerke in der Region des Bugeymassivs und von Creys-Malville – Die Höhlen von La Balme – Die Region der Isle-Crémieu und die mittelalterliche Siedlung Crémieu – Die Abteikirche Saint-Chef und am rechten Rhoneufer das Bugeymassiv, das den Fluss begleitet.

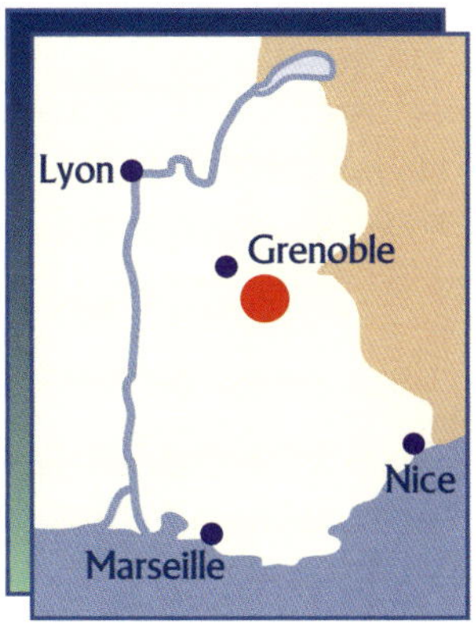

VERNEY (Retenue du)

ISÈRE

Grenoble 46 km - Bourg-d'Oisans 11 km - Briançon 78 km
Vizille 29 km - Lyon 150 km

Altitude : 750 mètres - Altitude : 750 metres - Höhe über Meer: 750 Meter
Superficie : 75 ha - Surface area : 185 acres - Fläche: ca. 75 Hektaren
Profondeur maximum : 70 mètres - Maximum depth : 70 metres
- Maximale Tiefe: 70 Meter

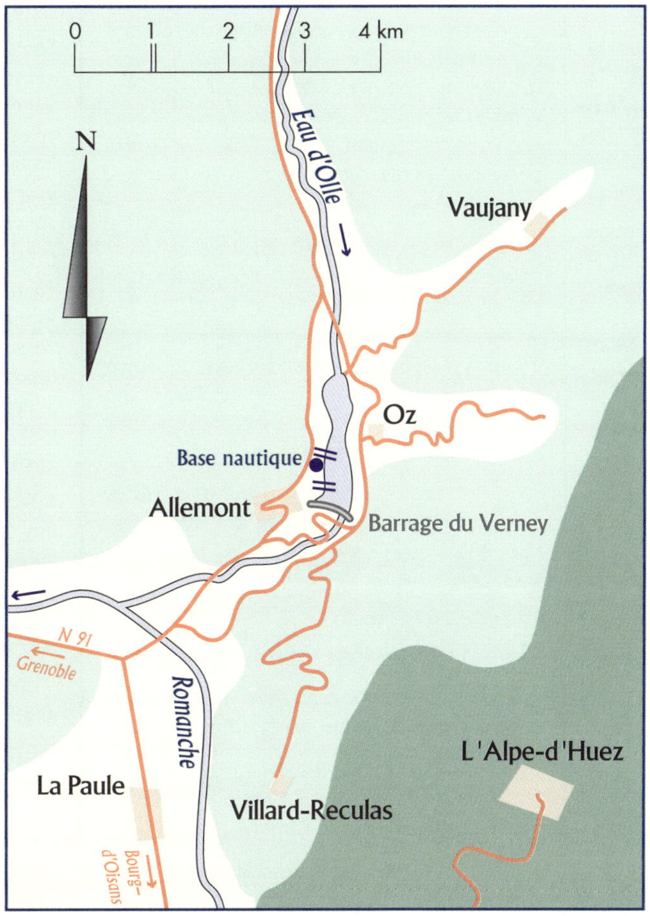

Imaginez un miroir ridé de vaguelettes régulières, dans lequel se mirent le vert d'une colline abrupte et la masse bleutée et imposante du Cornillon (2 475 mètres). Le calme d'un lac alpin. Le moteur n'est naturellement pas admis et vous pourrez, en toute quiétude, pratiquer la voile et le canoë - et le pédalo ! - ou pêcher, bref passer des vacances reposantes. Sur le lac du Verney, avec la proximité du village d'Allemont et de la vallée de l'Eau d'Olle, vous aurez conjugué la plaisance à la montagne.

Picture in your mind's eye a glassy surface livened by evenly spaced ripples, in which are reflected the green of a sharp sided hill and the bluish and imposing mass of the Cornillon mountain (2 475 metres). The calm of an Alpine lake. Motors are, of course, not allowed and you can, in perfect peace, enjoy a sailing boat, a canoe or even a pedalo ! Or else go fishing. In any case, you will have a restful holiday. On the Lac du Verney, with the village of Allemont and the valley of the Eau d'Olle in the vicinity, you will combine the joys of lake and mountain.

Stellen Sie sich einen Spiegel vor, gekräuselt durch regelmäßige kleine Wellen, in dem sich das Grün der umliegenden Hänge und die massigen bläulichen Felsen des Cornillon (2475 m) spiegeln. Nichts stört die Stille dieses Alpensees. Motoren sind selbstverständlich nicht zugelassen, so können Sie in aller Ruhe segeln, mit dem Kanu oder dem Pedalo fahren oder fischen, kurz gesagt, erholsame Ferien verbringen. In der Nähe finden Sie den Ort Allemont und das Vallée de l'Eau d'Olle, so lassen sich Wassersport und Ferien in den Bergen aufs Beste miteinander verbinden!

ACTIVITÉS AUTORISÉES - Voile - Planche à voile - Aviron - Canoë-kayak - Pêche.

INTERDIT - Motonautisme - Ski nautique - Jet-ski® - Plongée - Baignade.

PRESTATIONS AUTOUR DU PLAN D'EAU - Base nautique - 2 rampes de mise à l'eau. Le village d'Allemont (600 habitants) est à quelques mètres. On y trouve : mécanicien, carburant, hôtels, restaurants, campings, gîtes, chambres d'hôtes, commerces alimentaires, presse. Bourg-d'Oisans (3 000 habitants) est à 11 kilomètres.

RÉGLEMENTATION - Le règlement particulier du lac ne nous a pas été communiqué. On peut simplement souligner que le moteur y est interdit et - fait plus rare - la baignade aussi. La cohabitation de pédalos, de planches à voile, de dériveurs ou de canoës ne doit pas, en principe, poser de problèmes sur ce petit plan d'eau tranquille.

LE PLAN D'EAU - Des brises thermiques se lèvent chaque jour à partir de 12 - 13 heures, s'ajoutant à un vent qui emprunte forcément la vallée de l'Eau d'Olle.
Vous pouvez mettre à l'eau votre dériveur par une des deux rampes situées de part et d'autre de la base nautique. A la base, un moniteur assure des cours de planche à voile.

LE BARRAGE - C'est un barrage-poids, construit en alluvions avec parements bitumineux, de 42 mètres de haut, 430 mètres de long et environ 200 mètres de largeur à la base.

CLUB NAUTIQUE
- Base nautique municipale,
  tél. 04 76 80 76 11,
  ouverte en juillet et en août

LOCATION DE BATEAUX - On peut louer des pédalos et des planches à voile à la base nautique.

BAIGNADE - La baignade dans le lac est interdite, on l'a dit, mais il y a une piscine en bas d'Allemont et du barrage.

PERMITTED ACTIVITIES - Sailing - Wind-surfing - Rowing - Canoe and kayak - Fishing.

PROHIBITED - Motor-boats - Water-skiing - Jet-ski® - Diving - Swimming.

SERVICES AROUND THE LAKE - Water sports base - 2 launching slipways. The village of Allemont (population 600) is a few metres away. You can find there : mechanic, fuel, hotels, restaurants, camping-sites, holiday cottages, B & B, food shops, newsagent. Bourg-d'Oisans (population 3 000) is 11 kilometres away.

REGULATIONS - The lake's own specific regulations have not been communicated to us. We can simply emphasise that motors are banned and, more unusually, swimming is also forbidden. The coexistence of pedalos, wind-surf boards, dinghies and canoes should not normally pose any problem on this peaceful little reservoir.

THE STRETCH OF WATER - Thermal breezes get up every day from around midday onwards and combine with the wind which inevitably blows down the length of the Eau d'Olle valley.
You can put your dinghy into the water down one of the two slipways on either side of the water sports base. At the base, an instructor gives wind-surfing lessons.

THE DAM - It is a "weight dam", built out of alluvium with bitumen facings. It is 42 metres high, 430 metres long and about 200 metres thick at its base.

NAUTICAL CLUB
Open during July and August.

BOAT HIRE - You can hire pedalos and wind-surf boards at the water sports base.

SWIMMING - As we have already said, it is forbidden to swim in the lake, but there is a swimming pool below Allemont and the dam.

FISHING - The Lac du Verney is classed in the 1st category. Fishing permits are sold by the tourist office (address in French text under "Adresses utiles").

ERLAUBT - Segeln – Windsurfen – Rudersport – Kanu – Kajak – Angeln.

VERBOTEN - Motorboote – Wasserski – Jet-Ski® – Tauchen – Baden.

LEISTUNGSANGEBOT RUND UM DAS BECKEN - Klubstützpunkt – 2 Sliprampen.
Das Dorf Allemont (600 Einwohner) liegt unmittelbar in der Nähe. Dort findet man: Mechaniker – Treibstoff – Hotels – Restaurants – Zeltplätze – Gästezimmer – Lebensmittelgeschäfte – Zeitungen und Zeitschriften. Bourg-d'Oisans (3 000 Einwohner) ist 11 km entfernt.

VERORDNUNGEN - Speziell für diesen See gültige Regelungen wurden uns nicht gemeldet. Jedenfalls sind Motoren nicht zugelassen und Baden ist – was eher selten vorkommt – nicht gestattet. Das Nebeneinander von Pedalos, Surfbrettern, leichten Segelbooten und Kanus auf diesem stillen See sollte keine Probleme geben.

DAS GEWÄSSER - Jeden Tag ab 12 bis 13 h kommt eine warme Brise auf, die den Wind aus dem Vallée de l'Eau d'Olle verstärkt.
Leichte Segelboote können an den beiden Sliprampen beim Klubstützpunkt zu Wasser gelassen werden. Hier werden auch Surfkurse angeboten.

DAS STAUWEHR - Es handelt sich um eine Gewichtsstaumauer aus aufgeschüttetem Material mit Bitumenverstärkungen an der Außenwand. Sie hat eine Höhe von 42 m, eine Länge von 430 m und ist an der Basis 200 m breit.

WASSERSPORTKLUB - Juli und August geöffnet.

VERMIETUNGEN - Beim Klubstützpunkt werden Pedalos und Surfbretter vermietet.

BADEN - In diesem See ist Baden verboten, aber unterhalb von Allemont und dem Wehr gibt es ein Schwimmbad.

▲ Vallée de l'Eau d'Olle - L'Oisans

PÊCHE - Le lac du Verney est classé en 1re catégorie. Vente des cartes de pêche à l'Office du Tourisme (adresse ci-dessous).

ADRESSE UTILE

- Office du Tourisme d'Allemont, La Fonderie, 38114 Allemont, tél. 04 76 80 71 60 - fax 04 76 80 79 48

TOURISME - Belle vue depuis le barrage. Au départ du village, randonnées possibles au lac de Belledonne (myrtilles !), au lac et au Pas de la Coche (rhododendrons !), aux Sept Laux (bouquetins !). A Vaujany, le musée Hydrelec (EDF).

Le lac du Verney est à 5 kilomètres de Vaujany et Oz-en-Oisans, stations de sports d'hiver bien agréables en été. Vous pouvez, en voiture, remonter la vallée de l'Eau d'Olle, entre Belledonne et Grandes Rousses et atteindre la Maurienne et St-Jean-de-Maurienne. Route qui atteint 2 000 mètres au col de la Croix de Fer que les coureurs du Tour de France ont bien connu mais que vous franchirez, vous, dans le confort... Itinéraire se déroulant souvent dans des décors sauvages d'une grande beauté.

USEFUL ADDRESS - (See details in French text under "Adresses utiles").

TOURISM - There is a beautiful view from the from the village of Allemont, there is a good choice of walks to the Belledonne lake (bilberries !), to the lake and to the Pas de la Coche (rhododendrons !) and to the Sept Laux (Ibex !). At Vaujany, there is the Musée Hydrelec (E.D.F.).

The Lac du Verney is 5 kilometres from Vaujany and from Oz-en-Oisans, winter sports stations that are very pleasant in summer.

By car, you can go up the Eau d'Olle valley, between the Belledonne lake and the Grandes Rousses range, to reach the Maurienne and St-Jean-de-Maurienne. The road rises to 2 000 metres at the Croix de Fer pass, that the cyclists of the Tour de France have had to tackle, but which you, lucky souls, will climb in comfort. The route often unfolds amidst unspoilt landscape of the greatest beauty.

ANGELN - Der Lac du Verney gehört den Angelrevieren der 1. Kategorie an. Angelscheine sind erhältlich beim Office du Tourisme (Adresse im französischen Text unter "Adresse utiles").

NÜTZLICHE ANSCHRIFTEN

TOURISMUS - In Allemont selbst kann man das Musée Hydrelec (E.D.F.) besichtigen und von der Staumauer aus den Rundblick genießen. Es gibt schöne Spaziergänge, zum Beispiel zum Lac de Belledonne (Heidelbeeren!), zum Lac und Pas de la Coche (Rhododendren!) oder zu den Sept Lacs (Steinböcke!). Der Lac du Vernay ist 5 km von Vaujany entfernt, einem Wintersportort, der auch im Sommer sehr angenehm ist.

Wenn man das Vallée de l'Eau d'Olle hinauffährt, von Belledonne nach Grandes Rousses, erreicht man La Maurienne und St-Jean-de-Maurienne. Die Straße führt auf 2000 m Höhe zum Col de la Croix de Fer, eine Strecke, die den Tour-de-France-Fahrern wohl bekannt ist. Mit dem Auto durchfahren Sie die Strecke ohne Anstrengung und werden sich freuen an der herrlich wilden Landschaft!

© Maison de L'Eau d'Olle/Bruno BERNABE

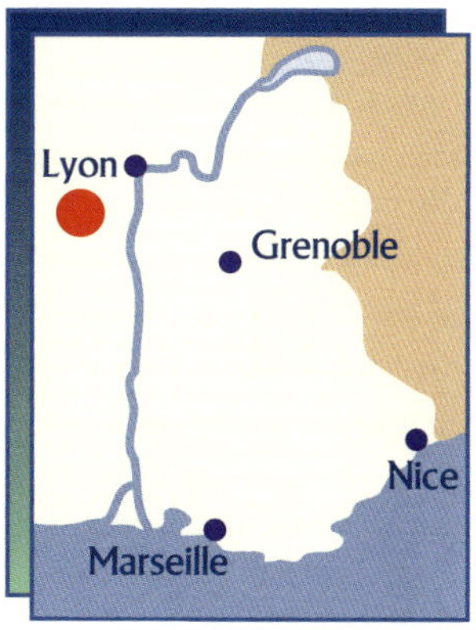

GRANGENT (Retenue de)

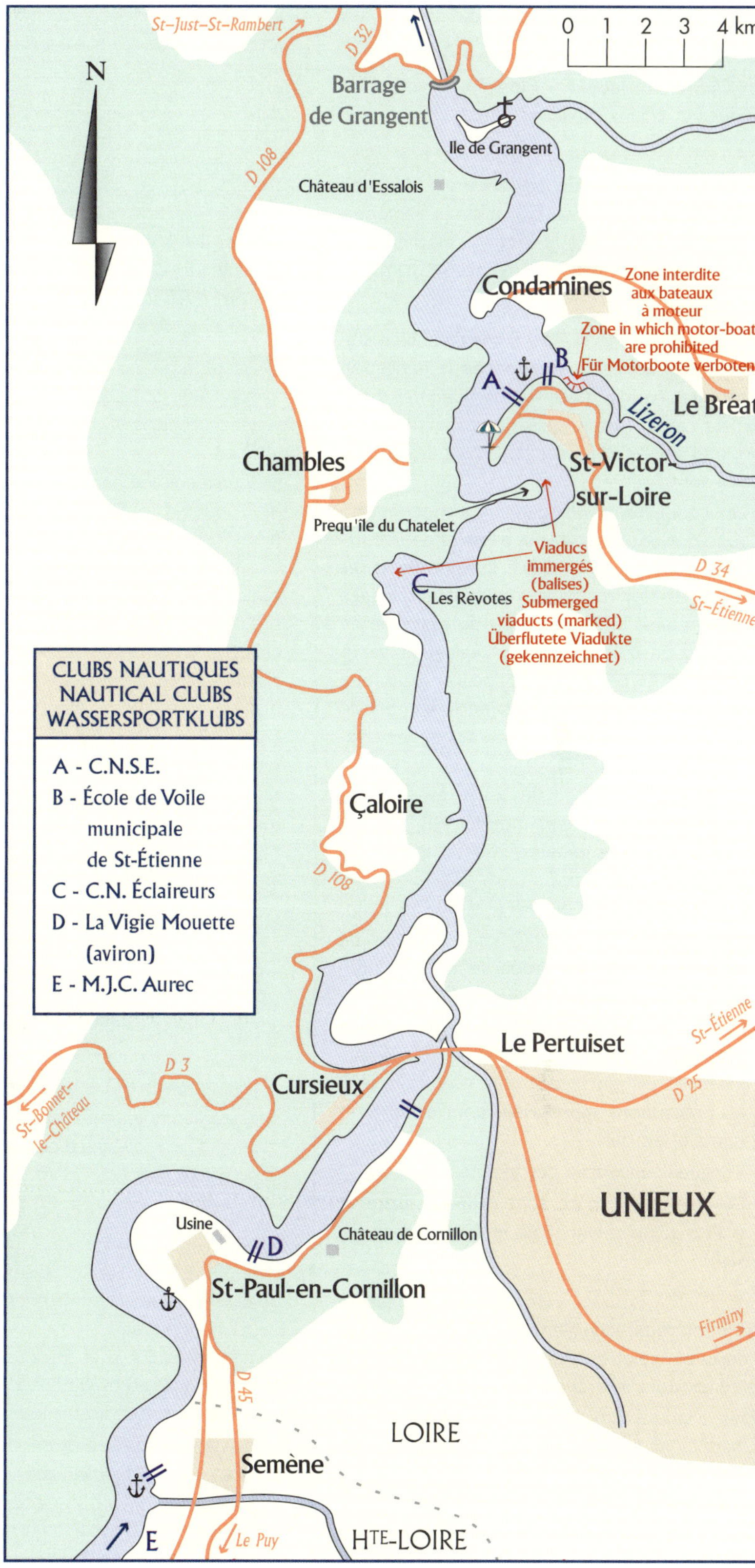

LOIRE ET HAUTE-LOIRE

St-Étienne 7 km - Firminy 4 km
Montbrison 24 km - Lyon 68 km
Le Puy 77 km

Altitude : 420 mètres
Altitude : 420 metres
Höhe über Meer: 420 Meter

Superficie : 365 ha
Surface area : 902 acres
Fläche: 365 Hektaren

Profondeur maximum : 50 mètres
Maximum depth : 50 metres
Maximale Tiefe : 50 Meter

Aux portes de Saint-Étienne et d'une agglomération de 300 000 habitants, une superbe retenue d'une vingtaine de kilomètres qui a recouvert les gorges de la Loire est devenue un site nautique recherché. Toutes les disciplines sont autorisées sauf le jet-ski® et la plongée ; les installations sont bien équipées. Et le site est remarquable avec des collines boisées plongeant dans l'eau et des ruines ou des châteaux qui dominent le cours sinueux du lac. Faites le parcours avec votre bateau.

Situated just outside the conurbation of Saint-Etienne, which has a total population of 300 000, this superb reservoir, of about 20 kilometres in length and covering the flooded gorges of the Loire, has become a favourite site for water-sports enthusiasts. The full range of activities is permitted there, with the exception of jet-ski riding and diving, and the installations are well equipped. The site is remarkable, with wooded hills plunging down to the water's edge and ruins or castles set high above the twisting course of the lake. If you make the trip from one end of the lake to the other in your own boat.

Vor den Toren von St-Etienne, einer Agglomeration mit 300 000 Einwohnern, liegt in den Schluchten der Loire eine wunderschöne Staustrecke von rund 20 Kilometer Länge – ein gefragtes Wassersportgebiet! Alle Wassersportarten sind erlaubt, ausgenommen Jet-Ski und Tauchen. Die erforderlichen Einrichtungen sind vorhanden, die Sportboothäfen gut ausgerüstet. Der Rundblick ist bemerkenswert: bewaldete Hügelzüge, Schlösser und Ruinen beherrschen die Ufer des Sees. Eine Fahrt mit dem eigenen Schiff.

ACTIVITÉS AUTORISÉES - Motonautisme - Ski nautique - Voile - Planche à voile - Aviron - Canoë-kayak - Baignade (jusqu'à 20 mètres en dehors des plages surveillées) - Pêche.

INTERDIT - Jet-ski® - Plongée - Traction de bouées et engins similaires.

PRESTATIONS AUTOUR DU PLAN D'EAU - 3 ports de plaisance : à St-Victor (300 places), St-Paul-en-Cornillon et Semène - 1 grue de 4 tonnes à St-Victor - Mécanicien - Hôtels - Restaurants - Campings - Chambres d'hôtes.

RÉGLEMENTATION - Il convient, bien sûr, d'observer la réglementation de la navigation intérieure (voir le *Code Vagnon fluvial*) et d'observer aussi les dispositions particulières propres au lac de Grangent dont les principales sont :

- Les conducteurs des bateaux à moteur et à voile doivent posséder une "carte de circulation" délivrée par la D.D.E. Ils sont dispensés de carte de circulation s'ils sont de passage pour moins de 5 jours mais doivent être en possession d'un extrait du règlement particulier qu'ils peuvent se procurer dans une base nautique ou à la capitainerie du port de St-Victor, ou à la mairie d'une commune riveraine ou à la D.D.E.
- La puissance maximale autorisée est de 115 CV avec un seul moteur HB, 150 CV avec 2 moteurs jumelés, 200 CV avec 1 ou 2 moteurs intérieurs.
- En dehors de certains lieux, la vitesse maximum est de 60 km/h (6 km/h à moins de 25 m des rives). Navigation de nuit : 30 km/h et feux de route.
- Du fait des variations du plan d'eau et de la présence d'obstacles immergés ou émergeant, les plaisanciers doivent prendre toutes les précautions appropriées pour éviter accidents et avaries.
- Longueur maximale des bâtiments : 12 m.
- Les règles de route sont celles des lacs et grands plans d'eau (voir le *Code Vagnon fluvial*).

LE PLAN D'EAU - Tourmenté, il présente de nombreux étranglements. Le seul pont qui l'enjambe, celui du Pertuiset, est interdit aux bateaux dont le tirant d'air dépasse 5 mètres.

Des viaducs immergés, aux Révotes, au Chatelet et au Lizeron sont signalés par des balises graduées dont le zéro correspond au niveau de l'obstacle.

Selon le plus important des clubs établis sur la retenue, à St-Victor, le Club Nautique de Saint-Étienne (C.N.S.E.), les vents dominants sont Nord et Sud (à égalité), en raison de l'orientation des gorges de la Loire. Leur force moyenne s'établit entre 3 et 5. Exceptionnellement, on peut noter force 6 ou 7, voire 8.

Le mauvais temps se manifeste essentiellement sous forme d'orages très décelables par l'apparition de nuages noirs dans l'axe du plan d'eau, au-dessus de la presqu'île du Chatelet (quand on est à St-Victor).

PERMITTED ACTIVITIES - Motor-boats - Water-skiing - Sailing - Wind-surfing - Rowing - Canoe and kayak - Swimming (up to 20 metres from the shore, other than in front of the supervised beaches) - Fishing.

PROHIBITED - Jet-ski® - Diving - Towing of inflatable rings and similar objects.

SERVICES AROUND THE LAKE - 3 pleasure boat harbours : at St-Victor (300 berths), St-Paul-en-Cornillon and Semène - 1 crane (4 tons) at St-Victor - Mechanic - Hotels - Restaurants - Camp-sites - Bed and breakfast - Excursion boat.

REGULATIONS - You must, of course, obey the regulations for inland navigation (refer to the *Code Vagnon Fluvial*) but also the Grangent lake's own specific dispositions, of which the main elements are as follows :

- Helmsmen of both motor-boats and sailing yachts must possess a "carte de circulation" (user's permit) issued by the D.D.E. If they remain on the lake for less than 5 days, they are not obliged to obtain this permit, but they must be in possession of a copy of the local regulations that they can find either in a water-sports base, at the harbour master's office at St-Victor, the town-hall of a municipality round the shore or from the D.D.E.
- The maximum power allowed is 115 bhp with a single outboard motor, 150 bhp with twin outboard motors, 200 bhp with 1 or 2 inboard motors.
- Outside certain zones, the speed limit is 60 KPH (6 KPH within 25 metres of the shores). Navigation at night : 30 KPH and navigation lights.
- Owing to the variations in the level of the water and the presence of submerged and partially submerged obstacles, lake users should take all appropriate precautions to avoid accidents and damage.
- Maximum length of boats : 12 metres.
- The navigation and traffic regulations are those for lakes and large expanses of water (refer to the *Code Vagnon Fluvial*).

THE STRETCH OF WATER - The lake is of very irregular shape and has many narrows. Boats whose height above the waterline exceeds 5 metres are not allowed under the only bridge that spans the lake, that of Pertuiset.

Submerged viaducts at Révotes, Chatelet and Lizeron are marked by graduated stakes, on which the zero corresponds to the level of the obstacle.

According to the largest of the clubs based at the reservoir, the Club Nautique de Saint-Etienne (C.N.S.E.), at St-Victor, the prevailing winds are north and south (of equal frequency), owing to the aspect of the Gorges of the Loire. Their usual strength varies between force 3 and force 5. In exceptional conditions, force 6, 7 or even 8 can be reached.

Bad weather mostly takes the form of storms whose impending arrival is clearly announced by the formation of black clouds in line with the end of the lake above the Chatelet peninsula (when one is looking from St-Victor).

Variations in water level : the club states that the level remains stable between June 1st and

ERLAUBT - Motorboote – Wasserski – Segeln – Windsurfen – Rudersport – Kanu – Kajak – Baden (außerhalb der bewachten Strände nur bis 20 m vom Ufer entfernt!) – Angeln.

VERBOTEN - Jet-Ski® – Tauchen – Schleppen aller Arten von schwimmenden Unterlagen.

LEISTUNGSANGEBOT ENTLANG DES STAUBECKENS - 3 Sportboothäfen: in St-Victor (300 Plätze), in St-Paul-en-Cornillon und in Semène – Kran (4 Tonnen) in St-Victor – Mechaniker – Hotels – Restaurants – Campingplätze – Gästezimmer – Ausflugsschiff.

VERORDNUNGEN - Der Lac de Grangent ist als "grand plan d'eau" (Großwasserfläche) eingestuft, deshalb kommen hier die Regelungen der Schiffsverkehrsordnung für Seen zur Anwendung. Im Übrigen gilt die allgemeine französische Binnenschifffahrtsverordnung (siehe *Code Vagnon Fluvial*, "édition de l'année", erscheint jedes Jahr neu).

Daneben gibt es einige besondere Bestimmungen, deren wichtigste im Folgenden aufgeführt sind.

- Führer von Motor- und Segelschiffen benötigen eine "Carte de circulation", ausgestellt von der D.D.E. Durchfahrten, die weniger als 5 Tage dauern, können ohne Karte erfolgen, aber an Bord muss ein Auszug aus der gültigen Schifffahrtsverordnung sein, den man bei einem Klubstützpunkt, der Capitainerie im Hafen St-Victor oder auf den Bürgermeisterämtern der Seegemeinden erhält.
- Maximale Motorenstärke:
  - 115 PS (1 Außenbordmotor)
  - 150 PS (2 Außenbordmotoren
  - 200 PS (1 oder 2 Innenbordmotoren)
- In der Uferzone (bis 25 m vom Ufer) gilt eine Höchstgeschwindigkeit von 6 km/h, außerhalb dieses Bereichs sind 60 km/h erlaubt (bei Nachtfahrten: 30 km/h; Navigationslichter sind obligatorisch).
- Da das Wasserspiegelniveau unterschiedlich sein kann und Hindernisse unter Wasser vorhanden sind, müssen alle Vorsichtsmaßnahmen getroffen werden, um Unfälle und Havarien zu vermeiden.
- Maximale Fahrzeuglänge 12 m.
- Die Schiffsverkehrsordnung entspricht derjenenigen für Seen und Großwasserflächen (siehe "Code Vagnon fluvial, édition de l'année", erscheint jedes Jahr neu).

DAS GEWÄSSER - Der See hat zahlreiche Engstellen. Die einzige Überquerungsmöglichkeit ist die Brücke von Pertuiset. Die Durchfahrt unter dieser Brücke ist für Schiffe mit einer Gesamthöhe von mehr als 5 m verboten.

Die überspülten Viadukte bei Les Revotes, Le Chatelet und im Lizeron sind mit Baken gekennzeichnet. Die Skala zeigt die zur Verfügung stehende Wassertiefe an.

Gemäß Aussage des größten Klubs, dem Club Nautique de Saint-Etienne (C.N.S.E.) in St-Victor sind die hauptsächlichsten Winde der Nord- und der Südwind, die etwa gleich häufig wehen und mit der geografischen Lage der Loireschluchten in Zusammenhang stehen. Mittlere Windstärke

Marnage : le club signale que le niveau de l'eau reste stable entre le 1er juin et le 15 septembre à la suite d'une convention passée avec la ville de Saint-Étienne. Mais, en dehors de cette période, E.D.F. peut descendre le niveau en fonction de ses besoins et quand ce niveau est très bas seuls les planches à voile et les dériveurs légers peuvent naviguer.

CLUBS NAUTIQUES

- Club Nautique de St-Étienne, à St-Victor, tél. 04 77 90 44 31
- École de Voile Municipale de St-Étienne, à St-Victor, tél. 04 77 90 34 92
- La Vigie Mouette (aviron), à St-Paul-en-Cornillon, tél. 04 77 35 71 31
- Club Nautique des Éclaireurs, aux Révotes
- École de voile de St-Paul-en-Cornillon, tél. 04 77 35 76 64
- M.J.C. d'Aurec (voile et ski nautique), base des Ollagnières

BATEAU DE PROMENADE - Le bateau à passagers, *Ville de Saint-Étienne* a cessé son activité en 1999. Une vidange du lac pour visite technique est prévue en 2000. Un nouveau bateau devrait permettre de découvrir, pour les saisons suivantes, les paysages superbes des gorges. Pour tout renseignement, contacter le S.M.A.G.L., tél. 04 77 43 24 46

BAIGNADE - Une seule plage (de sable), relativement importante et surveillée pendant la saison estivale, est celle de St-Victor, dans un beau site. Rappelons que le règlement particulier du lac interdit, en dehors des plages surveillées, la baignade au-delà de 20 mètres de la berge.

PÊCHE - La retenue de Grangent est classée en 2e catégorie, en ce qui concerne le département de la Loire. Les pêcheurs peuvent y taquiner perches, sandres, brêmes, gardons. Les lieux les plus favorables sont l'embouchure du Lizeron à St-Victor et le Pertuiset.

Pour tout renseignement, contacter la Fédération de Pêche, tél 04 77 32 14 99.

ADRESSES UTILES

- Direction Départementale de l'Équipement, Service Hydraulique, 43 avenue de la Libération, BP 509, 42007 St-Étienne cedex 2, tél. 04 77 43 80 00, fax 04 77 43 80 90
- Port de Plaisance de St-Victor, tél. 04 77 90 41 99
- Centre de Gestion et d'Animation de St-Victor, tél. 04 77 90 34 92
- Syndicat Mixte d'Aménagement des Gorges de la Loire (S.M.A.G.L.), 5 place Jean Jaurès, 42000 St-Étienne, tél. 04 77 43 24 46 - fax 04 77 47 16 39
- Office de Tourisme de St-Étienne, 3 place Roannelle, 42000 St-Étienne, tél. 04 77 49 39 00, fax 04 77 49 39 05

TOURISME - A lui seul, le lac de Grangent, encaissé et sinueux, représente un site touristique remarquable qu'une croisière sur ses eaux permet d'apprécier pleinement. D'aval en amont : l'île de Grangent, sa forteresse et son prieuré, le château d'Essalois, les Camaldules,

September 15th, as a result of an agreement made with the town of Saint-Etienne. But, outside this period, the electricity board can make the water level go down according to its requirements. When the level is very low, only wind-surfing and light dinghy sailing remain possible.

NAUTICAL CLUBS - (See details in French Text under "Clubs nautiques").

EXCURSION BOAT - The "Ville de Saint-Etienne", a passenger boat that previously ran cruises, was taken out of service in 1999. The lake is due to be drained dry for a technical inspection in 2000. In the seasons after that, a new boat should enable tourists to see the superb scenery of the gorges. For all information; call the S.M.A.G.L., tel. 04 77 43 24 46.

SWIMMING - There is only one beach, that at St-Victor. It is relatively large, sandy and has beach-guard surveillance during the holiday season. We remind you that the regulations forbid swimmers to venture farther than 20 metres from the shore, elsewhere than in front of the beach.

FISHING - The Grangent reservoir is classed in the 2nd category, so far as the Loire 'département' is concerned. Fishermen may try to lure perch, zander, bream and roach. The best places are at the mouth of the river Lizeron at St-Victor and at le Pertuiset.

For all information, contact the Fédération de Pêche, tel 04 77 32 14 99

USEFUL ADDRESSES - (See details in French Text under "Adresses utiles").

TOURISM - The twisting lac de Grangent, boxed in amongst its hills, is in itself a remarkable tourist attraction and a cruise along its waters will enable you to appreciate it fully. Going upstream you will see successively the Grangent island with its fortress and its priory, the Château d'Essalois, les Camaldules, St-Victor, Chambles, Le Chatelet, Le Pertuiset with its suspension bridge, the Château de Cornillon, etc.

The surrounding region is by no means uninteresting. Apart from the major town of Saint-Etienne, which is very green, despite having an unfavourable reputation that is quite unjustified, one can mention the Monts du Forez over beyond the left bank. Much farther downstream, there are other Loire gorges and another reservoir, that of Villerest, which is described on page 91 of this guide.

3 bis 5, Spitzenstärken 6 bis 7, sogar 8.

Schlechtwetterfronten bringen häufig Gewitter, die sich mit schwarzen Wolken über der Halbinsel Le Chatelet ankündigen. Von St-Victor aus sind sie frühzeitig erkennbar.

Niveauunterschiede: Mit der Stadt Saint-Etienne wurde vereinbart, dass der Wasserspiegel zwischen dem 1. Juni und dem 15. September konstant bleibt. Außerhalb dieser Periode kann die E.D.F. das Wasser uneingeschränkt nutzen, dann können unter Umständen nur noch Surfer und kleine Fahrzeuge verkehren.

WASSERSPORTKLUBS - (Adressen im französischen Text unter "Clubs nautiques").

AUSFLUGSSCHIFF - Das Ausflugsschiff "Ville de Saint-Etienne" hat 1999 den Betrieb eingestellt. Im Jahr 2000 soll der See für eine technische Revision entleert werden. Danach wird der Zugang zu den herrlichen Schluchten mit einem neuen Ausflugsschiff möglich sein. Auskünfte beim S.M.A.G.L., Tel 04 77 43 24 46.

BADEN - Ein einziger, ziemlich ausgedehnter Sandbadestrand liegt bei St-Victor. Während der Sommersaison wird er überwacht.

Achtung: Baden und Schwimmen außerhalb des überwachten Strandabschnittes ist nur bis 20 m vom Ufer entfernt erlaubt.

ANGELN - Das Staubecken Grangent gehört den Angelrevieren der 2. Kategorie an. Hauptsächliche Fischarten: Barsch, Zander, Brasse und Plötze. Die fischreichsten Gründe findet man im Lizeron bei St-Victor und bei Le Pertuiset.

Auskünfte bei der Fédération de Pêche, Tel. 04 77 32 14 99.

NÜTZLICHE ANSCHRIFTEN - (Adressen im französischen Text unter "Adresses utiles").

TOURISMUS - Das enge, kurvenreiche Staubecken erkundet man am besten auf einer Schifffahrt. Das sind die attraktivsten Punkte: Die Ile de Grangent mit Festung und Priorei, Schloss Essalois, Les Camaldules, St-Victor, Chambles, Le Chatelet, Le Pertuiset mit einer Seilbrücke, Schloss Cornillon und vieles mehr.

Auch in der nähere Umgebung gibt es lohnenswerte Ziele. Außer der großen Stadt Saint-Etienne mit viel Grünfläche sind die Monts du Forez jenseits des linken Ufers erwähnenswert. Daneben gibt es weiter unten im Tal noch andere Loireschluchten und ein weiteres Staubecken bei Villerest, das auf Seite 91 beschrieben wird.

St-Victor, Chambles, Le Chatelet, Le Pertuiset et son pont à haubans, le château de Cornillon, etc.

La région n'est pas inintéressante non plus. Outre la grande ville de Saint-Étienne, très verte en dépit d'une image déplaisante pas du tout fondée, citons les Monts du Forez au-delà de la rive gauche. Beaucoup plus à l'aval, il y a d'autres gorges de la Loire et une autre retenue, celle de Villerest qui est décrite à la page 91 de ce guide.

▼ Championnat de voile Saint-Victor

▲ Triathlon des Gorges de la Loire en 1998

Retenue de GRANGENT

▲ Une randonnée V.T.T. sur le circuit des Gorges

▲ Course d'aviron

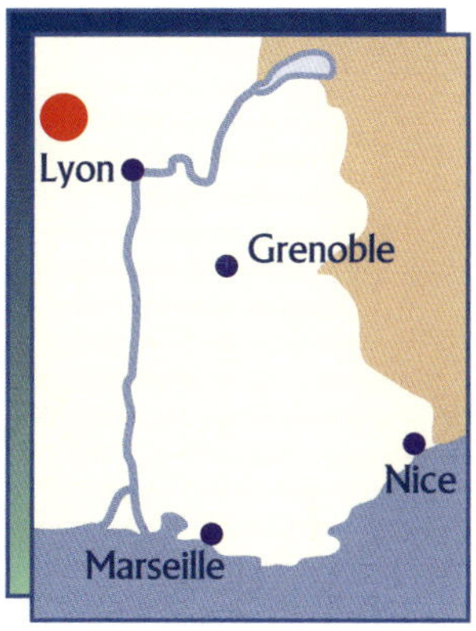

VILLEREST (Retenue de)

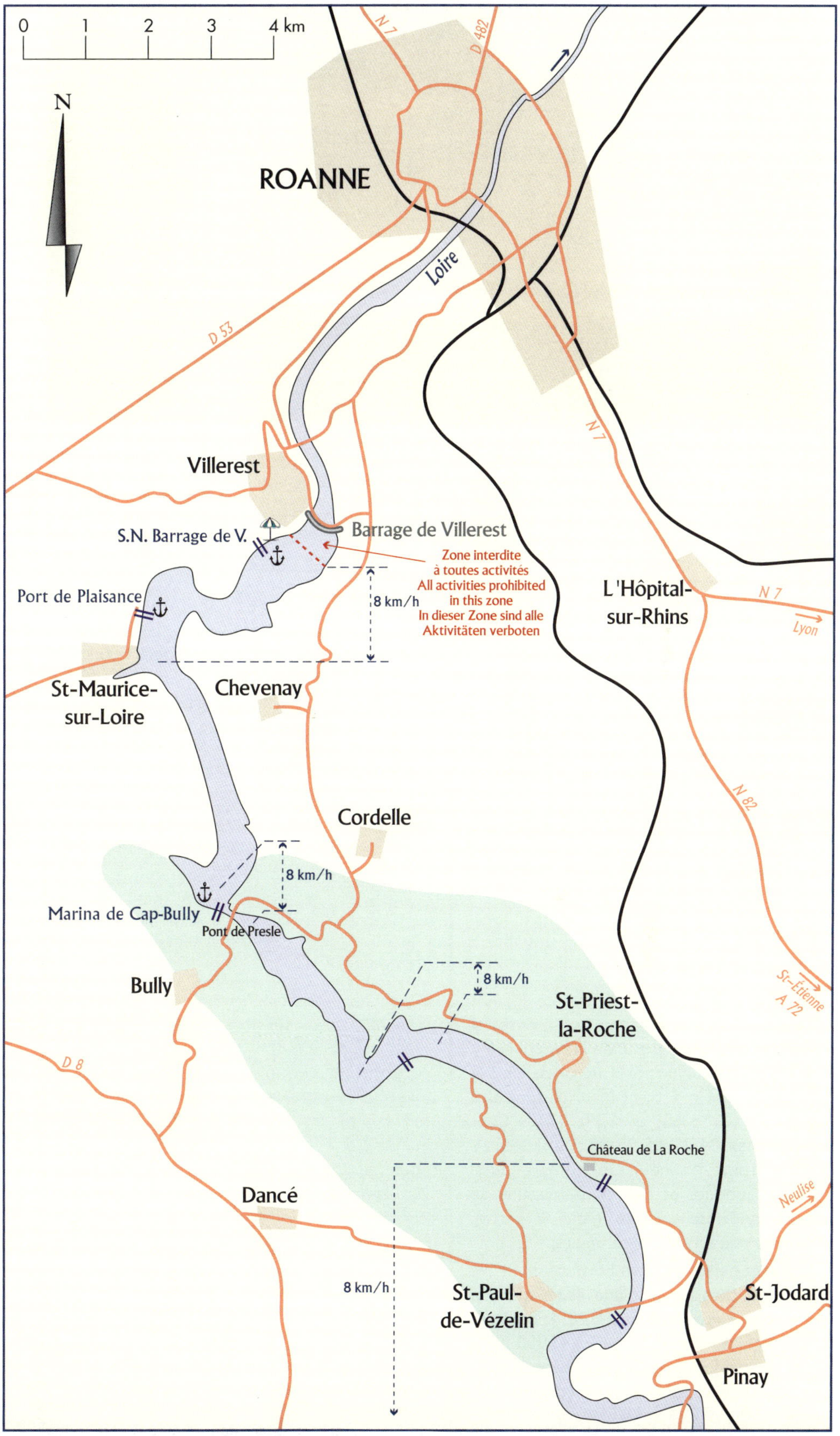

LOIRE

Roanne 8 km
St-Étienne 60 km
Lyon 94 km - Mâcon 147 km
Clermont-Ferrand 110 km

Altitude : 316 mètres
Altitude : 316 metres
Höhe über Meer: 316 Meter

Superficie : 400 ha
Surface area : 988 acres
Fläche: 400 Hektaren

Quarante-cinq kilomètres à l'aval de la retenue de Grangent, une autre retenue de la Loire : celle de Villerest. Elle a été conçue à la fois pour l'écrêtement des crues du fleuve, le soutien de ses étiages et la production électrique. Un peu moins encaissée que celle de Grangent, elle n'en est pas moins très pittoresque, avec un parcours très sinueux et très long : trente kilomètres ! La navigation de plaisance s'y développe (le moteur est autorisé mais pas le ski nautique, ni le jet-ski®), la majorité des activités étant concentrée à Villerest, Saint-Maurice-sur-Loire et au pont de Presle.

© SMART

Méandre du Pêt d'Ane

Forty-five kilometres farther down the Loire from the Grangent reservoir, there is another barrage, that of Villerest. It was built for the simultaneous purposes of reducing the peak flows of flood water, maintaining a reasonable flow in times of drought and generating electricity. Rather less deeply encased in surrounding hills than Grangent, the reservoir is nonetheless very picturesque, with its winding course stretching out over thirty kilometres. Its use for nautical leisure activities is steadily increasing (motor-boats are allowed but neither water-skiing nor jet-skis are authorized). Most of the activity is concentrated round Villerest, Saint-Maurice-sur-Loire and the Presle bridge.

45 Kilometer unterhalb des Staubeckens Grangent liegt diese weitere Staustrecke der Loire, Villerest. Sie dient gleichzeitig der Flussregulierung, als Wasserreservoir bei Niedrigwasser der Loire und der Stromproduktion. Sie liegt weniger ins Tal eingeschnitten als Grangent, ist aber landschaftlich nicht weniger reizvoll und schlängelt sich auf einer respektablen Länge von 30 km dahin. Motorboote sind erlaubt, nicht aber Jet-Ski®. Die Hauptaktivitäten konzentrieren sich auf Villerest, Saint-Maurice-sur-Loire und die Gegend um die Brücke von Presle.

ACTIVITÉS AUTORISÉES - Motonautisme - Voile - Planche à voile - Aviron - Canoë-kayak - Plongée (réglementée) - Baignade - Pêche.

INTERDIT - Ski nautique - Jet-ski® - Pratique ascensionnelle.

PRESTATIONS AUTOUR DU PLAN D'EAU - Relativement peu nombreuses si l'on considère la longueur de la retenue. Il y a quand même deux ports de plaisance : le port de la Caille à Saint-Maurice-sur-Loire (tél. 04 77 63 16 65) et la Marina de Cap-Bully (tél./fax 04 77 65 23 36, 150 anneaux, ouverte toute l'année). On compte aussi 2 bases nautiques et une demi-douzaine de rampes de mise à l'eau (voir la carte). Quelques restaurants et campings.

Les villages ne sont pas en bordure du fleuve ou sont perchés sur la colline ; ils ne sont pas importants. Heureusement, à 8 kilomètres du barrage, la ville de Roanne (45 000 habitants) avec les ressources correspondantes peut être atteinte d'un saut de voiture.

RÉGLEMENTATION - La retenue de Villerest est considérée comme un "grand plan d'eau". S'y appliquent donc les règles de route propres aux lacs (voir le *Code Vagnon fluvial*) et les dispositions suivantes spécifiques au lac de Villerest :

- L'exercice de la plaisance est subordonné aux fonctions principales du barrage (sou-

PERMITTED ACTIVITIES - Motor-boats - Sailing - Wind-surfing - Rowing - Canoe and kayak - Diving (controlled) - Swimming - Fishing.

PROHIBITED - Water-skiing - Jet-ski® - Para-gliding.

SERVICES AROUND THE LAKE - There are relatively few services, considering the great length of the reservoir. There are, nevertheless, two pleasure boat harbours : The Caille port at Saint-Maurice-sur-Loire (tel. 04 77 63 16 65) and the Cap-Bully marina (tel / fax 04 77 65 23 36, 150 rings, open all the year round). There are also 2 water sports bases and half-a-dozen launching slipways (see the map). Several restaurants and camping-sites.

The villages, none of which are large, are not on the banks of the river, but rather perched on top of the hills. Fortunately, only 8 kilometres away from the dam lies Roanne (population 45 000) and all the resources of a large town await you after a short hop in your car.

REGULATIONS - As the Villerest reservoir is considered to be a large expanse of water, the traffic regulations in force on it are those applicable to lakes (see the *Code Vagnon Fluvial*), in addition to which there are the lake's own specific regulations as follows :

ERLAUBT - Motorboote – Segeln – Windsurfen – Rudersport – Kanu – Kajak – Tauchen (reglementiert) – Baden – Angeln.

VERBOTEN - Wasserski – Jet-Ski® – Sky-Surfing.

LEISTUNGSANGEBOT ENTLANG DES STAUBECKENS - Das Angelot ist eher bescheiden, wenn man die Länge der Staustrecke in Betracht zieht. Es gibt zwei Sportboothäfen, den Hafen La Caille in Saint-Maurice-sur-Loire (Tel. 04 77 63 16 65) und die Marina Cap-Bully (Tel./Fax 04 77 65 23 36, mit 150 Ringen; das ganze Jahr über geöffnet). Im Weiteren findet man zwei Klubstützpunkte und ein halbes Dutzend Sliprampen (siehe Karte) sowie einige Restaurants und Campingplatze.

Die kleinen Dörfer liegen nicht direkt am Wasser, sondern etwas in der Höhe. Man findet aber in der 8 km vom Wehr entfernten Stadt Roanne – 45 000 Einwohner – alle Versorgungsmöglichkeiten einer großen Stadt.

VERORDNUNGEN - Das Staubecken Villerest ist als "grand plan d'eau" (Großwasserfläche) eingestuft. Es gelten deshalb die Schiffsverkehrsordnung für Seen (siehe *Code Vagnon Fluvial*, "édition de l'année", erscheint jedes Jahr neu) und einige speziell für diese Wasserfläche gültigen Regelungen:

© SMART

tien des étiages et production d'électricité).

- La bande de rive est d'une largeur de 20 mètres. Dans cette bande, la plaisance est interdite sauf pour accéder à la rive (ou en partir).
- La vitesse maximum autorisée est de 15 km/h sauf :
  - dans certaines zones (portées sur la carte) où elle est de 8 km/h,
  - dans la bande de rive où elle est de 5 km/h
- Le mouillage et la navigation de nuit sont interdits.
- La plongée ne peut s'effectuer que dans une zone déterminée à cet effet.
- Les bateaux de promenade ont priorité sur toutes les autres embarcations.

LE PLAN D'EAU - Il est caractérisé par sa très grande longueur, son étroitesse relative et ses nombreuses sinuosités.

Le marnage peut atteindre 24 mètres mais la retenue est pleine en juillet et août. Ce n'est qu'au 10 septembre que le niveau peut baisser d'une douzaine de mètres.

Dans ces gorges très longues et sinueuses, le vent du Nord est plus fréquent que celui du Sud. D'ordinaire, il n'y a pas de clapot mais il peut survenir des coups de vent jusqu'à force 5, avec des creux d'un mètre.

Le balisage prescrit par le règlement particulier diffère quelque peu de celui autorisé sur les autres plans d'eau. Il prescrit notamment des bouées rouges pour les chenaux.

LE BARRAGE - C'est un "barrage poids" de 469 mètres de longueur en crête, d'une hauteur de 59 mètres au-dessus du terrain naturel. La capacité de la retenue à la cote maximale en exploitation normale est de 128 millions de m³. La productibilité annuelle de l'usine est de 167 millions de kwh.

- Nautical leisure activities are subordinate to the principal functions of the barrage, which are the sustaining of a minimal flow down the river and the generation of electricity.
- The bankside strip of water is 20 metres wide. Within this strip, boating is forbidden, except when leaving or returning to the bank.
- The maximum speed allowed is 15 KPH, except :
  - in certain zones (shown on the map), where the limit is 8 KPH
  - in the bankside strip, where the limit is 5 KPH
- Mooring and night navigation are not allowed.
- Diving is only authorized in the zone intended for this activity.
- Passenger excursion boats have priority over all other craft.

THE STRETCH OF WATER - It derives its character from its very great length, its relative narrowness and its numerous twists and turns. The water level may drop 24 metres, but the reservoir is full during the months of July and August. It is only after September 10th that the release of water may take the level down a dozen metres.

In these very long and tortuous gorges, the north wind is more frequently present than the south wind. There is usually no chop, but the wind strength can get up to force 5 and create troughs a metre deep.

The markers prescribed by the local regulations are somewhat different from the standard ones authorized on the other lakes. Here, for instance, the buoys marking the channels are red.

THE DAM - It is a "weight dam" that is 469 metres long at its crest; its height above the natural terrain is 59 metres. The capacity of the reservoir, with the highest water level in the normal working range, is 128 million cubic

- Die Nutzung des Wassers (Flussregulierung und Stromproduktion) hat den Vorrang vor allen anderen Aktivitäten.
- Die Uferzone ist 20 m breit. Sie darf nur befahren werden, um zum Ufer oder vom Ufer weg zu fahren.
- Die Maximalgeschwindigkeit beträgt 15 km/h, außer:
  - in gewissen Bereichen (siehe Karte), wo sie 8 km/h beträgt
  - in der Uferzone, wo sie auf 5 km/h beschränkt ist
- Ankern und Fahren in der Nacht sind verboten.
- Tauchen darf man nur in der dafür vorgesehenen Zone.
- Ausflugsschiffe haben Vorrang vor allen anderen Fahrzeugen.

DAS GEWÄSSER - Die Staustrecke ist sehr lang, liegt ziemlich stark ins Tal einge-schnitten und verläuft sehr kurvenreich.

Der Niveauunterschied kann bis 24 m ausmachen, im Juli und im August ist das Staubecken jedoch noch voll. Erst ab 10. September muss man mit einer Wasserspiegelabsenkung von rund 12 m rechnen.

In diesem langen und gewundenen Tal weht der Nordwind häufiger als der Südwind. Normalerweise ist das Wasser ruhig, wenn der Wind jedoch mit Windstärke 5 bläst, kann es doch einmal meterhohe Wellen geben.

Die Betonnung ist hier anders als auf anderen Wasserflächen: Die Fahrrinne ist mit roten Bojen gekennzeichnet.

DAS STAUWEHR - Es handelt sich um eine Gewichtsstaumauer von 469 m Länge auf der Krete und einer Höhe von 59 m. Wenn das Staubecken bis zur Maximalmarke gefüllt ist, und bei normaler Stromproduktion, fasst es 128 Millionen Kubikmeter Wasser. Die jährliche Stromproduktion liegt bei 167 Millionen kWh.

CLUBS NAUTIQUES

- Société Nautique du Barrage de Villerest, BP 137, 42332 Roanne, tél. 04 77 69 70 55
- Club Nautique du Port de la Caille, 42155 St-Maurice-sur-Loire, tél. 04 77 63 16 65

LOCATION DE BATEAUX - On loue des pédalos sur la plage de Villerest, tél. 04 77 69 68 79.

BATEAU DE PROMENADE - En 1998, il n'y avait plus de bateau de promenade à Villerest mais la Marina de Cap-Bully envisage de mettre en service une vedette à passagers qui ferait visiter les gorges. Renseignements au 04 77 65 23 36.

BAIGNADE - Plage de sable à Villerest, rive gauche, au pied du barrage, avec une aire de loisirs assez complète. Le cadre est joli.

PÊCHE - La Loire, dans toute la traversée du département, est classée en 2e catégorie.

Espèces carnassières dominantes : brochets, sandres, perches. A noter la présence de silures de grande taille.

- Fédération de Pêche de la Loire, 24 rue d'Arcole, 42000 St-Étienne, tél. 04 77 32 14 99

Cartes en vente à la marina de Bully.

CHEMIN DE FER TOURISTIQUE - Un petit train à voie étroite, au départ de Villerest, permet de découvrir le lac. Tél. 04 77 68 58 12.

ADRESSES UTILES

- E.P.A.L.A. (organisme responsable de la retenue en ce qui concerne le soutien des étiages) 3, avenue Claude-Guillemin, BP 6125, 45061 Orléans Cedex 2, tél. 02 38 64 38 38
- Direction Départementale de l'Équipement, Service Hydraulique, 43 avenue de la Libération, BP 509, 42007 St-Étienne cedex 1, tél. 04 77 43 80 00, fax 04 77 43 80 90
- Base de loisirs de Villerest, tél. 04 70 31 35 99
- Office de Tourisme de Roanne, 1 cours de la République, 42300 Roanne, tél. 04 77 71 51 77 - fax 04 77 70 96 62

TOURISME - Les Gorges de la Loire sont superbes et méritent une croisière qui mènerait jusqu'au pittoresque château de La Roche. (Les pieds dans l'eau, il rappelle les châteaux romantiques de la descente du Rhin). Surplombant la retenue, deux villages sont à visiter : St-Maurice-sur-Loire et Villerest.
Au-delà des Gorges, les Monts de la Madeleine et la Côte Roannaise justifient une excursion d'une journée en voiture avec une halte gastronomique qui s'impose à Roanne... mais en pensant à retenir très à l'avance !

metres. The output capacity of the power station is 167 million kWh.

NAUTICAL CLUBS - (See details in French Text under "Clubs nautiques").

"Clubs nautiques").

BOAT HIRE - There are pedalos for hire on the Villerest beach, tel. 04 77 69 58 79.

EXCURSION BOAT - In 1998, there was no excursion boat on this lake, but the Cap-Bully marina envisages putting into service a passenger launch for trips along the gorges. Information : 04 77 65 23 36.

SWIMMING - A sandy beach at Villerest, on the left bank, at the foot of the dam, with a quite comprehensive outdoor leisure area. The setting is pretty.

FISHING - The whole of the part of the Loire that passes through this "département" is classed in the 2nd category. The dominant carnivorous species are pike, zander and perch. The presence of sheat-fish of large size is worthy of note.
For the address of the Federation, see French text under "Pêche".
Fishing permits can be bought at the Cap-Bully marina.

TOURIST RAILWAY - A little narrow gauge railway line, starting from Villerest, enables you to have a good look at the lake.
Tel. 04 77 68 58 12.

USEFUL ADDRESSES - (See details in French Text under "Adresses utiles").

TOURISM - The Gorges de la Loire are superb and are worth a cruise taking you as far as the picturesque Roche castle. Rising straight out of the water, it reminds you of the romantic castles along the Rhine. Two villages perched above the reservoir should be visited : St-Maurice-sur-Loire and Villerest.
Beyond the gorges, the Monts de la Madeleine and the Côte Roannaise justify a full day's excursion by car, with a compulsory gastronomic stop at Roanne (but you need to make a reservation well in advance!).

WASSERSPORTKLUBS - (Adressen im französischen Text unter "Clubs nautiques").

VERMIETUNGEN - Pedalos können am Badestrand in Villerest gemietet werden. Tel. 04 77 69 58 79.

AUSFLUGSSCHIFF - 1998 verkehrte kein Ausflugsschiff mehr in Villerest, aber die Marina Cap Bully beabsichtigt ein Passagierschiff für Rundfahrten einzusetzen. Auskünfte Tel. 04 77 65 23 36.

BADEN - Der Sandstrand bei Villerest am linken Ufer, unterhalb des Wehrs, mit einer gut eingerichteten Freizeitanlage, liegt in schöner Umgebung.

ANGELN - Die Loire gehört auf der ganzen Flussstrecke in diesem Departement den Angelrevieren der 2. Kategorie an. Hauptsächliche Fischarten sind Hecht, Zander und Barsch. Besonders erwähnenswert sind die im Staubecken von Villerest vorkommenden Welse von respektabler Größe. Angelscheine sind erhältlich in der Marina Bully.

MUSEUMSBAHN - Eine kleine Schmalspurbahn führt dem See entlang. Abfahrt in Villerrest. Tel. 04 77 68 58 12.

NÜTZLICHE ANSCHRIFTEN - (Adressen im französischen Text unter "Adresses utiles").

TOURISMUS - Die Loireschluchten sind prächtig. Eine Fahrt bis zum malerischen Château de la Roche ist unbedingt empfehlenswert. Das Schloss steht im Wasser und erinnert an die romantischen Schlösser am Rhein.
Man kann zwei über dem Staubecken thronende Dörfer besichtigen: St-Maurice-sur-Loire und Villerest.
Jenseits der Schlucht führen Tagestouren mit dem Auto zu den Monts de la Madeleine und der Region Roanne, wo man in der Stadt Roanne unbedingt die kulinarischen Freuden genießen sollte, aber denken sie frühzeitig an die Reservation!

▲ Château de La Roche

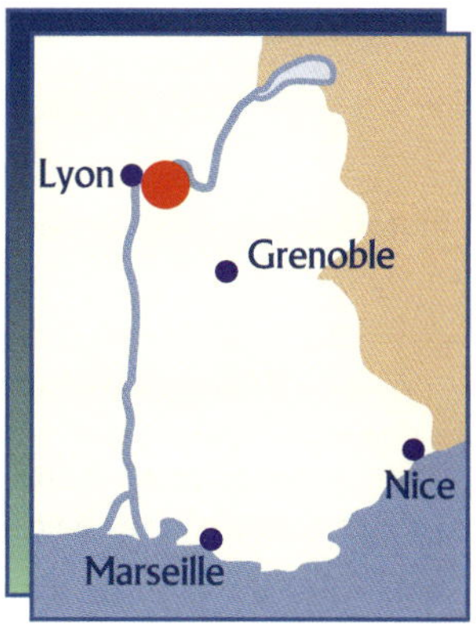

GRAND LARGE

(Réservoir de Meyzieu)

RHÔNE

Lyon 15 km - Villefranche-sur-Saône 35 km - Bourg-en-Bresse 61 km
Bourgoin-Jallieu 41 km - Chambéry 95 km - Vienne 38 km
Altitude : 190 mètres - Altitude : 190 metres - Höhe über Meer: 190 Meter
Superficie : 165 ha - Surface area : 408 acres - Fläche: 165 Hektaren

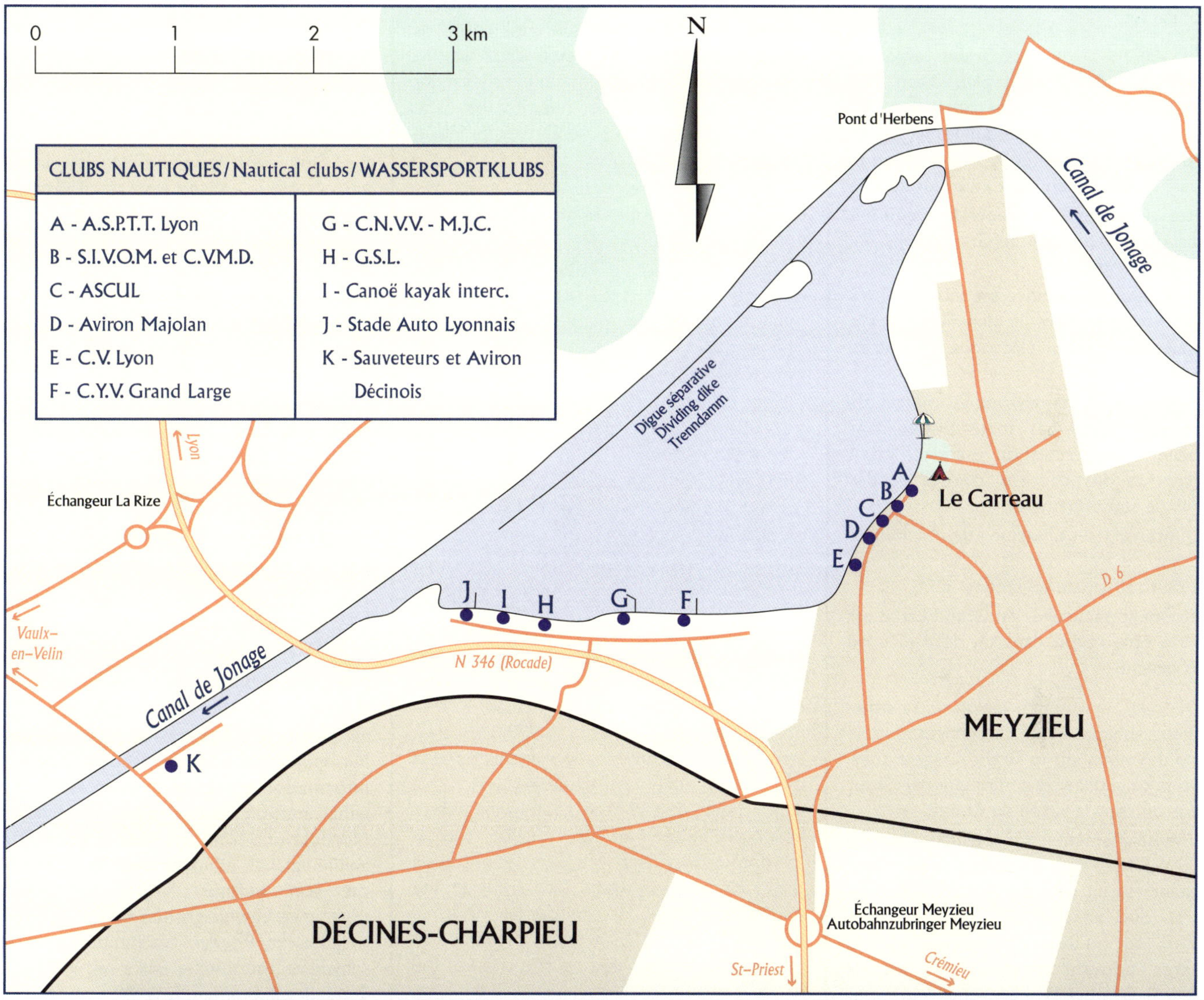

De tous les plans d'eau de la région lyonnaise, ce fut sans doute un des premiers à être utilisé par la plaisance. Son nom officiel était "Réservoir compensateur de Meyzieu", créé pour les besoins de l'usine hydroélectrique de Cusset établie sur une dérivation de Rhône, le canal de Jonage. En pleine banlieue, c'est un havre de paix inattendu où il fait délicieusement bon à 8 heures du matin en été. Il est réservé à la voile et à la rame ; une dizaine de clubs y ont leur base. Un projet ambitieux devrait restaurer le cadre et les rives de cette retenue pour la rendre attractive comme elle devrait l'être.

Of all the stretches of water in the Lyon region, this one must certainly have been one of the first to be used for leisure activities. Its official name was "Réservoir compensateur de Meyzieu" and it was created to serve the needs of the hydroelectric station, constructed on the Canal de Jonage, which is a diversion cut of the Rhône. Right in the middle of the suburbs, it is an unexpected haven of peace and is a delicious place to be at 8 o'clock on a summer morning. It is reserved for sailing and rowing and about ten clubs have their bases there. There is an ambitious rehabilitation project intended to restore the setting and the banksides of this reservoir to make it as attractive as it ought to be.

Von allen Gewässern in der Region um Lyon ist Le Grand Large zweifellos die von Wassersportlern am intensivsten genutzte Wasserfläche. Der offizielle Name des Gewässers ist "Réservoir compensateur de Meyzieu", denn es wurde als Reservebecken angelegt am Canal de Jonage, der einen Teil des Rhonewassers zum Kraftwerk Cusset leitet. Mitten in einem Vorort von Lyon ein unerwarterter Ort der Erholung, wo es im Sommer am frühen Morgen am schönsten ist. Der See ist dem Segel- und dem Rudersport vorbehalten, rund ein Dutzend Wassersportklubs haben hier ihren Standort. Ein ehrgeiziges Projekt soll den Bereich um den See modernisieren und ihn noch attraktiver für seine Benutzer machen.

ACTIVITÉS AUTORISÉES - Voile - Planche à voile - Aviron - Canoë-kayak - Baignade - Pêche.

INTERDIT - Motonautisme - Ski nautique - Jet-ski® - Plongée.

PRESTATIONS AUTOUR DU PLAN D'EAU - Nombreuses bases nautiques de clubs pourvues de rampes de mise à l'eau et, pour certaines, d'engins de levage. Restaurants. Camping. La météo est affichée tous les jours à la base de voile SIVOM. Décines et Meyzieu sont deux villes de près de 30 000 habitants, avec les ressources correspondantes.

RÉGLEMENTATION - Le Grand Large est considéré comme "grand plan d'eau". En conséquence, doivent être observées les règles de route applicables sur les lacs (voir le *Code Vagnon fluvial*) et la réglementation générale applicable en eaux intérieures.

A cette réglementation générale s'ajoutent des dispositions propres au Grand Large, qui sont les suivantes :

- L'exercice de la plaisance est subordonné à l'utilisation prioritaire du plan d'eau pour la production d'énergie électrique à l'usine de Cusset.
- Il y a une bande de rive de 20 mètres de large (elle n'est pas matérialisée) dans laquelle toute circulation est interdite, à l'exception des chenaux d'accès et des zones de stationnement.

Sont interdits l'utilisation de bâtiments disposant de W.C. marins et le stationnement de tout bateau-logement.

Le règlement particulier du Grand Large est appelé à être révisé dans un délai plus ou moins proche.

LE PLAN D'EAU - En raison de sa situation géographique et de sa configuration, le régime des vents sur le Grand Large est différent de celui observé à Miribel-Jonage, tout proche, ou dans la vallée du Rhône.

Des renseignements aimablement fournis par l'A.S.P.T.T. Voile, il ressort qu'un vent dominant est un vent du Nord-Est fort. Le vent du Sud, annonciateur de pluie, peut durer un jour ou deux avec des pointes très violentes pouvant atteindre 45 nœuds (force 9 !). Des brises thermiques pas fortes s'ajoutent au vent établi, l'après-midi, à force 2 ou 3. Clapot régulier.

Depuis des décennies, le Grand Large a tendance à s'envaser mais des chasses exécutées au niveau du pont d'Herbens remédient pour l'instant à ce problème, en attendant un dragage complet.

A la différence de Miribel-Jonage, les berges sont souvent constituées de palplanches ; pas question par conséquent d'échouer sur la plage.

Le Grand Large est séparé du canal de Jonage par une digue séparative ouverte seulement à l'aval mais la plaisance n'est pas autorisée à pénétrer dans le canal.

PERMITTED ACTIVITIES - Sailing - Wind-surfing - Rowing - Canoe and kayak - Swimming - Fishing.

PROHIBITED - Motor-boats - Water-skiing - Jet-ski® - Diving.

SERVICES AROUND THE LAKE - Numerous water-sports bases with launching slipways and, in some cases, with boat cranes. Restaurants. Camp-site. The weather forecast is posted up every day at the SIVOM sailing base. Décines and Meyzieu are two towns with populations of almost 30 000 and have the range of amenities that you would expect.

REGULATIONS - The Grand Large is considered to be a "large expanse of water". Consequently, the regulations in force on it are those applicable to lakes (refer to the *Code Vagnon Fluvial*) and the general rules for inland waters.

In addition to these general regulations, the Grand Large has specific dispositions of its own, which are as follows :

- leisure activities are subordinate to the priority use of the reservoir for the generation of electricity by the Cusset power station.
- there is a shoreside strip 20 metres wide (it is not marked out) from which all craft are excluded, except for the access channels and the mooring zones.

Boats equipped with marine type toilets are banned and house-boats are not allowed to moor.

The specific regulations of the Grand Large are due to be revised in the fairly near future.

THE STRETCH OF WATER - Because of its geographical situation and its form, the Grand Large has a pattern of winds that is quite different from those to be found at the nearby Miribel-Jonage or in the Rhône valley. According to the information kindly provided by A.S.P.T.T. Voile, the prevailing wind is a strong north-easterly. The south wind, which brings rain in its wake, can continue to blow for one or two days with very violent gusts that can reach 45 knots (force 9!). In the afternoons, slight to moderate thermal breezes, force 2 or 3, can occur in addition to the main wind then blowing. The chop of the waves is regular.

For the last few decades, the Grand Large has had a tendency to become silted up but the venturi chutes installed level with the Herbeus bridge have provided a partial remedy to this problem, until a complete dredging operation can be undertaken.

Contrary to Miribel-Jonage, the banks are often covered in wooden boarding, so it is out of the question to run your boat aground on the beach.

The Grand Large is separated from the Canal de Jonage by a dividing dike with the only opening at the downstream end, but leisure craft are not allowed to enter the canal.,

ERLAUBT - Segeln – Windsurfen – Rudersport – Kanu – Kajak – Baden – Angeln.

VERBOTEN - Motorboote – Wasserski – Jet-Ski® – Tauchen.

LEISTUNGSANGEBOT RUND UM DAS BECKEN - Viele Klubstützpunkte mit Sliprampe und teilweise mit Kran – Restaurants – Campingplätze. Die Wettervorhersage wird jeden Tag beim Segelklub SIVOM angeschlagen.

Décines und Meyzieu sind Städte mit je 30 000 Einwohnern und den entsprechenden Versorgungsmöglichkeiten.

VERORDNUNGEN - Le Grand Large ist als "grand plan d'eau" (Großwasserfläche) eingestuft, deshalb kommen hier die Regelungen der Schiffsverkehrsordnung für Seen zur Anwendung. Im Übrigen gilt die allgemeine französische Binnenschifffahrtsverordnung (siehe *Code Vagnon Fluvial*, "édition de l'année", erscheint jedes Jahr neu).

Daneben gibt es für Le Grand Large einige spezielle Regelungen:

- Die Nutzung der Wasserkraft durch das Kraftwerk Cusset hat den Vorrang vor allen anderen Aktivitäten.
- Die Uferzone ist 20 m breit und nicht markiert. Diese Zone darf nur im Bereich der Zufahrten zu den Liegeplätzen befahren werden.
- Toiletten ohne Fäkalientank sind verboten, ebenso das Stationieren bewohnbarer Schiffe.

Die Verordnung für Le Grand Large soll in nächster Zeit überarbeitet werden.

DAS GEWÄSSER - Aus geografischen Gründen sind die Windverhältnisse anders als diejenigen auf dem nahe gelegenen Lac de Miribel-Jonage oder im Rhonetal. Aus den Informationen der A.S.P.T.T. Voile geht hervor, dass häufig ein starker Nordostwind bläst. Der Südwind, der Regen ankündigt, hält ein oder zwei Tage an und ist oft von heftigen Windböen begleitet (Spitzengeschwindigkeiten von 45 Knoten = Windstärke 9!). Am Nachmittag kann eine schwache thermische Brise mit Windstärke 2 bis 3 aufkommen. Das Wasser ist immer leicht bewegt.

Seit Jahrzehnten hat Le Grand Large die Tendenz zu verschlammen. Bis zur kompletten Ausbaggerung mildern Wasserschieber auf der Höhe des Pont d'Herbeus das Problem.

Im Gegensatz zum Lac de Miribel-Jonage sind die Ufer häufig mit Spundbohlen befestigt, es besteht also keine Gefahr auf Ufer zu laufen.

Le Grand Large ist vom Canal de Jonage durch einen Damm getrennt, der am unteren Ende des Beckens offen ist – die Zufahrt zum Kanal ist jedoch verboten!

CLUBS NAUTIQUES - D'amont en aval :

- A.S.P.T.T. Lyon-Voile (E.F.V.), 121 avenue du Carreau, 69330 Meyzieu, tél./fax 04 78 31 61 84
- S.I.V.O.M., base de voile, 121 avenue du Carreau, 69330 Meyzieu, tél. 04 78 04 21 24
- Cercle de la Voile de Meyzieu-Décines (E.F.V.), 121 avenue du Carreau, 69330 Meyzieu, tél. 04 78 04 05 08
- A.S.C.U.L., avenue du Carreau, 69330 Meyzieu, tél. 04 78 04 20 09
- Aviron Majolan, avenue du Carreau, 69330 Meyzieu, tél. 04 78 31 77 49, fax 04 78 31 95 43
- Cercle de la voile de Lyon, 115 avenue du Carreau, 69330 Meyzieu, tél. 04 78 31 41 32
- Cercle Yachting à Voile du Grand-Large, rue du Moulin d'Amont, 69150 Décines-Charpieu, tél. 04 78 49 14 87
- C.N.V.V. Maison des Jeunes et de la Culture, chemin de contre-halage, 69150 Décines-Charpieu
- G.S.L. chemin de contre-halage, 69150 Décines-Charpieu
- Club Canoë-kayak intercommunal Décines-Meyzieu, chemin de contre-halage, 69150 Décines-Charpieu, tél. 04 78 49 44 12
- Stade Auto Lyonnais, chemin de contre-halage, 69150 Décines-Charpieu, tél. 04 72 05 30 65
- Sauveteurs et Aviron Décinois, chemin de contre-halage, 69150 Décines-Charpieu

BAIGNADE - Une grande plage (surveillée) est située au Carreau sur la rive Est du plan d'eau, près du camping. Entrée par le camping.

PÊCHE - Le Grand Large est classé en 2e catégorie.

ADRESSES UTILES

- Service de la Navigation, subdivision Lyon-Nord, 3 place Antonin Perrin, 69007 Lyon, tél. 04 78 69 60 70, fax 04 78 69 60 71
- Électricité de France, Énergie Rhône-Auvergne, Groupement d'Exploitation Hydraulique, 69496 Pierre-Bénite cedex, tél. 04 72 39 45 45

TOURISME - Il en est du Grand Large comme des autres plans d'eau lyonnais urbains ou péri-urbains utilisés pour leurs activités nautiques : les usagers viennent ici pratiquer leur sport favori et n'ont pas choisi le site comme camp de base d'excursions touristiques. Le cas est différent de celui des lacs de Savoie ou des Alpes-de-Haute-Provence.

NAUTICAL CLUBS - From upstream to downstream - (See details in French Text under "Clubs nautiques").

SWIMMING - A large beach (with beach-guard surveillance) is situated at Carreau on the east bank of the reservoir, near to the camping-site. The entrance is through the camp-site.

FISHING - The Grand Large is classed in the 2nd category

USEFUL ADDRESSES - (See details in French Text under "Adresses utiles").

TOURISM - The Grand Large is in the same case as all the other stretches of water within or on the edge of the Lyon conurbation : users come here to practise their favourite sport and have not chosen it as a base camp for tourist excursions. The situation is quite different from that of the lakes in Savoie or in the Alpes-de-Haute-Provence.

WASSERSPORTKLUBS - (in Fließrichtung) - (Adressen im französischen Text unter "Clubs nautiques").

BADEN - Ein großer, überwachter Badestrand liegt am Ostufer beim Campingplatz von Le Carreau. Zugang vom Campingplatz aus.

ANGELN - Le Grand Large gehört den Angelrevieren der 2. Kategorie an.

NÜTZLICHE ANSCHRIFTEN - (Adressen im französischen Text unter "Adresses utiles").

TOURISMUS - Mit Le Grand Large ist es wie mit den anderen Gewässern im Stadtbereich von Lyon. Es kommen vor allem Einwohner der Stadt hierher, um sich zu erholen und ihren bevorzugten Wassersport auszuüben, ganz im Gegensatz zu den savoyischen Seen oder den Seen in den Alpen der Haute-Provence, die vorwiegend von Touristen besucht werden.

N°1
du Jet
En Rhône-Alpes
A 10 mn de Lyon
Eaux Sports
SeaDoo
Yamaha
Kawasaki
Site Web www.eauxsports.com
Tél. 04 78 55 17 54
Fax : 04 78 55 17 54
108 impasse du pré roseaux 01700 Beynost

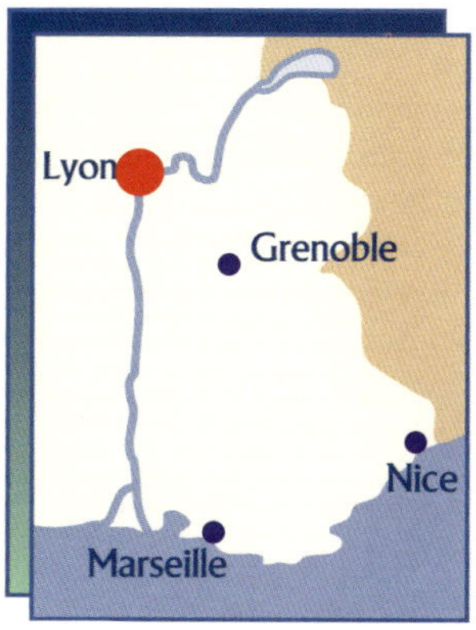

LYON (Le Rhône à Gerland)

RHÔNE

Villefranche-sur-Saône 30 km - Bourg-en-Bresse 70 km - Bourgoin-Jallieu 44 km
Vienne 31 km - St-Étienne 62 km - Roanne 86 km

Altitude : 162 mètres - Altitude : 162 metres - Höhe über Meer: 162 Meter
Superficie : 60 ha environ - Surface area : approx. 148 acres - Fläche: 60 Hektaren
Accès par l'avenue Leclerc (7e arrt), rive gauche du Rhône
Access from the avenue Leclerc (7th arrondissement) on the left bank of the Rhône
Zufahrt über die Avenue Leclerc (7. Arrondissement) am linken Rhoneufe

Cartes dans le *Guide du Rhône de Lyon à la Mer* (Guide Vagnon N°5)

En pleine ville, au cœur d'une agglomération de 1 300 000 habitants, disposer d'une zone légalement autorisée au jet-ski® et une autre au ski nautique, c'est le rêve pour les amateurs de ces deux sports et ils sont nombreux à venir les utiliser le week-end surtout. C'est en fait le Rhône, contenu par le barrage de Pierre-Bénite 4 kilomètres plus loin qui constitue ce plan d'eau de 200 mètres de large sur 3 kilomètres de long, que longe en partie l'autoroute A 7 et que les Parisiens rentrant de vacances et coincés par le bouchon de Fourvière peuvent contempler de leur voiture...

To have available a zone in which jet-skis are legally authorized and another for water-skiing, right in the town, in the heart of a conurbation with a population of 1 300 000, is a wish come true for enthusiasts of these two sports. Very many of them come to take advantage of these facilities, particularly at weekends. It is in fact the Rhône, held back by the Pierre-Bénite barrage 4 kilometres downstream, that constitutes this stretch of water that is 200 metres wide and 3 kilometres long. The A7 motorway down to the Mediterranean runs alongside part of this piece of water and Parisians returning from their holidays and stuck in the traffic bottleneck at Fourvière have plenty of time to gaze at it from their cars.

Mitten in der Stadt, im Herzen einer Agglomeration mit 1 300 000 Einwohnern, eine Wasserfläche zu finden, auf der es erlaubt ist, Wasserski oder Jet-Ski® zu fahren, ist der Traum jedes Wassersportlers! Deshalb erstaunt es nicht, dass hier vor allem an Wochenenden viel Betrieb herrscht.

Dieser Rhoneabschnitt, vom 4 km weiter unten liegenden Wehr Pierre-Bénite gestaut, ist 200 m breit und 3 km lang. Er verläuft entlang der Autobahn A7; die Pariser, die auf dem Rückweg aus ihrem Urlaub bei Fourvières im Stau stecken, können also in aller Ruhe die Aussicht aufs Wasser genießen ...

ACTIVITÉS AUTORISÉES - Motonautisme et ski nautique (de l'aval du pont de chemin de fer, P.K. 1,800 du Haut-Rhône à l'aval du pont Pasteur, P.K. 0,200 du Bas-Rhône) - Jet-ski® (de l'aval du pont Pasteur, P.K. 0,200 à l'aval du confluent de la Saône, P.K. 1,000) - Canoë-kayak (uniquement dans la bande de rive).

INTERDIT - (sauf navigation de transit) - Voile - Planche à voile - Aviron - Canotage - Plongée subaquatique également interdite.

PRESTATIONS AUTOUR DU PLAN D'EAU - Aucune, si ce n'est une station-service accouplée à une halte fluviale, rive gauche en amont du pont Pasteur. Mais les utilisateurs viennent ici pour pratiquer leur sport favori et repartent ensuite avec leur matériel.

RÉGLEMENTATION - Sur ce plan d'eau, la pratique du ski nautique et des véhicules nautiques à moteur (jet-ski®, scooter, etc.) est autorisée du 1er mai au 31 octobre seulement. Elle est interdite lors du dépassement des Plus Hautes Eaux Navigables (P.H.E.N.) correspondant à 2 000 m^3/sec.

La bande de rive est d'une largeur de 20 mètres rive droite et 30 mètres rive gauche. La circulation des bateaux et des jet-ski® est interdite dans cette bande, sauf dans un chenal d'accès perpendiculaire où la vitesse est limitée à 5 km/h.

Dans la zone de ski nautique, vitesse maximum de 60 km/h. Le ski nautique ne peut se pratiquer que par temps clair, entre le lever et le coucher du soleil, sans excéder la plage horaire de 7 heures à 21 heures. Les bateaux tractant un skieur n'ont pas priorité sur les autres bâtiments motorisés. Ils ne doivent pas apporter de gêne à la navigation de transit, commerciale et de plaisance. Ils ne peuvent passer à moins de 50 mètres des baigneurs et des autres bateaux.

Dans la zone de jet-ski®, la vitesse de ces engins n'est pas limitée. Mais le jet-ski® ne peut se pratiquer que par temps clair et entre 10 et 21 heures.

Ce plan d'eau est parcouru par une navigation de transit, allant et venant de l'amont. Vis-à-vis de cette navigation comme vis-à-vis des autres bateaux et engins de plaisance évoluant dans la zone s'applique la réglementation générale qu'on trouve dans le *Code Vagnon fluvial*. Le plan d'eau n'étant pas classé "grand plan d'eau", appliquer les règles de route propres aux fleuves et rivières et non aux lacs.

LE PLAN D'EAU - Cette section du Rhône proche de son confluent avec la Saône se compose de deux zones : la zone amont pour le ski nautique, la zone aval pour le jet-ski®.

La zone amont est bordée sur presque toute sa longueur, en rive gauche, d'un large bas-port bien pratique pour le stationnement du matériel et des voitures. Sur la rive droite, c'est le mur de l'autoroute A 7 qui a l'inconvénient de renvoyer des vagues très dures.

PERMITTED ACTIVITIES - Motorboats and water-skiing (from the downstream side of the railway bridge at kilometre 1.800 of the Haut-Rhône to the downstream side of the Pasteur bridge at kilometre 0.200 of the Bas-Rhône) - Jet-ski® (from the downstream side of the Pasteur bridge at kilometre 0.200 to the downstream side of the confluence with the Saône at kilometre 1.000) - Canoe and kayak (only in the bankside strip).

PROHIBITED - (except for boats passing through)

Sailing - Wind-surfing - Rowing - Diving.

SERVICES AROUND THE WATER - None, unless one counts a service station coupled to a mooring station on the left bank above the Pasteur bridge. But the users come here to practise their favourite sport before leaving again taking their equipment with them.

REGULATIONS - On this stretch of water, water-skiing and the use of motorized nautical vehicles (jet-ski®, scooter, etc.) is only authorized from May 1st until October 31st. These activities are prohibited when the highest navigable water level (P.H.E.N.), corresponding to 2 000 m^3 per sec, is exceeded.

The bankside strip of water is 20 metres wide on the right bank and 30 metres wide on the left bank. Boats and jet-skis® are not allowed to encroach on this strip, except in a perpendicular access channel in which speed is limited to 5 KPH.

In the water-skiing zone, the speed limit is 60 KPH. Water-skiing is only permitted when visibility is good, between the rising and the setting of the sun, but not before 7 am or after 9 p.m. Boats towing a skier do not have priority over other boats with engines. They must not get in the way of passing traffic, whether it be freight vessels or leisure craft. They must not get closer than 50 metres from swimmers and other boats.

In the jet-ski® zone, there is no speed limit. But these machines can only be used when visibility is good and between 10 am and 9 pm.

This stretch is water is crossed by boats passing through, going both upstream and downstream. With relation to this through traffic as well as to other boats and leisure craft manoeuvring in this zone, the rules that apply are those of the general regulations that may be found in the *Code Vagnon Fluvial*. As this stretch of water is not classed as being a large "expanse of water", the traffic rules that apply are those for rivers and not those for lakes.

THE STRETCH OF WATER - This section of the Rhône that is close to its confluence with the Saône, is divided into two zones, the upstream one being for water-skiing and the downstream one being for jet-skis®.

The upstream zone is flanked for almost its entire length on the left bank by a wide level

ERLAUBT - Schnelle Motorboote und Wasserski (von K 1.800 der Haut-Rhône unterhalb der Eisenbahnbrücke bis K 0.200 der Bas-Rhône unterhalb der Brücke Pont Pasteur) – Jet-Ski® (von K 0.200 unterhalb der Brücke Pont Pasteur bis K 1.000 unterhalb des Zusammenflusses mit der Saône) – Kanu und Kajak (nur in der Uferzone).

VERBOTEN - Segeln – Windsurfen – Rudersport – Tauchen.

Transitverkehr ist erlaubt.

LEISTUNGSANGEBOT ENTLANG DES FLUSSES - Kein Angebot. Es gibt zwar oberhalb der Brücke Pont Pasteur eine Tankstelle mit Anlegestelle am linken Ufer, aber die meisten Wassersportler kommen jeweils einfach her, um ihrem Hobby nachzugehen und fahren dann mit ihrer gesamten Ausrüstung wieder weg.

VERORDNUNGEN

- Auf diesem Rhoneabschnitt ist Wasserskifahren und das Fahren mit motorisierten Geräten wie Jet-Ski®, Scooter u. Ä. in der Zeit vom 1. Mai bis 31. Oktober erlaubt.
- Wenn die Rhone mehr als 2000 m^3 Wasser pro Sekunde führt (= P.H.E.N. = höchstschiffbarer Wasserstand), sind alle sportlichen Aktivitäten verboten.
- Die Uferzone ist am rechten Ufer 20 m, am linken Ufer 30 m breit. Motorisierte Fahrzeuge und Geräte dürfen die Uferzone nur im rechten Winkel zur Uferlinie und mit einer Höchstgeschwindigkeit von 5 km/h befahren.

In der Wasserskizone beträgt die zulässige Höchstgeschwindigkeit 60 km/h. Wasserskifahren ist nur bei klarer Sicht gestattet, und zwar von 7–21 h, bzw. von Sonnenaufgang bis Sonnenuntergang. Boote, die einen Wasserskifahrer schleppen, dürfen den Transitverkehr nicht behindern, weder die Berufsschifffahrt noch andere Sportboote. Sie haben keinen Vortritt gegenüber anderen Motorfahrzeugen und müssen zu diesen und zu Badenden einen Sicherheitsabstand von 50 m einhalten.

In der Jet-Skizone gibt es keine Geschwindigkeitsbeschränkung. Es darf aber nur bei klarer Sicht und von 10–21 h gefahren werden. Gegenüber Schiffen im Transitverkehr und anderen Fahrzeugen gelten hier die Bestimmungen, die man im *Code Vagnon Fluvial*, "édition de l'année" findet (erscheint jedes Jahr neu). Da dieser Rhoneabschnitt nicht als "grand plan d'eau" (Großwasserfläche) klassiert ist, gilt hier die französische Binnenschifffahrtsverordnung für Flüsse und nicht diejenige für Seen.

DAS GEWÄSSER - Dieser Rhoneabschnitt beim Zusammenfluss mit der Saône besteht aus zwei Teilstücken: der Wasserskizone (oberer Bereich) und der Jet-Skizone (unterer Bereich).

En conditions normales, il n'y a pratiquement pas de courant (c'est la retenue du barrage de Pierre-Bénite). Mais il y a du courant dès que les affluents du Haut-Rhône apportent un peu d'eau. Se méfier des branches et des épaves qui peuvent descendre au fil de l'eau. Dans cette zone amont, pratiquement pas de navigation commerciale, sinon le passage, de temps en temps, des bateaux de promenade et des grands paquebots du Rhône dont le port d'attache est en amont.

Dans la partie de la zone aval se trouvant après le confluent, on rencontre la navigation commerciale (péniches, convois poussés) qui circule sur le Rhône et emprunte la Saône.

Sur ce large plan d'eau où évoluent aussi les embarcations des bateaux-écoles en leçon ou en passage de permis, il y a de la place pour tout le monde. C'est la raison pour laquelle on ne peut que recommander aux pratiquants de jet-ski® de rester dans leur zone et ne pas venir évoluer dans la zone amont.

CLUBS NAUTIQUES UTILISANT LE PLAN D'EAU

Ski nautique

- A.S.C.U.L. ski nautique, 33 cours Général Giraud, 69001 Lyon, tél. 04 78 78 58 31
- Association Ski Nautique Club (R.V.I./D.E.R.), 1 avenue H. Germain, 69800 St-Priest, tél. 04 72 96 51 51
- Société Nautique de Sauvetage de Saint-Fons, Maison de l'Eau, rue Pierre Sémard, 69190 St-Fons, tél. 04 72 89 53 35

Jet-Ski®

- Association Jet-Force, 108 impasse du Pré Roseau, 01700 Beynost, tél. 04 78 55 17 54

Canoë-Kayak

- A.S.P.T.T. Canoë-Kayak, 10 place Antonin Poncet, 69267 Lyon cedex, tél. 04 78 63 91 22
- Ski Canoë-Kayak Lyon-La Mulatière, 6 place Général Leclerc, 69350 La Mulatière, tél. 04 78 75 54 08

BAIGNADE - Sur ce plan d'eau, pas de possibilité de baignade, pas de plage. D'ailleurs, les eaux du Rhône et de la Saône sont-elles propices ?

PÊCHE - Le Rhône à Lyon est classé en 2e catégorie. Adresse de la Fédération de Pêche du Rhône, 88 rue Chevreul, 69007 Lyon, tél. 04 78 58 10 25

ADRESSES UTILES

- Service de la Navigation, subdivision Lyon-Nord, 3 place Antonin Perrin, 69007 Lyon, tél. 04 78 69 60 70, fax 04 78 69 60 71
- Office de Tourisme de Lyon, place Bellecour, 69002 Lyon, tél. 04 72 77 69 69, fax 04 78 37 02 06

TOURISME - Un seul mot : Lyon...

Mais, en général, les utilisateurs de ce plan d'eau ne viennent pas pour faire du tourisme !

embankment that is very practical for parking equipment and cars. The right bank consists here of the wall of the A7 motorway, which has the disadvantage of making very abrupt waves rebound off it. In normal conditions, there is almost no current, as this is the reservoir pool behind the Pierre-Bénite barrage. But as soon as the tributaries of the Haut-Rhône send down a substantial amount of water, there is current here. You need to be wary of branches and wreckage which can be swept down with the flux of water. In this upstream zone, there is virtually no commercial traffic apart from the occasional passage of excursion boats and the large Rhône liners, whose home port is farther upstream.

In the portion of the downstream zone that is below the confluence, you will encounter the freight traffic (barges and push-tow convoys) whose route includes the Rhône and the Saône.

There is sufficient space for everybody on this broad stretch of water, the users of which include the boats of the training school, both during instruction sessions and for the passing of the test for obtaining river licences. For this reason, we can only recommend jet-ski® users to remain in their own zone and not to go over to the upstream zone.

NAUTICAL CLUBS USING THE WATER

(See details in French Text under "Clubs nautiques")

SWIMMING - There are no beaches on this stretch of water and no swimming possibilities. In any case, is the water of the Rhône and the Saône suitable for swimming?

FISHING - The Rhône at Lyon is classed in the 2nd category.

For the address of the Federation, see French text under "Pêche")

USEFUL ADDRESSES - (See details in French Text under "Adresses utiles")

TOURISM - One single word : Lyon.

But, generally speaking, the users of this stretch of water do not come here to go sight-seeing!

Dem oberen Teilstück entlang verläuft fast auf der ganzen Länge des linken Ufers ein Kai, auf dem man Material oder Autos abstellen kann. Dem rechten Ufer entlang führt die Mauer der Autobahn A7, die unangenehme, harte Wellen zurückwirft. Strömung gibt es hier unter normalen Umständen kaum. Nur wenn die Zuflüsse der Haut-Rhône etwas mehr Wasser als gewöhnlich führen, entsteht eine Strömung und es können auch einmal Äste, Zweige und anderes Treibgut im Fahrwasser schwimmen.

Auf dem Rhoneabschnitt oberhalb des Zusammenflusses mit der Saône gibt es praktisch keinen Berufsverkehr, man begegnet höchstens dann und wann einem Ausflugsschiff oder einem großen Passagierschiff, das weiter oben seinen Heimathafen hat. Flussabwärts, unterhalb des Zusammenflusses, trifft man auf Pénichen und Schubverbände, die auf der Wasserstraße Saône-Rhone verkehren.

Auf dieser großen Wasserfläche, wo auch Bootsfahrschule erteilt wird und Führerscheinprüfungen abgenommen werden, ist Platz für jedermann. Deshalb sollten Jet-Skifahrer darauf achten, strikte in der für sie bestimmten Zone zu bleiben und die weiter oben liegende Zone zu meiden.

WASSERSPORTKLUBS, DIE DIESEN RHONEABSCHNITT BENUTZEN

Wasserski

Jet-Ski®

Kanu – Kajak

(Adressen im französischen Text unter "Clubs nautiques")

BADEN - Es gibt hier keinen Badestrand. Ist das Wasser von Rhone und Saône überhaupt zum Baden geeignet?

ANGELN - Die Rhone bei Lyon gehört den Angelrevieren der 2. Kategorie an.

Adressen im französischen Text unter "Pêche"

NÜTZLICHE ANSCHRIFTEN - (Adressen im französischen Text unter "Adresses utiles")

TOURISMUS - Ein Wort genügt: Lyon ...

Allerdings kommen die Wassersportler im Allgemeinen nicht als Touristen hierher!

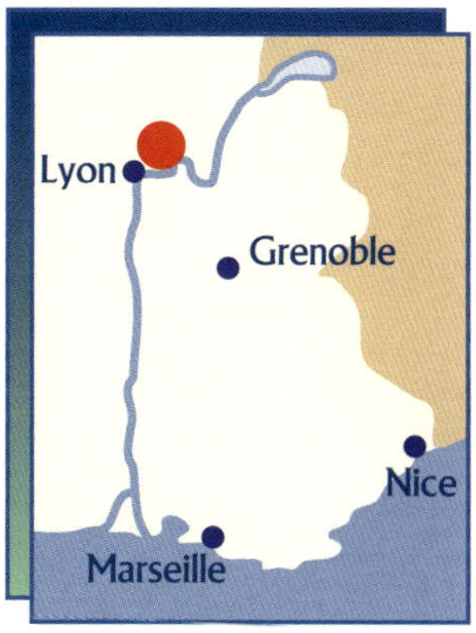

MIRIBEL - JONAGE (Lac de)

RHÔNE/AIN

(De l'accès par A42) : Lyon 7 km - Vienne 45 km - Villefranche-sur-Saône 34 km
Bourg-en-Bresse 67 km - Bourgoin-Jallieu 50 km

Altitude : 175 mètres - Altitude : 175 metres - **Höhe über Meer: 175 Meter**

Superficie : 250 ha - Surface area : 618 acres - **Fläche: 250 Hektaren**

Profondeur maximum : 5 mètres - Maximum depth : 5 metres - **Maximale Tiefe: 5 Meter**

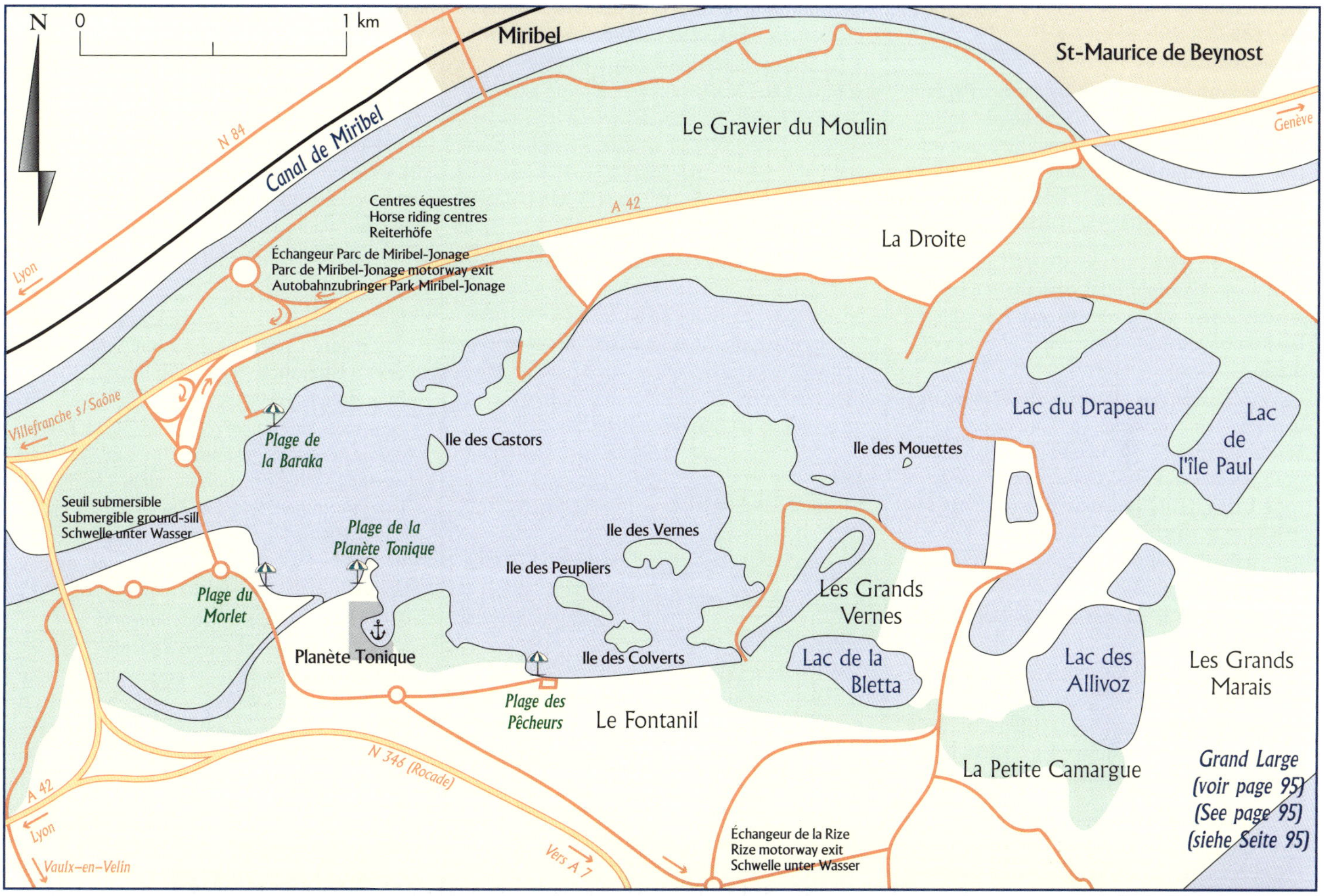

Le "Parc Nature" de Miribel-Jonage, qui s'étend sur 2 200 ha à l'amont immédiat de Lyon, constitue un immense poumon vert pour la deuxième agglomération de France. Créé sur les anciennes îles et gravières du Rhône il y a une vingtaine d'années, il accueille maintenant plus de 3 millions de visiteurs par an. Son plan d'eau (c'est lui qui nous intéresse), de 250 ha, est interdit au moteur mais fait le bonheur des jeunes et des scolaires des écoles de voile, des centres aérés et autres activités collectives vers lesquels il semble être plus particulièrement orienté. Ses 4 plages sont aménagées et surveillées.

The Miribel-Jonage "'Nature Park", which is spread over 5 435 acres immediately upstream from Lyon, constitutes an immense green breathing space for the second largest built-up area in France. Created about twenty years ago on the islands and gravel-pits of the Rhône, it now welcomes more than 3 million visitors each year. Its water (which is the element that interests us) is 618 acres in area. Motors are banned here, but it is ideal for the young people and the pupils of sailing schools, outdoor centres for school-children and the other group activity organizations towards whom it seems to be particularly orientated. The 4 beaches are equipped and supervised.

Der Naturpark Miribel-Jonage mit seiner Fläche von 2 200 Hektaren am Stadtrand von Lyon, der zweitgrößten Stadt Frankreichs, ist die riesige grüne Lunge der Agglomeration. Er wurde vor rund zwanzig Jahren auf ehemaligen Inseln und Felsen der Rhone angelegt – heute zieht er jedes Jahr über 3 Millionen Besucher an. Die 250 Hektaren große Wasserfläche – ihr gilt das Interesse dieses Führers – ist vor allem bei jungen Leuten sehr beliebt. Hier kann man die frische Luft genießen, herrliche Spaziergänge machen und fröhlich zusammensitzen. Die vier Badestrände sind gut eingerichtet und überwacht. Auch Segelschüler können von diesem See profitieren, motorisierte Fahrzeuge hingegen sind nicht zugelassen.

ACTIVITÉS AUTORISÉES - Voile - Planche à voile - Aviron - Canoë-kayak - Plongée (réglementée. Voir la rubrique "Réglementation") - Baignade - Pêche.

INTERDIT - Motonautisme - Ski nautique - Jet-ski®.

PRESTATIONS AUTOUR DU PLAN D'EAU - Plusieurs restaurants et buvettes saisonnières. Toutes les activités sportives (sauf motorisées) proposées par le Centre Sportif "Planète Tonique" : voile - planche à voile - barque - aviron - tennis - escalade - trampoline - badminton - golf - V.T.T. - tir à l'arc - roller, etc. et 3 centres équestres.

Entrée gratuite pour les baignades. Payante (20 F la journée) pour la zone de loisirs. Si vous désirez mettre à l'eau votre dériveur (ou autre embarcation non motorisée), le faire au Centre Sportif "Planète Tonique". Il vous en coûtera 50 F (tarif 1998).

RÉGLEMENTATION - Outre l'emploi de tout engin à moteur, sont également interdits le stationnement de tout bateau habitable et l'utilisation de bâtiments disposant de W.C. marin.

La circulation et le stationnement des bateaux sont interdits à l'intérieur d'une bande de rive de 50 mètres de largeur, sauf pour les chenaux d'accès au port et aux pontons. La limite de la bande de rive n'est pas systématiquement matérialisée.

Les activités nautiques sont interdites en temps de crue.

L'exercice de la plongée doit faire l'objet d'une autorisation.

En ce qui concerne les règles de route, le lac est considéré comme "grand plan d'eau"; s'y applique la réglementation générale en eaux intérieures qu'on trouve dans l'édition de l'année du *Code Vagnon fluvial*.

LE PLAN D'EAU - Il est vaste, ceinturé de rives basses à la végétation continue, parsemé d'îlots, ce qui en fait un site agréable à l'œil. Il convient parfaitement à la voile (et à la planche), à l'aviron et aux embarcations à rames. Cohabitent, par exemple, sans gêne aucune car il y a de la place, des embarcations d'aviron, des canoës-kayaks et les optimists des écoles de voile.

Le vent dominant est NNW-NNE, il souffle 3 ou 4 jours sur 10. Le vent du Sud, annonciateur de mauvais temps, souffle, en gros, 2 jours sur 10. Ces vents dominants peuvent parfois atteindre force 5 mais, la plupart du temps, sont inférieurs à force 3.

Une particularité du lac est l'existence d'un vent d'Est, assez fréquent en été, provoqué par la "Côtière des Dombes", rebord du plateau des Dombes, qui dévie le vent du Nord. Ce vent d'Est est assez faible, ne dépassant jamais force 3.

Exceptionnellement, nous parlerons de l'environnement du plan d'eau car à Miribel-Jonage il a été parfaitement soigné. Pelouses en retrait des plages, sur lesquelles on peut

PERMITTED ACTIVITIES - Sailing - Wind-surfing - Rowing - Canoe and kayak - Diving (subject to regulations. See section Regulations) - Swimming - Fishing.

PROHIBITED - Motor-boats - Water-skiing - Jet-ski®.

SERVICES AROUND THE LAKE - Several restaurants and refreshment stands, open during the season. All sporting activities, except motorized ones are offered by the Centre Sportif "Planète Tonique" : sailing - wind-surfing - fishing boats - rowing - tennis - rock climbing - trampoline - badminton - golf - mountain bikes - archery - roller-skating etc. and 3 equestrian centres.

Entry is free for swimming, but costs 20 F per day for access to the leisure centre. If you want to launch your dinghy (or any other craft without engine), you should do it at the Centre Sportif "Planète Tonique", where it will cost you 50 F (1998 tariff).

REGULATIONS - Other than the fact that all craft with an engine are banned, it is also prohibited to moor any boat with living accommodation or to use any vessel equipped with a marine toilet.

Boats are not allowed to manoeuvre or to moor within the 50 metre wide bankside strip, except in the access channels to the harbour and to the pontoons. The outer edge of the bankside strip is not systematically marked out.

All nautical activities are forbidden during flood conditions.

You must obtain prior authorization before doing any diving.

The lake is considered to be a "large expanse of water" and so the traffic rules that apply are the general regulations for inland lakes. You can find these in the current edition of the *Code Vagnon Fluvial*.

THE STRETCH OF WATER - It is very large, its banks are low and uniformly covered with vegetation and there are islets scattered across the face of the water. All this makes for a site that is pleasant to look at. It is perfectly suited to sailing, wind-surfing, crew rowing and other forms of boat with oars or paddles. As there is plenty of space, rowing boats, canoes, kayaks and the sailing school optimists for children all cohabit without getting in each other's way.

The prevailing wind is from the north north-west to north north-east sector and it blows 3 or 4 days out of 10. The south wind, which heralds bad weather, blows something like 2 days out of 10. These prevailing winds can sometimes reach force 5 but most of the time they remain less than force 3.

A peculiarity of the lake is the existence of an east wind that blows quite frequently in summer and that is caused by the "Côtière des Dombes", a raised lip of the Dombes plateau, that deflects the north wind. This east wind is very moderate, never exceeding force 3.

ERLAUBT - Segeln – Windsurfen – Rudersport – Kanu – Kajak – Tauchen (siehe Abschnitt "Verordnungen") – Baden – Angeln.

VERBOTEN - Motorboote – Wasserski – Jet-Ski®.

LEISTUNGSANGEBOT RUND UM DEN SEE - Mehrere Saisonrestaurants und Getränkekioske.

Das Sportzentrum "Planète Tonique" bietet viele sportliche Aktivitäten (allerdings keine Motorwassersportarten!) an: Segeln, Windsurfen, Rudersport, Tennis, Klettern, Trampolinspringen, Badminton, Golf, Radfahren, Bogenschießen, Inline Skating, Reiten (3 Reiterhöfe).

Der Eintritt in die Freizeitanlage kostet 20 F, Baden ist gratis. Wer ein leichtes Segelboot (oder ein ähnliches nicht motorisiertes Fahrzeug) zu Wasser lassen möchte, meldet sich im Sportzentrum "Planète Tonique" (Tarif 1998: 50 F).

VERORDNUNGEN

- Neben jeglichen Motorfahrzeugen ist das Stationieren von bewohnbaren Schiffen und der Gebrauch von Toiletten ohne Fäkalientank verboten.
- Innerhalb einer Uferzone von 50 m Breite, die nicht überall gekennzeichnet ist, darf man weder fahren noch sich aufhalten (ausgenommen sind die Zufahrten zu Häfen und Stegen).
- In Hochwasserperioden sind alle wassersportlichen Aktivitäten untersagt.
- Tauchen bedarf einer Genehmigung.
- Der See ist als "grand plan d'eau" (Großwasserfläche) eingestuft. Die Schifffahrtsverordnung entspricht deshalb der allgemeinen französischen Binnenschifffahrtsverordnung, die man im *Code Vagnon Fluvial*, "édition de l'année" findet (erscheint jedes Jahr neu).

DAS GEWÄSSER - Der großflächige See mit den kleinen Inselchen und den schön bepflanzten Ufern ist ein erfreulicher Anblick! Er ist auch ein beliebtes Revier für Segler, Surfer und Ruderer, und auch für Kanu- und Kajakfahrer sowie Segelschüler ist auf der riesigen Wasserfläche ausreichend Platz.

Der häufigste Wind kommt aus NNW-NNE. Er weht an drei bis vier von zehn Tagen. Mit Südwind, dem Vorboten schlechten Wetters, muss man an etwa an zwei von zehn Tagen rechnen. Diese beiden Winde können Windstärken bis 5 erreichen, in der Regel sind es aber unter 3 Beaufort.

Im Sommer weht häufig ein Ostwind, hervorgerufen durch einen Vorläufer des Dombes-Plateaus, der den Nordwind umleitet. Dieser Ostwind weht höchstens mit Windstärke 3.

Ausnahmsweise gehen wir auch auf die Umgebung des Sees ein, deren Pflege im Park Miribel-Jonage besondere Aufmerksamkeit geschenkt wird. Auf dem Rasen hinter den Badestränden liegt man

s'allonger en regardant le lac, pistes cyclables, variété paysagère évidente. Une très belle réalisation. Et les milliers d'enfants, amenés par autocars entiers, qui vont s'éclater ensuite sur l'eau et dans toutes les activités sportives qui semblent leur être spécialement réservées.

BASE NAUTIQUE - Avec de grandioses installations, le centre sportif *Planète Tonique* propose une vingtaine d'activités sportives ou ludiques y compris, bien sûr, celles qui concernent ce guide : voile et aviron notamment.

Tél. 04 78 80 56 20, fax. 04 72 04 07 95

LOCATIONS DE BATEAUX ET DE MATÉRIELS - A *Planète Tonique*.

BAIGNADE - Quatre plages (voir la carte) sont aménagées et surveillées. Ce sont des plages de gravier plus ou moins fin.

La plus grande et la plus spectaculaire est celle du Morlet. La plage de *Planète Tonique* est proche des planches à voile et des écoles de voile. Celle des Pêcheurs est un peu à l'écart, plus petite et au gravier plus gros. Sur l'autre rive, la plage de la Baraka, au gravier plus fin, est tranquille et offre un joli coup d'œil sur le lac.

L'eau du lac répond à des normes de bonne qualité aussi bien physico-chimique que bactériologique, pour les loisirs nautiques et la baignade. Tests réguliers par la D.D.A.S.

PÊCHE - Le lac de Miribel-Jonage est en 2e catégorie. Se renseigner à :

- Union Lyonnaise des Pêcheurs à la Ligne, 70 rue Pierre Corneille, 69003 Lyon, tél. 04 78 60 07 30, fax 04 78 95 00 02

ADRESSES UTILES

- S.E.G.A.P.A.L. (société qui gère le Parc), chemin de la Bletta, 69120 Vaulx-en-Velin, tél. 04 78 80 56 20, fax 04 72 04 07 95
- Service de la Navigation, subdivision Lyon-Nord, 3 place Antonin Perrin, 69007 Lyon, tél. 04 78 69 60 70, fax 04 78 69 60 71

TOURISME - On serait tenté d'écrire : le Parc se suffit à lui-même ! En effet, en dehors de la navigation, de la baignade, de la pêche et des activités sportives, combien de trésors révèle-t-il aux amoureux de la nature, en toute liberté. La S.E.G.A.P.A.L. ajoute, dans son dépliant : "Le long des canaux, des ruisseaux ou des sentiers, au cœur de la forêt alluviale, vous pourrez observer des castors, des oiseaux d'eau, des orchidées... A vous d'ouvrir les yeux !" Une merveilleuse leçon de choses pour les enfants... et les adultes. Et le Parc va développer une pédagogie de l'environnement dans ce décor tout trouvé.

En sortant du Parc, que restera-t-il au touriste désireux de voir autre chose ? Le plateau de la Dombes tout proche et, bien sûr, Lyon, la métropole dont les richesses sont trop nombreuses pour être énumérées ici.

We shall make an exception by describing the surroundings of the water, because at Miribel-Jonage the site has received particularly careful attention. There are lawns behind the beaches, on which one can stretch out and look at the lake, cycling tracks and a clear effort has been made to achieve varied effects in the scenery. The whole project has been very successfully carried out. And thousands of children, who are brought here by the coach-load, will then unleash their energies and have the greatest fun on the water and in all the sporting activities which seem to have been specially laid on for them here.

WATER-SPORTS BASE - With lavish and extensive installations, the "Planète Tonique" sports centre offers about twenty sports or games activities, which of course include those that fall within the scope of this guide, principally sailing and rowing.

HIRE OF BOATS AND EQUIPMENT - At "Panète Tonique"

SWIMMING - There are four beaches with amenities and supervision (see map). They consist of more or less fine gravel.

The largest and most spectacular is the one at Morlet. The "Planète Tonique" beach is near to the wind-surf boards and to the sailing schools. The Pêcheurs beach is slightly isolated, smaller and with coarser gravel. On the opposite bank, the Braka beach has finer gravel, is peaceful and offers a pretty view over the lake.

The water of the lake conforms to all norms of good quality, whether physical, chemical or bacteriological, for swimming and nautical leisure activities. Tests are undertaken regularly by the D.D.A.S. (local health authority).

FISHING - The Miribel-Jonage lake is classed in the 2nd category.

Obtain information from (See details in French Text under "Pêche").

USEFUL ADDRESSES - (See details in French Text under "Adresses utiles").

TOURISM - One would be tempted to write that the park offers everything you might want. Apart from sailing, swimming, fishing, and sports activities, it has a wealth of treasures in their own habitat to delight nature lovers. You can read in the SENEPAL leaflet "Alongside the canals, the streams and the paths, in the heart of the alluvial forest, you can observe beavers, aquatic birds, orchids and plenty more. It is up to you to keep your eyes open". Here is a marvellous nature watching lesson for children, and for adults also! The park intends to develop a learning programme on the environment in this ready made setting. After a full visit to the park, what else is available for the tourist who wishes to see something more? The Dombes plateau is very near and, of course, there is Lyon, the regional capital whose riches are too numerous to be enumerated here.

schön weich, mit direkter Aussicht aufs Wasser. Durch die schön angelegte Grünanlage führen Radwege – alles in allem wird in diesem Park eine herrliche landschaftliche Mannigfaltigkeit geboten. Hunderte von Kindern tummeln sich hier, ganze Reisebusse voll, die sich nach der Fahrt ins kühle Nass stürzen oder sich mit einer der zahlreich angebotenen Sportarten vergnügen.

DAS SPORTZENTRUM - Mit großzügigen Anlagen bietet das Sportzentrum "Planète Tonique" rund zwanzig Sportarten und Spielmöglichkeiten an, unter anderem natürlich auch motorfreie Wassersportarten wie Segeln und Rudersport, die uns hier speziell interessieren.

Tel. 04 78 80 56 20, Fax 04 72 04 07 95.

VERMIETUNG VON BOOTEN UND SPORTGERÄTEN - Im Sportzentrum "Planète Tonique".

BADEN - Es gibt vier gut eingerichtete, überwachte Badestrände mit mehr oder weniger feinem Kies (siehe Karte). Der größte und attraktivste ist La Plage du Morlet. La Plage de Planète Tonique ist in der Nähe der Surfer und der Segelschulen.

La Plage des Pêcheurs liegt etwas abseits, ist kleiner und hat gröberen Kies. La Plage de la Baraka, der Strand am gegenüberliegenden Ufer mit feinerem Kies, liegt in ruhiger Umgebung und bietet einen schönen Blick auf den See.

Das Wasser ist von chemisch und bakteriologisch guter Qualität und zum Baden und Wassersporttreiben bestens geeignet. Die D.D.A.S. führt regelmäßige Qualitätsproben durch.

ANGELN - Der Lac de Miribel-Jonage gehört den Angelrevieren der 2. Kategorie an. Fûr Auskünfte siehe Adresse im französischen Text unter "Pêche").

NÜTZLICHE ANSCHRIFTEN - (Adressen im französischen Text unter "Adresses utiles").

TOURISMUS - Neben Bootssport, Badevergnügen, Angelfreuden und zahlreichen sportlichen Aktivitäten bietet der Park auch dem Naturfreund viele Kostbarkeiten. Die SEGAPAL schreibt in ihrem Faltblatt: "Entlang der Kanälchen, Bäche und Wege, mitten im Wald, kann man Biber und Wasservögel beobachten, und wer die Augen offen hält, kann sogar hier und dort eine Orchidee entdecken!" Gelegenheit also für eine einzigartige Lektion in Naturkunde für Kinder... und Erwachsene! In dieser Umgebung entwickeln sich die Liebe zur Natur und Verantwortungsgefühl für die Umwelt von selbst.

Und wenn man nach dem Aufenthalt im Park noch etwas Anderes sehen möchte? Das Dombes-Plateau liegt nicht weit entfernt und natürlich lockt auch die Großstadt Lyon, deren vielfältige Sehenswürdigkeiten und Attraktionen hier gar nicht aufgezählt werden können.

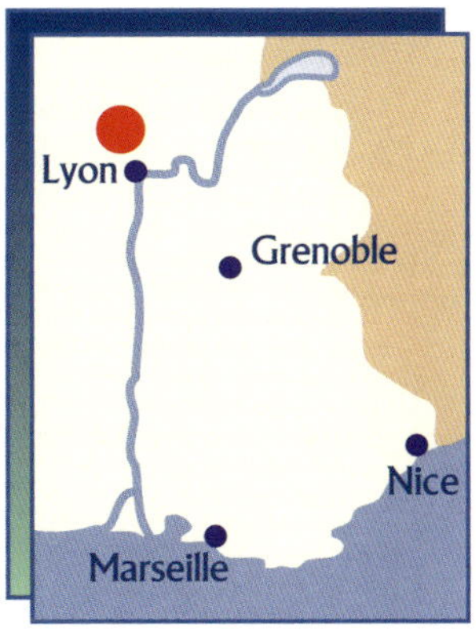

SAINT-GERMAIN-AU-MONT-D'OR (La Saône à)

RHÔNE

Lyon 21 km - Villefranche-sur-Saône 15 km - Trévoux 30 km
Bourg-en-Bresse 53 km - Mâcon 52 km

Altitude : 166 mètres - Altitude : 166 metres - Höhe über Meer: 166 Meter
Superficie : 70 ha environ - Surface area : approx. 173 acres - Fläche: 70 Hektaren

Carte dans le *Guide de la Saône*
(Guide Vagnon N°6)

Un écrivain avait qualifié un jour la Saône de "rivière des vacances heureuses", en raison de son plan d'eau calme et de ses berges ombragées appréciées des pêcheurs, des campeurs et des plaisanciers. A Saint-Germain-au-Mont-d'Or, aux portes de Lyon, ce n'est pas encore tout à fait cela (il y a une zone industrielle sur la rive d'en face) mais skieurs nautiques et "voileux" disposent de zones d'évolution séparées, vastes, larges, où ils peuvent pratiquer leur sport en toute quiétude à un quart d'heure de la grande ville.

A writer had once called the Saône "the river of happy holidays", because of its calm water and its shaded banks, appreciated by fishermen, campers and boaters. At Saint-Germain-au-Mont-d'Or, on the outskirts of Lyon, this idyllic picture does not altogether apply (there is an industrial zone on the opposite bank). But water-skiers and sailing enthusiasts each have their own broad and spacious zone, in which they can practise their sport in all serenity only fifteen minutes away from a major town.

Ein Schriftsteller hat die Saône einmal den "Fluss der glücklichen Ferien" genannt. Ihr Lauf ist ruhig, ihre schattigen Ufer ein Paradies für Fischer, Camper und Bootsfreunde. In Saint-Germain-au-Mont-d'Or, kurz vor Lyon, entspricht der Fluss zwar nicht ganz dieser Beschreibung, denn am gegenüberliegenden Ufer dehnt sich ein Industriegebiet aus, aber Wasserskifahrer und Surfer habe hier eine großzügige Wasserfläche, auf der sie, nur eine Viertelstunde von der Stadt entfernt, ihrem Hobby nachgehen können.

Le plan d'eau concerné s'étend du P.K. 20,800 (amont du pont de Neuville) jusqu'au P.K. 24,100. Le kilométrage va en remontant la rivière.

ACTIVITÉS AUTORISÉES - Motonautisme et ski nautique (du P.K. 20,800 au P.K. 22,800, droit du Yacht-Club) - Voile et planche à voile (du P.K. 22,800 à 24,100) - Canoë-kayak - Baignade - Pêche.

Autorisées en dehors de la zone : motonautisme et ski nautique (du P.K. 12,800 au P.K. 15,500) - Aviron (du P.K. 7,000 au P.K. 12,800).

INTERDIT - Plongée.

The stretch of water involved goes from kilometre post 20.800 (upstream from the Neuville bridge) to kilometre post 24.100 (kilometres are counted going up the river).

PERMITTED ACTIVITIES - Motor-boats and water-skiing (from P.K. 20.800 to P.K. 22.800, level with the yacht-club) - Sailing and wind-surfing (from P.K. 22.800 to P.K. 24.100) - Canoe and kayak - Swimming - Fishing.

Permitted outside of the zone : Motor-boats and water-skiing (from P.K. 12.800 to P.K. 15.500) - Rowing (from P.K. 7.000 to P.K. 12.800)

PROHIBITED - Diving.

Die in diesem Führer beschriebene Strecke liegt zwischen K 20.800 (oberhalb der Brücke von Neuville) und K 24.100 (K 0 ist beim Zusammenfluss der Saône mit der Rhone).

ERLAUBT - Schnelle Motorboote und Wasserski (von K 20.800 bis K 22.800, beim Yacht-Club) – Segeln und Windsurfen (von K 22.800 bis K 24.100) – Kanu – Kajak – Baden – Angeln.

Weitere Wassersportzonen saôneabwärts: Schnelle Motorboote und Wasserski (zwischen K 12.800 und K 15.500) – Rudersport (von K 7000 bis K 12.800).

VERBOTEN - Tauchen.

PRESTATIONS AUTOUR DU PLAN D'EAU - Dans les emprises du Yacht-Club du Rhône, rive droite, on trouve : port de plaisance "Yachting 69" (90 anneaux), rampe de mise à l'eau, 2 engins de grutage (3 tonnes et 8 tonnes), mécanicien, shipchandler, tél. 04 72 08 96 77. Restaurant. Et la base de voile du Yacht-Club du Rhône.

Rive gauche, au droit de la zone de voile, port de plaisance "Nautic-Auto" (50 anneaux), rampe de mise à l'eau, engin de grutage de 20 tonnes. Spécialiste de gros travaux fluviaux et gros voiliers.
Tél. 04 78 98 24 24.

La petite ville de Neuville-sur-Saône est à 3 km et Lyon commence à l'Ile-Barbe, à 10 kilomètres...

RÉGLEMENTATION - Il est institué, le long des rives, une bande de rive de 20 mètres de large, dans laquelle la vitesse est limitée à 5 km/h. Cette bande de rive n'est pas balisée.

En dehors de la bande de rive, la vitesse est limitée à :
- 60 km/h dans la zone autorisée au motonautisme et au ski nautique (P.K. 20,800 à 22,800) et dans une autre zone également autorisée au motonautisme et au ski nautique, à Collonges-au-Mt-d'Or (P.K. 12,800 à 15,500).
- 35 km/h en dehors de ces deux zones, depuis le P.K. 12.

Motonautisme et ski nautique

Les horaires autorisés sont les suivants :

- octobre et novembre	10 h à 18 h 00
- décembre et janvier	10 h à 17 h 30
- février	10 h à 18 h 00
- mars	10 h à 19 h 00
- avril et mai	11 h à 20 h 30
- juin et juillet	11 h à 21 h 30
- août et septembre	11 h à 20 h 30

Bien entendu, les bateaux à moteur en transit peuvent traverser la zone en dehors des heures autorisées aux évolutions rapides.

Ne peuvent évoluer que les bateaux dont les propriétaires sont couverts par une assurance de responsabilité civile d'un montant illimité.

Les règles particulières imposées au ski nautique sont celles imposées partout ailleurs et qu'on trouve dans le *Code Vagnon fluvial*.

Voile

Les voiliers et planches à voile qui évoluent du P.K. 22,800 à 24,100 ne doivent pas gêner la navigation commerciale et celle des bateaux à passagers. Pas d'horaires imposés.

Aviron

Pour mémoire (car elle est située très à l'aval de St-Germain-au-Mont-d'Or), nous citerons la zone allant du P.K. 7 au P.K. 12,800 (Caluire - Collonges) où la pratique de l'aviron est autorisée, avec la même consigne de ne pas gêner la navigation commerciale et celle des bateaux à passagers.

SERVICES AROUND THE WATER - In the domain of the Yacht-Club du Rhône, on the right bank, there is : "Yachting 69" pleasure boat harbour (90 rings), launching slipway, 2 cranes (3 tons and 8 tons), mechanic, ship's chandler, tel. 04 72 08 96 77. Restaurant and the sailing base of the Yacht-Club du Rhône.

On the left bank, level with the sailing zone, there is the "Nautic-Auto" pleasure boat harbour (50 rings), launching slipway, 20 ton capacity crane. Specialist in major repairs on river-going boats and large sailing yachts. Tel. 04 78 98 24 24.

The small town of Neuville-sur-Saône is 3 kilometres away and Lyon begins at Ile-Barbe, 10 kilometres away.

REGULATIONS - A 20 metre wide bankside strip of water has been established all along the banks and within this area there is a speed limit of 5 KPH. The strip is not marked.

Beyond the bankside strip, the speed limits are :
- 60 KPH in the zone in which motor-boats and water-skiing are authorized (P.K. 20.800 to P.K. 22.800) and in another zone in which these activities are authorized, at Collonges-au-Mt-d'Or (P.K. 12.800 to P.K. 15.500).
- 35 KPH outside of these two zones, starting from P.K. 12.

Motor-boating and water-skiing

The times when these activities are permitted are as follows :

- October and November	10.00 to 18.00 hours
- December and January	10.00 to 17.30 hours
- February	10.00 to 18.00 hours
- March	10.00 to 19.00 hours
- April and May	11.00 to 20.30 hours
- June and July	11.00 to 21.30 hours
- August and September	11.00 to 20.30 hours

Naturally, boats with engines passing through can cross the zone outside the times when speed boating is authorized.

The owners of boats using the zone must obligatorily have a third party insurance policy covering them for an unlimited sum.

The specific regulations governing water-skiing are those in force everywhere else and that you can find in the *Code Vagnon Fluvial*.

Sailing

Sailing boats and wind-surfers using the zone between P.K. 22.800 and P.K. 24.100 must not get in the way of freight traffic or passenger boats. There are no prescribed times.

Rowing

For the record, as the stretch is quite far downstream from St-Germain-au-Mont-d'Or, we would mention the zone going from P.K. 7 to P.K. 12.800 (Caluire - Collonges) in which rowing is authorized with the same instructions not to obstruct freight traffic and passenger boats.

In general, the standard regulations and particularly the traffic rules in force on rivers are applicable to this section of the Saône. Take heed that a sailing boat does not have priority over a freight barge.

LEISTUNGSANGEBOT ENTLANG DES FLUSSES - Auf dem Gelände des Yacht-Club du Rhône am rechten Ufer:

Sportboothafen "Yachting 69" (90 Ringe) – 2 Kräne (3 Tonnen und 8 Tonnen) – Mechaniker – Schiffsbedarf, Tel. 04 72 08 96 77 – Restaurant – Stützpunkt des Segelklubs Yacht-Club du Rhône.

Am linken Ufer, in der Segelzone: Sportboothafen "Nautic-Auto" (50 Ringe) – Sliprampe, Kran (20 Tonnen) – Spezialist für große Flussschiffe und Segler, Tel. 04 78 98 24 24.

Die kleine Stadt Neuville-sur-Saône ist 3 km entfernt. Das Stadtgebiet von Lyon beginnt bei l'Ile-Barbe, 10 km flussabwärts.

VERORDNUNGEN

- Die Uferzone (nicht gekennzeichnet) ist 20 m breit. Hier ist die Geschwindigkeit auf 5 km/h beschränkt
- Außerhalb der Uferzone gelten folgende Höchstgeschwindigkeiten:
  - 60 km/h in der Schnellschifffahrts- und Wasserskizone (K 20.800 bis K 22.800 sowie bei Collonges-au-Mont-d'Or, K 12.800 bis K 15.500)
  - 35 km/h außerhalb dieser beiden Zonen, ab K 12.000.

Schnelle Motorboote und Wasserski sind erlaubt zu folgenden Zeiten:

- Oktober und November	10.00 h–18.00 h
- Dezember und Januar	10.00 h–17.00 h
- Februar	10.00 h–18.00 h
- März	10.00 h–19.00 h
- April und Mai	11.00 h–20.30 h
- Juni und Juli	11.00 h–21.30 h
- August und September	11.00 h–20.30 h

Der Transitverkehr unterliegt keiner Einschränkung.

Es sind nur Fahrzeuge zugelassen, für die eine Haftpflicht mit einer Versicherungssumme in unbeschränkter Höhe besteht.

Die speziell für den Wasserskisport geltenden Regelungen sind dieselben wie überall (siehe *Code Vagnon Fluvial*, "édition de l'année", erscheint jedes Jahr neu).

Segeln

Segler und Surfer im Bereich K 22.800 bis K 24.100 dürfen Berufsschifffahrt und Passagierschiffe nicht behindern. Eine zeitliche Einschränkung besteht nicht.

Rudersport

Wir weisen an dieser Stelle noch einmal auf die Rudersportzone von K 7.000 bis K 12.800 hin, die weit unterhalb von St-Germain-au-Mont-d'Or liegt. Auch dort dürfen weder Berufsschifffahrt noch Passagierschiffe behindert werden.

Im Übrigen gilt in diesem Saôneabschnitt die allgemeine französische Binnenschifffahrtsverordnung, und zwar diejenige für die Flussschifffahrt. Segler haben keinen Vorrang gegenüber der Berufsschifffahrt.

D'une façon générale s'applique sur cette section de Saône la réglementation générale et notamment les règles de route à observer sur les fleuves et les rivières. En particulier, un voilier ne sera pas prioritaire sur une péniche.

Le règlement particulier datant de 1984 n'évoque pas le cas du jet-ski®. On peut estimer que dans une zone autorisée au motonautisme et au ski nautique, le jet-ski® ne peut être que toléré. Se renseigner sur place.

LE PLAN D'EAU - Le Yacht-Club du Rhône, dont le nom se rattache depuis plus de soixante ans à ce plan d'eau sur lequel évoluent ses voiliers, indique que les vents dominants sont dans l'axe de la Saône : nord et sud. Dans une proportion qui peut s'établir ainsi : nord 60 %, sud 40 %.

Le club ajoute que le vent du Nord excède rarement force 4 alors que celui du Sud peut atteindre force 5 ou 6 dans les rafales qui sont caractéristiques de cette direction. En raison de l'étroitesse du lit de la Saône, les vents légers sont d'une force irrégulière, surtout près des obstacles. Le clapot ne dépasse pas 50 centimètres.

En cas de crue, le courant est fort et la navigation devient alors délicate par petit temps (inférieur à force 2). Mais les crues de la Saône (qui durent très longtemps !) se produisent surtout en hiver. Et dans ce cas, l'inconvénient est minoré. La base de voile du Yacht-Club du Rhône est fermée de novembre à avril.

De la navigation de transit passe dans la zone : bateaux de commerce et de passagers en quantité modeste et plaisanciers au moteur en plus grand nombre à la belle saison surtout. La rencontre de ces bateaux qui ne font que passer ne pose pas de problème.

CLUBS NAUTIQUES

- Yacht-Club du Rhône (voile), 9650 St-Germain-au-Mont-d'Or, tél. 04 78 91 21 35
- Des cours de ski nautique sont donnés sur le plan d'eau, dans la zone autorisée à cette activité. Tél. 04 78 60 42 01

BAIGNADE - Pas de baignade aménagée.

PÊCHE - La Saône à St-Germain-au-Mont-d'Or est classée en 2e catégorie.

ADRESSE UTILE

- Service de la Navigation, 3 place Antonin Perrin, 69007 Lyon, tél. 04 78 69 60 70, fax 04 78 69 60 71

TOURISME - Il en est de la Saône à St-Germain-au-Mont-d'Or comme du Rhône à Lyon-Gerland : dans ces zones urbaines ou péri-urbaines, les utilisateurs viennent pratiquer leur sport favori puis rentrent chez eux, dans l'agglomération lyonnaise... La notion de tourisme est indépendante de la motivation qui les a amenés sur le plan d'eau.

The specific local regulations, which were introduced in 1984, do not make any mention of jet-skis®. One would imagine that the use of jet-skis® is probably tolerated in a zone in which speed-boating and water-skiing are authorized. You should ask for information on the spot.

THE STRETCH OF WATER - The Yacht-Club du Rhône, whose name has for over sixty years been synonymous with sailing on this stretch of water, informS us that the prevailing winds follow the axis of the Saône : north and south. Their relative predominance can be estimated as north 60 % and south 40 %.

The club adds that the north wind rarely exceeds force 4, while the south wind can reach force 5 or 6 in the gusts that are a characteristic of this direction. Because of the narrowness of the bed of the Saône, light winds blow with irregular force, above all close to obstacles. The troughs of the waves do not exceed 50 centimetres.

When the river is in spate, the current becomes strong and navigation gets tricky when the wind is light (less than force 2). But the flood periods of the Saône, which are very lengthy, occur primarily in winter. When this is the case, it causes less inconvenience to leisure sailors. The sailing base of the Yacht-Club du Rhône is closed from November until April.

There is transit navigation passing through the zone : the number of freight vessels and passenger boats is fairly slight, but there is a much larger number of motor cruisers, above all in the holiday season. Meeting these boats, that are only passing, does not pose any problem.

NAUTICAL CLUBS

- (sailing)
- Water-skiing instruction is given on this stretch of water, in the zone in which this activity is authorized.

SWIMMING - There is no particular prevision for swimming.

FISHING - The Saône at St-Germain-au-Mont-d'Or is classed in the 2nd category.

USEFUL ADDRESS - (See details in French Text under "Adresse utile").

TOURISM - The same applies to the Saône at St-Germain-au-Mont-d'Or as to the Rhône at Lyon-Gerland : in these zones, in or on the edge of an urban area, users come to practise their favourite sport and then return to their homes in the Lyon conurbation. The notion of tourism is independent from the motivation that brought them to the stretch of water.

Das speziell in diesem Flussabschnitt gültige Reglement aus dem Jahre 1984 enthält keine Bestimmungen für Jet-Ski®. Es ist anzunehmen, dass in den Schnellschifffahrts- und Wasserskizonen auch Jet-Ski® zugelassen sind. Ab besten erkundigt man sich vor Ort.

DAS GEWÄSSER - Der Segelklub Yacht-Club du Rhône, seit über sechzig Jahren an diesem Saôneabschnitt ansässig, teilte uns mit, dass die hauptsächlichsten Winde parallel zum Saônelauf wehen: der Nordwind (60 %) und der Südwind (40 %).

Der Nordwind bläst selten stärker als mit 5 Beaufort, der Südwind hingegen kann von heftigen Böen begleitet sein und Windstärken von 5 oder 6 erreichen.

Je nach Breite des Flussbettes und Beschaffenheit der Ufer wehen schwache Winde unregelmäßig aus verschiedenen Richtungen. Der Wellenschlag ist nie höher als 50 cm.

Bei Hochwasser herrscht starke Strömung. Dann kann bei schwachem Wind (unter Windstärke 2) die Navigation für Segler schwierig werden. Hochwasserperioden (sie dauern auf der Saône lang!) kommen vor allem im Winter vor und beeinträchtigen deshalb den Segelsport wenig. Der Stützpunkt des Segelklubs Yacht-Club du Rhône ist von November bis April geschlossen.

In diesem Flussabschnitt ist der Transitverkehr von gewisser Bedeutung. Frachtschiffe und Passagierschiffe verkehren in bescheidenem Maße. Motorboote hingegen sind während der Sommersaison häufiger, stellen jedoch kein Problem dar.

WASSERSPORTKLUBS

- Yacht-Club du Rhône (Segelklub), 69650 St-Germain-au-Mont-d'Or, Tel. 04 78 91 21 35.
- In der Wasserskizone werden auch Kurse angeboten. Tel. 04 78 60 42 01.

BADEN - Es ist kein Badestrand eingerichtet.

ANGELN - Die Saône bei St-Germain-au-Mont-d'Or gehört den Angelrevieren der 2. Kategorie an.

NÜTZLICHE ANSCHRIFT - (Adresse im französischen Text unter "Adresse utile").

TOURISMUS - Sowohl auf der Saône bei St-Germain-au-Mont-d'Or wie auch auf der Rhone bei Lyon-Gerland, diesen beiden Wassersportzonen an der Stadtperipherie, kommen die Wassersportler her, um ihren Sport auszuüben und fahren dann wieder nach Hause in die Agglomeration Lyon. Bei ihnen besteht wenig Interesse an touristischen Sehenswürdigkeiten, wir verzichten deshalb auf nähere Angaben.

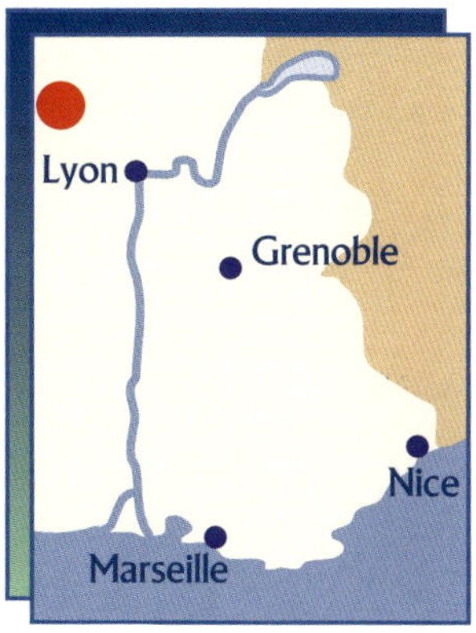

SAPINS (Lac des)

RHÔNE

Amplepuis 7 km - Tarare 23 km - Lyon 65 km - Roanne 40 km

Altitude : 440 mètres - Altitude : 440 metres - **Höhe über Meer: 440 Meter**
Superficie : 40 ha - Surface area : 99 acres - **Fläche: 40 Hektaren**
Profondeur maximum : 15 mètres - Maximum depth : 15 metres
- Maximale Tiefe: 15 Meter

1 - Base de voile
2 - Restaurant "La Voisinée"
3 - Snack
4 - Guinguette.
Location de barques et pédalos
5 - Communauté de communes

- - - - - Chemins piétonniers

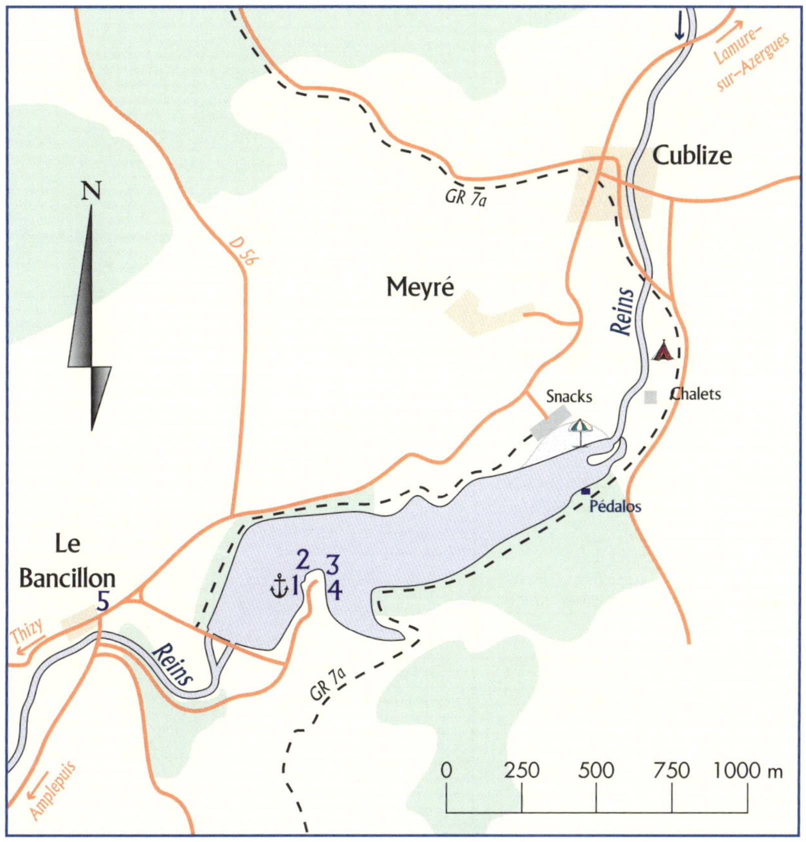

S'il est l'un des plus petits plans d'eau décrits dans ce guide, le lac des Sapins n'accueille pas moins de 250 000 visiteurs par an car il est le cœur d'une base de loisirs très bien conçue, à moins d'une heure de voiture de l'agglomération lyonnaise. Le nautisme ne représente qu'une partie des activités proposées mais la navigation à voile et à rame ne manque pas de charme sur cette petite retenue de la rivière le Reins, au pied de collines doucement vallonnées et d'un bois de sapins qui lui a donné son nom.

Even though this is one of the smallest stretches of water described in this guide, it is nonetheless visited by at least 250 000 people every year, for it boasts a very well laid-out leisure activities base that is less than one hour's car journey away from the Lyon conurbation. Nautical sports are only a part of the activities on offer, but sailing and rowing can be practised under very charming conditions on this small reservoir on the Reins river, at the foot of gently rolling hills and beneath a pine wood from which the lake has taken its name.

Der Lac des Sapins ist einer der schönsten Seen, die in diesem Führer beschrieben sind. Er ist der Mittelpunkt eines sehr gut konzipierten Freizeitzentrums, das weniger als eine Autostunde von Lyon entfernt liegt und jedes Jahr rund 250 000 Besucher anzieht. Der Wassersport ist nur eine von vielen Aktivitäten, die hier möglich sind. Segler und Ruderer finden hier, in diesem Staubecken des Flusses Reins, eine schöne Möglichkeit ihr Hobby zu pflegen. Vom Wasser aus blickt man auf die sanfte Hügel der Umgebung und einen herrlichen Tannenwald, der dem See seinen Namen gegeben hat.

ACTIVITÉS AUTORISÉES - Voile - Planche à voile - Canoë-kayak - Pédalos (concédés uniquement) - Baignade - Pêche.

INTERDIT - Motonautisme - Ski nautique - Jet-ski® - Plongée.

PRESTATIONS AUTOUR DU PLAN D'EAU - Un restaurant (La Voisinée) près de la base de voile, 2 snacks à la plage, camping et plusieurs auberges à proximité immédiate du plan d'eau. Toutes les ressources essentielles au gros village de Cublize, à 1 ou 2 kilomètres à l'amont.

Énormément d'activités proposées, autres que celles purement nautiques : mini-golf, VTT, tir à l'arc, course d'orientation, poney, calèche, classes thématiques pour les enfants (découverte des insectes, initiation à la botanique, équitation, jardinage et culture "bio", tél. 04 78 89 58 03).

Un chemin, très agréable pour les marcheurs, fait le tour du lac et se conjugue avec un chemin de grande randonnée (le G.R. 7a).

RÉGLEMENTATION - Outre les activités interdites (le moteur) signalées ci-dessus, un arrêté du président de la Communauté des communes du Pays d'Amplepuis-Thizy interdit la navigation :

- dans les zones réservées à la baignade autorisée (surveillée ou non) ;
- dans la zone située en amont du déversoir et matérialisée par une ligne de bouées sphériques rouges ;
- dans la zone située à l'embouchure du Reins et délimitée par des bouées sphériques rouges.

Le stationnement de toute embarcation entre 20 heures et 6 heures est interdit, sauf pour les pédalos et barques concédés, de même que le stationnement d'embarcation sur toutes les propriétés du S.I.V.O.M. du Pays d'Amplepuis-Thizy.

Est également interdite l'utilisation de bâtiments disposant de WC marins.

LE PLAN D'EAU - La base nautique et de plein air du lac ne nous a pas fourni le régime du plan d'eau et les conditions de navigation (peu ou très venté, brises thermiques, vent dominant, etc.).

BASE NAUTIQUE - Sur la rive sud, commune de Ronno. Tél. 04 74 89 53 99.

LOCATIONS DE BARQUES ET DE PÉDALOS - A La Guinguette (en face de La Voisinée) et à la pointe amont du lac, rive sud.

BAIGNADE - A la pointe amont du lac, la plage est longue et large. C'est une plage de sable rapporté, avec un rideau d'arbres en arrière et toutes les commodités (toilettes, snacks, etc.) et des loisirs annexes (toboggan aquatique, mini-golf, etc.). La baignade est surveillée en saison. La zone surveillée est délimitée par des flotteurs blancs et rouges.

Une zone voisine de baignade autorisée mais non surveillée est délimitée par des flotteurs sphériques jaunes.

PERMITTED ACTIVITIES - Sailing - Wind-surfing - Canoe and kayak - Pedalos (only those rented on site) - Swimming - Fishing.

PROHIBITED - Motor-boats - Water-skiing - Jet-ski - Diving.

SERVICES AROUND THE LAKE - A restaurant (La Voisinée) near to the sailing base, 2 snack-bars beside the beach, camping site and several inns very near to the lake. All essential facilities in the large village of Cublize, one or two kilometres up the river.

A huge variety of activities on offer, other than purely nautical ones : miniature golf, mountain biking, archery, orienteering, poney riding, carriage rides, theme classes for children (learning about insects, introduction to botany, horsemanship, gardening and biological cultivation, tel. 04 78 89 58 03).

A track that is very pleasant for walkers goes all round the lake and joins up with a hiking trail (the G.R.7a).

REGULATIONS - Apart from the prohibited activities listed above, a decree issued by the president of the Communauté des Communes du Pays d'Amplepuis-Thizy forbids boating :

- in the zones reserved for authorized swimming (with or without supervision).
- in the zone situated upstream from the overflow weir that is marked off with a row of spherical red buoys.
- in the zone around the mouth of the Reins that is marked off with a row of spherical red buoys.

The mooring of all boats is prohibited between 20.00 and 6.00 hours, except for pedalos and fishing boats for rent, and nor are boats allowed to moor in front of all the properties of the S.I.V.O.M. of the Pays d'Amplepuis-Thizy.

The use of boats equipped with marine toilets is forbidden.

THE STRETCH OF WATER - The sailing and outdoors activity base of the lake has not communicated to us the weather patterns and the sailing conditions on this water (much or little wind, thermal breezes, prevailing wind, etc.).

NAUTICAL BASE - On the south shore, in the parish of Ronno. Tel. 04 74 89 53 99.

FISHING BOAT AND PEDALO HIRE - At La Guingette (opposite La Voisinée) and at the upper end of the lake, on the south shore.

SWIMMING - The beach at the upper end of the lake is long and broad. It is not a natural beach, as the sand has been brought there, but it is backed by a screen of trees and has all amenities (toilets, snack-bars, etc.), as well as extra leisure features (water slide, miniature golf, etc.). Swimming is supervised during the season. The zone under surveillance is marked out with red and white floats.

A neighbouring zone, in which swimming is authorized but not supervised, is marked out with spherical yellow floats.

ERLAUBT - Segeln – Windsurfen — Kanu – Kajak – Pedalos – Baden – Angeln.

VERBOTEN - Motorboote – Wasserski – Jet-Ski® – Tauchen

LEISTUNGSANGEBOT RUND UM DEN SEE - Restaurant ("La Voisinée") beim Segelstützpunkt – 2 Snackbuden am Strand – Campingplätze – mehrere Gasthöfe in Ufernähe – alle Versorgungsmöglichkeiten in der großen Ortschaft Cublize, rund zwei Kilometer oberhalb des Sees liegt.

Neben dem Wassersport ist ein reiches Angebot an sportlichen Aktivitäten vorhanden: Minigolf – Biken (VTT) – Bogenschießen – Orientierungslauf – Ponyreiten – Kutschenfahrten – Exkursionen für Kinder (Insekten beobachten, Entdecken der Pflanzenwelt, Reiten, Gartenbau und biologischer Anbau, Tel. 04 78 89 58 03).

Rund um den See führt ein schöner Wanderweg.

VERORDNUNGEN - Wie bereits erwähnt sind motorisierte Wasserfahrzeuge nicht zugelassen. Eine amtliche Verordnung des Präsidenten des Gemeindeverbandes der Region Pays d'Amplepuis-Thizy untersagt des Befahren folgender Abschnitte:

- sämtlicher Badezonen (überwacht und nicht überwacht)
- des Bereichs oberhalb des Überlaufs, abgegrenzt durch rote Kugeltonnen
- des Mündungsabschnittes des Flusses Reins, ebenfalls durch rote Kugeltonnen abgegrenzt

Das Stationieren von Wasserfahrzeugen aller Art ist zwischen 20 h und 6 h verboten (außer Pedalos und zugelassen Ruderbooten), ebenso das Festmachen in den Abschnitten, die im Besitze der S.I.V.O.M. du Pays d'Amplepuis-Thizy sind.

Schiffe ohne Fäkalientank sind nicht zugelassen.

DAS GEWÄSSER - Das Freizeitzentrum hat uns keine Auskünfte über die Wind- und Wasserverhältnisse oder die Schifffahrtsbedingungen zukommen lassen.

DAS FREIZEIT - Am Südufer, Gemeinde Ronno, Tel. 04 74 89 53 99.

VERMIETUNG VON BOOTEN UND PEDALOS - Bei La Guinguette (gegenüber dem Restaurant "La Voisinée") und am oberen Seeende am Südufer.

BADEN - Am oberen Seeende gibt es einen breiten und langen Sandbadestrand mit Bäumen im Hintergrund. Alle wichtigen Einrichtungen sind vorhanden (Toiletten, Snackbuden usw.). Zur Unterhaltung stehen eine Wasserrutschbahn, eine Minigolfanlage und ähnliche Einrichtungen zur Verfügung. Während der Saison ist der Strand überwacht. Die überwachte Zone ist mit weißen und roten Bojen gekennzeichnet.

Ein benachbarter unbewachter Strandabschnitt, wo das Baden ebenfalls

A l'extérieur de ces deux zones, la baignade est strictement interdite.

PÊCHE - Se renseigner au 04 74 89 50 33. De nombreux pontons ont été édifiés pour les pêcheurs. Le lac est en 2e catégorie.

ADRESSES UTILES

- Communauté de communes du Pays d'Amplepuis-Thizy, au Bancillon, 69550 Cublize, tél. 04 74 89 50 31
- Syndicat d'Initiative d'Amplepuis-Val de Reins, tél. 04 74 89 01 71
- Syndicat d'Initiative de Thizy-Bourg-de-Thizy-Marnand, tél. 04 74 64 35 23

TOURISME - Cette rubrique concerne ceux qui s'ennuieraient au bord du plan d'eau et chercheraient à "excursionner" dans la région. Elle ne s'adresse pas aux visiteurs du lac des Sapins, tellement les activités qui sont proposées sont nombreuses. La base de loisirs (qui couvre au total 115 ha) se suffit à elle-même et ses utilisateurs sont venus spécialement pour elle. Ceci dit, la région est très agréable en plein été, dans un décor agreste, entre le Beaujolais (tout proche), les monts du Lyonnais, le Forez et les Monts de la Madeleine.

Outside of these two zones, swimming is strictly forbidden.

FISHING - Obtain information by telephoning 04 74 89 50 33. Numerous pontoons have been installed for use by fishermen. The lake is classified in category 2.

USEFUL ADDRESSES

- Communauté des Communes du Pays d'Amplepuis-Thizy, at Bancillon, 69550 Cublize, tel. 04 74 89 50 31.
- Syndicat d'Initiative d'Amplepuis-Val de Reins, tel. 04 74 89 01 71.
- Syndicat d'Initiative de Thizy-Bourg-de-Thizy-Maruand, tel. 04 74 64 35 23.

TOURISM - This paragraph is supposed to be for those who might get bored by the water's edge and who would want to go for excursions in the area. It is not intended for visitors to the Lac des Sapins, as the choice of activities on offer there is so extensive. The outdoor leisure centre (which covers in all 284 acres) is sufficient in itself and its users come here specifically to take advantage of its facilities. That said, the region is very pleasant in the height of summer, in a rural setting between the Beaujolais vineyard (very close), the Monts du Lyonnais, the Forez and the Monts de la Madeleine.

erlaubt ist, ist mit gelben Kugelbojen abgegrenzt.

Außerhalb dieser beiden Zonen ist jegliches Baden strikte untersagt.

ANGELN - Auskünfte unter Tel. 04 74 89 50 33. Anglern stehen zahlreiche Stege zur Verfügung. Der See gehört den Angelrevieren der 2. Kategorie an.

NÜTZLICHE ANSCHRIFTEN - (Adressen im französischen Text unter "Adresses utiles").

TOURISMUS - Die unten stehenden Angaben richten sich an Touristen, die einen Ausflug in die Region dem Aufenthalt am Wasser vorziehen. Die meisten Besucher des Lac des Sapins kommen jedoch wegen der vielseitigen Möglichkeiten, die im Freizeitzentrum angeboten werden, dessen Fläche rund 115 ha umfasst.

Der Aufenthalt in dieser Region ist im Sommer sehr angenehm. Die ländliche Umgebung liegt zwischen dem nahe gelegenen Beaujolais, den Monts du Lyonnais, Le Forez und den Monts de la Madeleine.

restaurant Aitis★

★★HOTEL DU Lac

AIGUEBELETTE LE LAC (PORT) TEL 04 79 36 03 27

Spécialités :

- *Raviolis de Homard*
- *Boudin de perche*
- *Fondue de pêcheurs*
- *Magret de canard sauce Périgord*
- *Escalope de veau sauce champignons truffée*

Cave exceptionnelle - Salles climatisées
Terrasses ombragées et fleuries - Vue panoramique
18 chambres tout confort pour un séjour agréable et reposant.

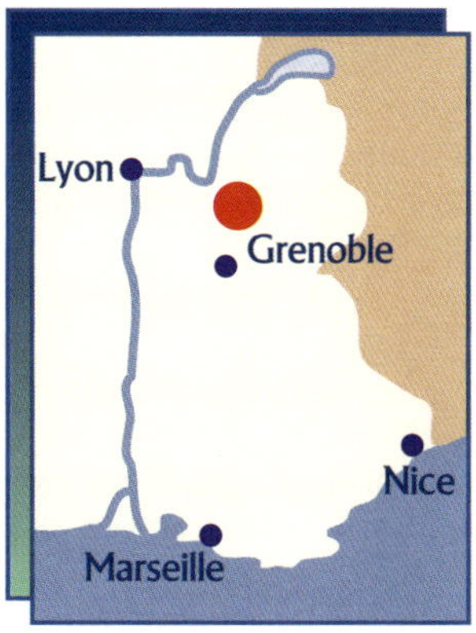

AIGUEBELETTE (Lac d')

SAVOIE

Chambéry 10 km - Lyon 93 km - Bourgoin-Jallieu 43 km
Grenoble (par autoroute) 65 km - Voiron 40 km

Altitude : 373 mètres - Altitude : 373 metres - **Höhe über Meer: 375 Meter**
Superficie : 545 ha - Surface area : 1 360 acres - **Fläche: 545 Hektaren**
Profondeur maximum : 71 mètres - Maximum depth : 71 metres
- Maximale Tiefe: 71 Meter

Le citadin pressé trouvera sûrement ici le calme et la sérénité dont il a besoin. Et il les trouvera à un kilomètre seulement d'une sortie d'autoroute. Joli lac savoyard, vaste (500 ha), enchâssé dans la montagne de l'Epine, le lac d'Aiguebelette semble assoupi dans le silence car le moteur est interdit. Son plan d'eau est seulement piqueté de barques de pêche immobiles, de quelques voiles pendant que glisse sans bruit une embarcation d'aviron. C'est le paradis des pêcheurs et aussi des touristes car l'environnement est très, très pittoresque...

The harassed city-dweller will certainly find here the calm and serenity that he needs. And he will find them a mere kilometre away from a motorway exit. The beautiful Savoyard lac d'Aiguebelette is large (1 235 acres) and nestles in the lap of the Epine mountain. It seems to be drowsing in unbroken silence, for motors are banned here. The surface of the water is only dotted with motionless fishing boats and a few sails, while a rowing crew glides along noiselessly. It is the paradise of fishermen, but also of tourists, because the environs are very, very picturesque...

Der gehetzte Städter findet hier Ruhe und Ausgeglichenheit. Der Lac d'Aiguebelette am Fuße der Montagne de l'Epine liegt nur einen Kilometer von der Autobahnausfahrt entfernt. Der hübsche savoyische See träumt in der Stille vor sich hin, Motoren sind hier nicht zugelassen. Die einzigen Tupfer auf seiner Oberfläche sind ein paar Fischerboote und hin und wieder ein kleiner Segler, manchmal gleitet leise ein Ruderboot übers Wasser. Die malerische Umgebung ist ein Paradies für Angler und Urlauber.

ACTIVITÉS AUTORISÉES - Motonautisme (à moteur électrique seulement) - Voile - Planche à voile - Aviron - Canoë-kayak - Plongée (demande préalable. Voir rubrique "Réglementation") - Baignade - Pêche.

INTERDIT - Motonautisme (à moteur thermique) - Ski nautique - Jet-ski®.

PRESTATIONS AUTOUR DU PLAN D'EAU - 2 ports (Aiguebelette, 65 anneaux et Lépin) - 2 mécaniciens (St-Alban et Novalaise) - Carburant à St-Alban et Novalaise - 6 hôtels - 9 restaurants - 12 campings. Le lac est ceinturé par 5 petites localités modestes mais suffisantes.

RÉGLEMENTATION - Le lac d'Aiguebelette est considéré comme "grand plan d'eau" puisque ce sont les règles maritimes de circulation qu'il faut appliquer, outre la réglementation générale (voir le *Code Vagnon fluvial*). Mais les embarcations d'aviron bénéficient d'une priorité de circulation.

La vitesse ne doit pas dépasser 12 km/h sauf pour les barques d'aviron et leurs bateaux de sécurité.

Sur ce plan d'eau idéal pour l'aviron et la pêche, le moteur à explosion est interdit, sauf pour les bateaux servant à la sécurité lors des entraînements et des compétitions d'aviron et les bateaux des services de sécurité et de police, sans limitation de vitesse.

Pour la plongée, faire préalablement une demande au Syndicat Mixte du lac (dont l'adresse est donnée plus loin).

PERMITTED ACTIVITIES - Motor-boats (but only with electric motors) - Sailing - Wind-surfing - Rowing - Canoe and kayak - Diving (Prior permission must be obtained. Refer to the section "Regulations") - Bathing - Fishing.

PROHIBITED - Motor-boats (with combustion engines) - Water skiing - Jet-ski®

SERVICES AROUND THE LAKE - 2 harbours (Aiguebelette, 65 rings, and Lépin) - 2 mechanics (St-Alban and Novalaise) - Fuel at St-Alban and Novalaise - 6 hotels - 9 restaurants - 12 camp-sites. Around the lake are 5 small but sufficient villages.

REGULATIONS - The lac d'Aiguebelette is considered to be a 'major expanse of water', as maritime traffic regulations are in force here, apart from the general regulations (see the *Code Vagnon Fluvial*). But crew rowing boats enjoy priority right of way.

Speed should not exceed 12 KPH, except for rowing crews and their accompanying safety boats.

On this expanse of water that is ideal for competition rowing and for fishing, combustion engines are prohibited, apart from for safety boats for rowing training sessions and competition events and for the boats of the safety services and the police, with no speed limit.

To go diving, you must get prior authorization from the Syndicat Mixte of the lake (whose address is given further on).

ERLAUBT - Boote mit Elektromotor – Segeln – Windsurfen – Rudersport – Kanu – Kajak – Tauchen (vorher anfragen, siehe Abschnitt "Verordnungen") – Baden – Angeln.

VERBOTEN - Motorboote mit Verbrennungsmotor – Wasserski – Jet-Ski®.

LEISTUNGSANGEBOT RUND UM DEN SEE - 2 Häfen (Aiguebelette mit 65 Ringen und Lépin) – 2 Mechaniker (St-Alban und Novalaise) – Treibstoff in St-Alban und Novalaise – 6 Hotels – 9 Restaurants – 12 Campingplätze. Am See liegen 5 kleine Ortschaften (Versorgung beschränkt möglich).

VERORDNUNGEN

- Der Lac d'Aiguebelette ist als "grand plan d'eau" (Großwasserfläche) eingestuft, deshalb kommen hier wie auf allen Seen die maritimen Regelungen der Schiffsverkehrsordnung zur Anwendung. Ruderboote haben jedoch Vorrang. Im Übrigen gilt die allgemeine französische Binnenschifffahrtsverordnung (siehe *Code Vagnon Fluvial*, "édition de l'année", erscheint jedes Jahr neu).
- Die zulässige Höchstgeschwindigkeit beträgt 12 km/h, ausgenommen sind Ruderboote und ihre Begleitfahrzeuge.
- Auf diesem für den Ruder- und Angelsport idealen Gewässer sind Verbrennungsmotoren verboten. Eine Ausnahme bilden Begleitfahrzeuge beim Training und bei Ruderwettbewerben,

LE PLAN D'EAU - Le lac d'Aiguebelette est un lac naturel, situé dans un microclimat. Il est peu venté : moins de 60 jours par an, précise l'Aviron-Club du lac d'Aiguebelette, ce qui favorise évidemment la pratique de l'aviron mais ne convient pas à la voile. Le vent dominant est la bise qui vient du Nord et apporte le beau temps. De temps en temps survient un vent violent qui descend de la montagne de l'Epine et provoque un fort clapot.

Le club ajoute que sa base est une base internationale d'entraînement et que le plan d'eau accueille des compétitions internationales et nationales dans un cadre qui, répétons-le, est magnifique.

Attention ! En raison de son implantation, le lac d'Aiguebelette est sensible à la pollution.

CLUBS NAUTIQUES

- Aviron-Club du Lac d'Aiguebelette, Pré Bouvent, 73470 Novalaise-le-Lac, tél. 04 79 36 02 90
- Club des Mouettes (natation), 73610 Lépin-le-Lac

LOCATION DE BATEAUX - Il est possible de louer pédalos, canoës, bateaux électriques (et VTT !) au bout du lac, à Nances, Novalaise, St-Alban-de-Montbel (Le Saugey), Lépin et au port d'Aiguebelette.

BAIGNADE - Les plages (gravier ou sable) sont au nombre de six ou sept. Elles bénéficient toutes d'un panorama superbe sur le cirque de petites montagnes qui encadrent le lac. La mairie d'Aiguebelette nous a précisé : "Baignade dans les endroits surveillés exclusivement". Les eaux sont rapidement chaudes : le Syndicat Mixte du Lac nous a précisé : jusqu'à 25degré en période estivale.

PÊCHE - Le lac d'Aiguebelette est classé en 1re catégorie. Principales espèces : lotte, tanche, omble chevalier, lavaret, truite, brochet, perche, etc.

ADRESSES UTILES

- S.M.A.L.A. (Syndicat Mixte d'Aménagement du Lac d'Aiguebelette), Bouvent, 73470 Novalaise-le-Lac, tél. 04 79 36 06 34, fax 04 79 44 10 24
- Syndicat d'Initiative d'Aiguebelette, 73610 Aiguebelette, tél. 04 79 36 00 02

TOURISME - Le lac d'Aiguebelette étant au pied de la montagne de l'Epine, des sentiers de randonnée (balisés) vous permettent d'atteindre le mont Grelle (1 425 mètres, vue) ou le col du Crucifix (915 mètres).

En voiture, s'imposent le tour du lac et des excursions au col de l'Epine et en direction de la Dent du Chat, du lac du Bourget et du Bugey, aux paysages qui ne manquent pas de charme.

THE STRETCH OF WATER - The lac d'Aiguebelette is a natural lake, situated in a micro-climate. There is little wind on it : the lac d'Aiguebelette rowing club states that there are less than 60 windy days per year. These conditions obviously favour rowing activities but are not suitable for sailing. The dominant wind is the breeze that comes from the North and brings fine weather. Now and again a violent wind sweeps down from the Epine mountain and whips up very choppy waves.

The club adds that its base is an international training centre and that international and national competitions are staged on the lake, in a setting that is, let us say it again, magnificent.

Be warned! Because of its physical situation, the lake is vulnerable to pollution.

NAUTICAL CLUBS - (See details in French text under "Clubs nautiques").

BOAT HIRE - It is possible to hire pedal craft, canoes (and mountain bikes) at the end of the lake at Nances, Novalaise, St-Alban-de-Montbel (Le Saugey), Lépin and at Aiguebelette harbour.

SWIMMING - There are six or seven sand or gravel beaches. They all offer a superb panorama over the amphitheatre of small mountains that surround the lake. The municipal office has specified that bathing is only permitted in supervised areas. The water warms up quite early in the year : the Syndicat Mixte du Lac informed us that the water temperature reaches 25° in summer.

FISHING - The lac d'Aiguebelette is classed in category 1. Main species : pike, perch, carp, etc.

USEFUL ADDRESSES - (See details in French text under "Adresses utiles").

TOURISM - As the lac d'Aiguebelette is at the foot of the Montagne de l'Epine, walking paths (marked) enable you to go to the summit of Mont Grelle (1 425 metres, view) or to the Col (pass) du Crucifix (915 metres).

By car, you will want to drive right round the lake and excursions to the Col de l'Epine and towards the Dent du Chat (Cat's Tooth) and the Bourget and Bugey lakes will show you landscapes that do not lack charm.

sowie Polizeifahrzeuge (keine Geschwindigkeitsbeschränkung).

- Wer tauchen möchte, muss zuvor die Bewilligung beim Syndicat Mixte du lac einholen (Adresse im französischen Text unter "Adresses uriles").

DAS GEWÄSSER - Der Lac d'Aiguebelette ist ein natürlicher See in einer malerischen Landschaft mit in sich geschlossenen klimatischen Verhältnissen. Er ist besonders geeignet für den Rudersport. Als Segelrevier ist er nur bedingt tauglich, denn Wind gibt es lediglich an rund 60 Tagen pro Jahr. Am häufigsten weht die Bise, die von Norden kommt und schönes Wetter bringt. Von Zeit zu Zeit bläst von der Montagne de l'Epine her ein heftiger Wind, der kabbeliges Wasser verursacht.

Der Sitz des Ruderklubs ist ein internationaler Trainingsstützpunkt. Hier werden auch nationale und internationale Wettbewerbe ausgetragen.

Achtung: Der Lac d'Aiguebelette reagiert empfindlich auf Verschmutzung!

WASSERSPORTKLUBS - (Adressen im französischen Text unter "Clubs nautiques").

VERMIETUNGEN - Pedalos, Kanus und Allzweckräder (VTT) können am Seeende, in Nance, Novalaise, St-Alban-de-Montbel (Le Saugey), Lépin und im Hafen Aiguebelette gemietet werden.

BADEN - Es gibt sechs oder sieben Sand- bzw. Kiesstrände. Alle sind schön gelegen mit Panoramasicht auf die Berge, die den See umgeben.

Achtung: Baden ist nur an den überwachten Strandabschnitten erlaubt.

Die Wassertemperaturen betragen in der Sommerperiode bis 25 Grad.

ANGELN - Der Lac d'Aiguebelette gehört den Angelrevieren der 1. Kategorie an. Hauptsächliche Fischarten: Hecht, Barsch, Karpfen usw.

NÜTZLICHE ANSCHRIFTEN - (Adressen im französischen Text unter "Adresses utiles").

TOURISMUS - Der Lac d'Aiguebelette liegt am Fuße der Montagne de l'Epine. Markierte Wanderwege führen auf den Mont Grelle (1 425 m ü. M., Aussichtspunkt) und auf den Col du Crucifix (915 m ü. M.). Mit dem Auto bieten sich Fahrten rund um den See an oder Ausflüge auf den Col de l'Epine und in Richtung Dent du Chat, Lac du Bourget und Lac du Bugey, in ebenso reizvollen Landschaften gelegen.

SKIFF PUB

RESTAURANT - BRASSERIE

Hôtel BEAURIVAGE**

• Poissons • Fritures

E.U.R.L. BOA VISTA - Le Grand Port
73100 AIX-LES-BAINS
TÉL. 04 79 63 41 00 - FAX 04 79 63 47 33

EVINRUDE
Johnson
FOUR WINNS BOATING MADE EASY
Chris-Craft
Seaswirl
SUNBIRD Offrez-vous la mer... sans supplément.
WHITE SHARK
Azura
B2 marine
ZODIAC

A AIX-LES-BAINS, EN SAVOIE

Le rendez-vous Rhônalpin des amateurs de culture Celtique et Bretonne et des Gens de la mer !

Bijouterie TOULHOAT, DIS PATER

Ouvert toute l'année

COMPTOIR MARITIME & CELTIQUE du Lac du Bourget

Vêtements et objets

Pen Duick

HH HELLY HANSEN

TABARLY®

Comptoir Maritime et Celtique du Lac du Bourget
Le Grand Port - 73100 Aix les Bains - Tél. 04 79 63 45 00

La Pastorale

HÔTEL*** RESTAURANT

Aix les bains
SAVOIE - FRANCE

*Blottie dans le feuillage de son jardin, **La Pastorale** vous accueille avec élégance dans une douillette intimité. Des ombrages aux salons, des chambres à la salle à manger, vous êtes sous le charme. **Au restaurant,** vous savourez une cuisine de tradition et des spécialités de poissons du lac. Salons modulables pour réunions, terrasse, bar. **A deux pas :** le lac du Bourget. **Alentours :** le Mont Revard, la Dent du Chat, l'abbaye de Hautecombe, sports nautiques, ski, tennis, golf...*

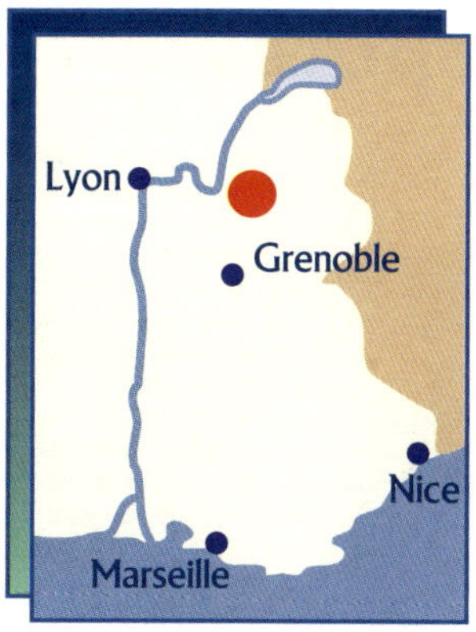

BOURGET (Lac du)

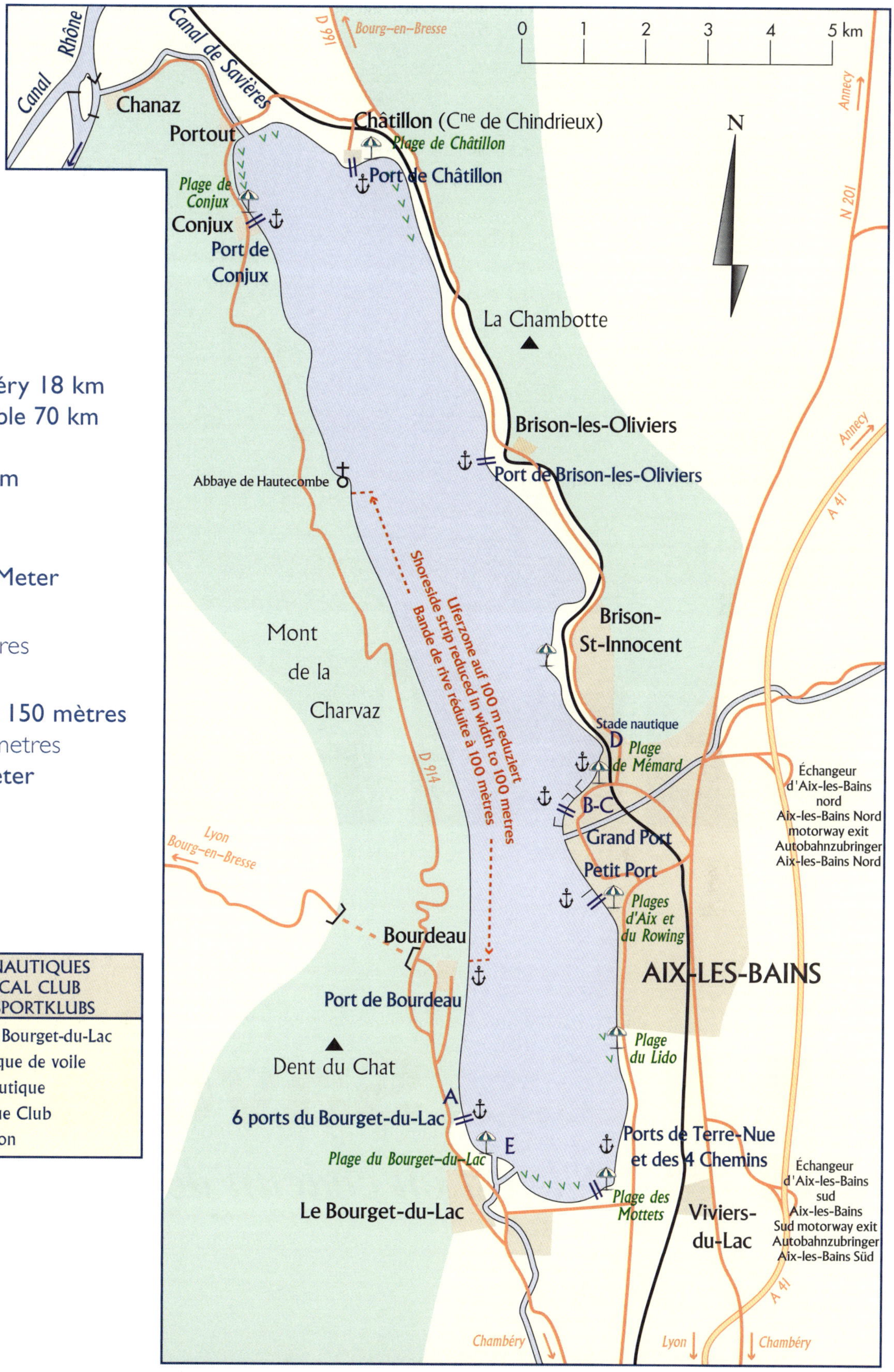

SAVOIE

Lyon 108 km - Chambéry 18 km
Annecy 33 km - Grenoble 70 km
Genève 72 km
Bourg-en-Bresse 109 km

Altitude : 372 mètres
Altitude : 372 metres
Höhe über Meer: 372 Meter

Superficie : 4 500 ha
Surface area : 11 200 acres
Fläche: 4 500 Hektaren

Profondeur maximum : 150 mètres
Maximum depth : 150 metres
Maximale Tiefe: 150 Meter

CLUBS NAUTIQUES NAUTICAL CLUB WASSERSPORTKLUBS
A - Yatch Club Bourget-du-Lac
B - Club Nautique de voile
C - Entente Nautique
D - Ski Nautique Club
E - Club d'Aviron

Majestueux, un rien secret et austère, le plus grand des lacs alpins français (le Léman excepté) forme un impressionnant rectangle de 18 kilomètres de long sur 2 ou 3, dominé, d'une façon abrupte, par le Mont du Chat et le Mont de la Charvaz. Cet immense plan d'eau a naturellement attiré la navigation de plaisance qui y est très pratiquée, tant à voile qu'à rame ou à moteur, le jet-ski® restant seul interdit. Grand lac au cadre romantique, qui inspira à Lamartine un poème resté célèbre mais qui offre beaucoup de ressources et de plaisirs à ses utilisateurs.

En chacun de nous, le goût des grands espaces.

■ Photos Monique Nesbit, Gîtes ruraux Savoie, Jean Dufresne, Gary Sommer.

SAVOIE

La Savoie

Elle est en chacun de nous

AGENCE TOURISTIQUE SAVOIE

24, boulevard de la Colonne - 73000 Chambéry
Tél. 04 79 85 12 45 - Fax 04 79 85 54 68
e.mail : tourisme@cdt-savoie.fr / internet : www.savoie-tourisme.com

Majestic, with a hint of mystery and austerity, the largest of the French Alpine lakes (with the exception of Lac Léman) forms an impressive rectangle 18 kilometres long and 2 or 3 wide. The sheer slopes of the Mont du Chat and the Mont de la Charvez tower above it. This immense expanse of water has naturally attracted intense use for a full range of nautical leisure activities, whether it be with sails, oars or motors; only jet-skis® are banned. This great lake with a romantic setting, that inspired Lamartine's famous poem, offers considerable resources and pleasure to those who frequent it.

Majestätisch und beeindruckend zeigt sich der größte der französischen Seen – den Genfersee nicht mitgerechnet – vor dem Gebirgspanorama der Dent du Chat und Mont de la Charvaz. Die riesige, rechteckige Wasserfläche mit ihren 18 Kilometer Länge und 2 bis 3 Kilometer Breite übt eine große Anziehungskraft auf alle Wassersportfreunde aus, angefangen beim Ruderer bis hin zum Motorbootfahrer – lediglich Jet-Ski® sind verboten. Das imposante Gewässer mit seiner romantischen Kulisse, das Lamartine zu einem berühmt gewordenen Gedicht inspiriert hat, bietet Wassersportlern, Ausflüglern und Urlaubern viele Möglichkeiten für Sport und Erholung.

ACTIVITÉS AUTORISÉES - Motonautisme - Ski nautique - Voile - Planche à voile - Aviron - Canoë-kayak - Plongée (sauf individuelle) - Baignade - Pêche.

INTERDIT - Jet-ski® - Traction de personnes sur un matériel flottant - Plongée individuelle.

PRESTATIONS AUTOUR DU PLAN D'EAU - Une quinzaine de ports (dont les deux d'Aix-les-Bains avec plus de 1 200 places) - 3 engins de levage - Mécaniciens - Poste à carburant au Bourget-du-Lac - Shipchandlers - Hôtels - Restaurants - Campings - Une ville riveraine importante (Aix-les-Bains, 25 000 habitants).

RÉGLEMENTATION - Comme sur les autres lacs, la réglementation générale que le plaisancier a apprise pour le permis de conduire et qu'on trouve dans le *Code Vagnon Fluvial* de l'année, s'applique sur le lac du Bourget. S'y ajoutent des dispositions propres au lac. Les principales de ces dispositions particulières sont résumées dans un document intitulé *Passeport de bonne conduite* **qui doit se trouver à bord de tout bateau motorisé** et qui est délivré sur place. Les autres dispositions particulières sont les suivantes.

- La bande de rive a 200 mètres de largeur sauf sur une partie de la rive ouest où elle est de 100 mètres (voir la carte).
- Les bateaux de pêche et leurs filets sont signalés par des fanions.
- Vitesse maximum des bateaux de plaisance : 80 km/h (30 km/h la nuit). Celle des canots de louage : 20 km/h. Dans la bande de rive : 8 km/h. A l'entrée des ports : 5 km/h.
- Le stationnement des bateaux doit faire l'objet d'une autorisation.
- Les bateaux de plaisance ne doivent pas s'approcher à moins de 100 mètres des voiliers, des embarcations d'aviron, des engins de plage. Respecter les bouées des plongeurs.
- Les roselières (voir la carte) constituent des zones protégées dans lesquelles on ne doit pas entrer.

LE PLAN D'EAU - Relié au Rhône par le canal de Savières, le lac du Bourget sert de réservoir compensateur et son niveau peut varier en fonction des crues du fleuve.

PERMITTED ACTIVITIES - Motor-boats - Water-skiing - Sailing - Wind-surfing - Rowing - Canoe and kayak - Diving (except for independent divers)- Swimming - Fishing.

PROHIBITED - Jet-ski® -Towing of people on floating supports - Independent diving

SERVICES AROUND THE LAKE - About 15 harbours (including 2 at Aix-les-Bains having more than 1 200 berths) - 3 boat cranes - mechanics - Refuelling station at Bourget-du-lac - Ship's chandlers - Hotels - Restaurants - Camping-sites - A major shoreside town (Aix-les-Bains, population 25 000).

REGULATIONS - As on the other lakes, the main regulations to be obeyed on the Bourget lake are the general regulations that one learns in order to pass the test to obtain one's river skipper's licence and that are reproduced in full in the current edition of the *Code Vagnon Fluvial*. But there are also additional regulations proper to this lake. The main specific provisions are resumed in a document entitled *Passeport de bonne conduite* which must obligatorily be carried on board all boats with engines and which is available on the spot. The other local regulations are as follows :

- The shoreside strip is 200 metres wide, except on a part of the west bank where the width is 100 metres (see the map).
- Fishing boats and their nets are marked by pennons.
- Speed limits for leisure craft : 80 KPH (30 KPH at night). Hired open motor-boats are limited to 20 KPH. Within the shoreside strip : 8 KPH. Entering harbours : 5 KPH
- Authorization is required for mooring
- Motor-boats and motor-yachts must not go within 100 metres of sailing boats, rowing boats and beach craft. They must also take heed of divers'buoys.
- Reed-beds (consult the map) constitute protected zones that one is not allowed to enter.

THE STRETCH OF WATER - The Bourget lake, which is linked to the river Rhône by the Savières canal, is used as a compensating reservoir and its water level may vary according to the flow of the river.

ERLAUBT - Motorboote – Wasserski – Segeln – Windsurfen – Rudersport – Kanu – Kajak – Tauchen (nur mit Begleitung) – Baden – Angeln.

VERBOTEN - Jet-Ski® – Schleppen von Personen auf irgendwelchen schwimmenden Unterlagen – Tauchen ohne Begleitung.

LEISTUNGSANGEBOT RUND UM DEN SEE - Viele Häfen (der größte ist Aix-les-Bains mit mehr als 1 200 Plätzen) – 3 Kräne – Mechaniker – Tankstelle in Le Bourget-du-Lac – Schiffsbedarf – Hotels – Restaurants – Campingplätze.

Bedeutendste Stadt am See ist Aix-les-Bains mit 25 000 Einwohnern.

VERORDNUNGEN - Wie auf anderen Seen gilt auf dem Lac du Bourget die allgemeine französische Binnenschifffahrtsverordnung, deren genauen Wortlaut man im *Code Vagnon Fluvial*, "édition de l'année" findet (erscheint jedes Jahr neu). Daneben gibt es eine Reihe zusätzlicher Regelungen, die sich speziell auf den Lac du Bourget beziehen. Die wichtigsten Punkte sind in einem Dokument mit dem Titel "*Passeport de bonne conduite*" zusammengefasst, das sich an Bord jedes Motorschiffes befinden muss. Der "*Passeport de bonne conduite*" ist vor Ort erhältlich.

Im Weiteren gelten folgende Bestimmungen:

- Die Uferzone ist 200 m breit. Eine Ausnahme bildet ein Abschnitt am Westufer, wo die Uferzone nur 100 m breit ist (siehe Karte).
- Fischerboote und Fischernetze sind durch Flaggen gekennzeichnet.
- Maximalgeschwindigkeit
  - Sportboote 80 km/h (nachts 30 km/h)
  - Mietboote 20 km/h
  - In der Uferzone 8 km/h
  - In Hafeneinfahrten 5 km/h
- Liegen und Festmachen von Booten ist nur mit behördlicher Bewilligung möglich.
- Sportboote müssen einen Abstand von 100 m zu Segelschiffen, Ruderbooten und Wassersport-/Spielgeräten einhalten. Beachten Sie die Bojen der Taucher!
- Die Schilfbestände (siehe Karte) sind Naturschutzzonen und dürfen nicht betreten oder befahren werden.

Comme nous l'a aimablement indiqué le Club Nautique Voile d'Aix-les-Bains, les directions de vent dans l'axe du lac sont prédominantes. On note :

- un régime de brises par beau temps : Sud le matin, force 1 à 3 - Nord l'après-midi, force 1 à 2 - Thermique d'Ouest ("la Traverse"), le soir par temps chaud, force 3 à 4.
- des conditions particulières, comme la bise (vent du Nord) qui peut souffler de force 3 jusqu'à 8 et peut lever un clapot de presque 2 mètres. C'est le vent idéal sur le lac, pour la voile.

Le vent du Sud (S-SW) est lié à un régime perturbé et peut s'établir jusqu'à force 7.

Le schéma de vent vraiment dangereux, précise encore le C.N.V. d'Aix-les-Bains, ce sont les coups de vent d'Ouest, à l'approche d'un orage. Un cumulo-nimbus se trouve bloqué par le relief et débouche brutalement sur le lac. Dans certains cas, le vent peut forcer jusqu'à force 10 en moins de 5 minutes !

L'autre club de voile du lac, le Yacht-Club de Chambéry-Le Bourget-du-Lac, confirme que le vent dominant est la bise (de secteur Nord) et que la faible variation du niveau du lac (en raison de sa communication avec le Rhône) n'entraîne aucune conséquence sur la pratique de la voile.

Et ce club résume la situation par cette phrase : le lac du Bourget est un lac venté permettant la pratique de la voile tout au long de l'année.

CLUBS NAUTIQUES

- Club Nautique Voile d'Aix-les-Bains, boulevard Barrier, le Grand Port, 73100 Aix-les-Bains, tél. 04 79 34 10 74, fax 04 79 35 28 15 (Plaisance, régates, école de voile)
- Yacht-Club de Chambéry-Le-Bourget-du-Lac, 223 avenue Ernest Coudurier, BP 41, 73372 Le Bourget-du-Lac, tél./fax 04 79 25 21 66
- Entente Nautique (aviron), Centre Nautique, 73100 Aix-les-Bains
- Ski Nautique Club, Stade nautique, 73100 Aix-les-Bains, tél. 04 79 88 47 87
- Club d'aviron, plage du Bourget-du-Lac, 73370 Le Bourget-du-Lac

LOCATION DE BATEAUX - On peut louer des bateaux à moteur à Aix-les-Bains et des pédalos sur diverses plages du lac.

As the Club Nautique Voile d'Aix-les-Bains has kindly informed us, the prevailing winds are those blowing down the length of the lake.

- In fine weather, there is a regular pattern of breezes : southerly in the mornings, force 1 to 3 - northerly in the afternoons, force 1 to 2 - thermal from the west "la Traverse" (the cross-wind) on warm evenings, force 3 to 4.
- In particular weather conditions there can be a North wind (bise) which can blow from force 3 to 8 and can raise waves of almost 2 metres. This is the best wind on the lake for sailing.

The south wind (south-south-west) occurs when the habitual pattern is disturbed and can reach force 7. The Aix-les-Bains sailing club goes on to point out that the really dangerous wind formation consists of violent gusts of wind from the west as a storm approaches. Cumulo-nimbus clouds get trapped by the mountain escarpment and are violently funnelled over the lake. In certain cases, the wind can attain force 10 in the space of 5 minutes!

The other sailing club on the lake, the Yacht-Club de Chambéry-Le-Bourget-du-Lac, confirms that the prevailing wind is the North wind and that the small variations in the water level of the lake (because of its link with the Rhône) are of no practical consequence for sailing.

This club sums up the situation with this sentence : the Bourget lake is a windy lake that gives satisfactory sailing conditions all the year round.

NAUTICAL CLUBS - (See details in French text under "Clubs nautiques").

BOAT HIRE - One can hire motor-boats at Aix-les-Bains and pedal craft on various beaches around the lake.

EXCURSION BOATS - Departing from the Grand Port of Aix-les-Bains, passenger boats ply to Hautecombe Abbey and le Bourget-du-Lac on a regular schedule and excursion boats taking you for a tour of the lake, on the Savières canal, the Haut-Rhône etc. will enable you to appreciate thoroughly the beauty of the lake. (See details in French text under "Bateaux de promenade").

SWIMMING - There are eight or nine beaches. They are mostly composed of pebbles and only one or two are minded by life-guards and fitted

DAS GEWÄSSER - Der Lac du Bourget ist durch den Canal de Savières mit der Rhone verbunden. Er dient als Ausgleichsbecken, deshalb kann sein Wasserstand entsprechend der Wasserführung der Rhone variieren.

Wie uns der Club Nautique Voile d'Aix-les-Bains und der Yacht-Club de Chambéry in Le Bourget-du-Lac mitgeteilt haben, entspricht die Hauptwindrichtung der Nordsüdachse des Sees.

- Windverhältnisse bei schönem Wetter: Vormittags Südwind (Windstärke 1 bis 3), nachmittags Nordwind (Windstärke 1 bis 2), bei warmem Wetter abends thermische Beisen aus Westen ("la Traverse", Windstärke 3 bis 4).
- Die Bise (Nordwind), die Windstärken von 3 bis 8 erreicht und annähernd zwei Meter hohe Wellen aufwerfen kann, ist der ideale Wind zum Segeln.
- Südwind (aus Richtung Südsüdwest) kommt bei durchziehenden Störungen auf und kann bis Windstärke 7 erreichen.
- Wirklich gefährlich sind die Windböen aus Westen beim Herannahen eines Gewitters. Die Regenwolken stauen sich am Gebirge und entleeren sich sintflutartig über dem See. Bei gewissen Bedingungen kann der Wind innerhalb von fünf Minuten auf Windstärke 10 anschwellen.
- Geringe Niveauunterschiede im Zusammenhang mit dem Wasserstand der Rhone sind für den Segelsport ohne Bedeutung.

Alles in allem ist der Lac du Bourget ist ein windreicher See, auf dem Segeln das ganze Jahr über möglich ist.

WASSERSPORTKLUBS - Club Nautique Voile d'Aix-les-Bains, ... (Sportboote, Regatten, Segelschule)

(Adressen im französischen Text unter "Clubs nautiques").

▲ Lac du Bourget - La Chambotte

BATEAUX DE PROMENADE - Depuis le Grand Port d'Aix-les-Bains, des bateaux à passagers effectuent des services réguliers avec l'abbaye de Hautecombe et Le Bourget-du-Lac, des excursions (tour du lac, canal de Savières, Haut-Rhône, etc.) qui permettent de s'imprégner au maximum de la beauté du lac.

- Société des bateaux du lac du Bourget, le Grand Port, 73100 Aix-les-Bains,
  tél. 04 79 88 92 09 (individuels),
  04 79 63 45 00 (groupes),
  fax 04 79 63 41 63

Depuis Chanaz :

- Bateau-Canal SARL, place Gianetto, 73310 Chanaz, tél. 04 79 54 51 80 / 06 12 84 71 92 06 12 50 25 48, fax 04 79 54 20 02
- Bateaux de Chanaz et du Bugey, quai du Canal, 73310 Chanaz, tél. 04 79 54 29 13, fax 04 79 63 41 63

BAIGNADE - Les plages sont au nombre de huit ou neuf. Ce sont généralement des plages de galets; une ou deux seulement sont surveillées ou aménagées. Pour la plupart, elles sont sur la rive est, donc bénéficient d'une belle vue sur le mont du Chat. Les baignades sont forcément situées dans la bande de rive. Si vous voulez nager à l'extérieur de la bande de rive, l'accompagnement d'un bateau de sécurité est obligatoire.

PÊCHE - Le pêcheur trouvera lavarets, sandres, perches et brochets. En barque au milieu du lac, il se méfiera toutefois des conditions changeantes de la météo.

- Fédération des A.A.P.P. de Savoie, 73230 St-Alban-Leysse, tél. 04 79 85 98 02

ADRESSES UTILES

- Service de la Navigation (D.D.E.), 28 boulevard Domenget, BP 100, 73101 Aix-les-Bains cedex, tél. 04 79 61 73 73, fax 04 79 61 73 74
- Agence Touristique de la Savoie, 24 Bd de la Colonne, 73000 Chambéry,
  tél. 04 79 85 12 45, fax 04 79 85 54 68
- Office de Tourisme d'Aix-les-Bains, place M-Mollard, 73100 Aix-les-Bains,
  tél. 04 79 35 05 92, fax 04 79 88 88 01
- Office de Tourisme du Bourget-du-Lac, place Général-Sevez, 73370 Le Bourget-du-Lac, tél./fax 04 79 25 01 99

TOURISME - Un site comme celui du lac du Bourget possède un capital touristique important. Sur les rives mêmes du lac : l'abbaye de Hautecombe. De part et d'autre du plan d'eau, les pentes abruptes du Mont du Chat et du Mont de la Charvaz d'un côté, de la Chambotte de l'autre.

Le canal de Savières qui fait communiquer le lac avec le Rhône est très pittoresque, de même que la retenue du Rhône qui suit, qui constitue une croisière fort agréable jusqu'au lac du Lit au Roi (voir page 15).

Et tout autour, dans un rayon plus large, le Bugey et le Haut-Rhône, le Mont Revard, la ville de Chambéry, capitale de la Savoie, la Montagne de l'Epine et le lac d'Aiguebelette, un autre plan d'eau d'un charme différent, décrit à la page 115 de ce guide.

out with amenities. Most of them are on the east bank and therefore benefit from a beautiful view of the Mont du Chat. Swimmers should naturally stay within the shoreside strip. Those wishing to swim beyond the strip must obligatorily be accompanied by a security boat.

FISHING - Fishermen will find lavaret, zander, perch and pike. In a boat in the middle of the lake, they should nevertheless be wary of weather conditions that are liable to rapid change.

USEFUL ADDRESSES - (See details in French text under "Adresses utiles").

TOURISM - The Bourget lake has a major tourist attraction situated right on its shores : the Abbaye de Hautecombe. The water is flanked by the steep slopes of the Mont du Chat and the Mont de la Charvaz on one side and by those of the Mont de la Chambotte on the other side.

The Savières canal, which links the lake with the river Rhône, is very picturesque, as is the artificial relief channel of the Rhône that follows, the Dérivation de Belley, together constituting a very pleasant cruise that takes you to the Lac du Lit au Roi (see page 15).

And all round, in a somewhat larger radius, there are le Bugey and the Haut-Rhône, the Mont Revard, the town of Chambery, capital of the Savoy region, the Montagne de l'Epine and the Aiguebelette lake, another expanse of water with a different kind of charm (described on page 115 of this guide).

VERMIETUNGEN - Motorboote können in Aix-les-Bains und Pedalos an verschiedenen Badestränden gemietet werden.

AUSFLUGSSCHIFFE - Vom Grand Port Aix-les-Bains aus gibt es einen regelmäßigen Linienbetrieb nach der Abbaye de Hautecombe und nach Le Bourget-du-Lac. Daneben werden Rundfahrten auf dem See und Fahrten zum Canal de Savières und zur Haut-Rhône angeboten, auf denen man die Schönheit des Sees genießen kann.

(Adressen im französischen Text unter "Bateaux de promenade").

BADEN - Es gibt mehrere Kiesstrände, allerdings sind nur die wenigsten überwacht und mit Einrichtungen für Badegäste versehen. Die meisten Badestrände liegen am Ostufer und bieten eine prächtige Aussicht auf den gegenüberliegenden Mont du Chat.

Schwimmer, die außerhalb der Uferzone schwimmen wollen, müssen von einem Sicherheitsfahrzeug begleitet sein.

ANGELN - Hauptsächliche Fischarten sind Felchen, Zander Forelle und Hecht.

Vorsicht, auf dem offenen See kann sich das Wetter rasch ändern!

NÜTZLICHE ANSCHRIFTEN - (Adressen im französischen Text unter "Clubs nautiques").

TOURISMUS - Landschaften, wie sie rund um den Lac de Bourget zu finden sind, stellen ein wichtiges touristisches Kapital dar. Direkt am See liegt die Abbaye de Hautecombe. Die Berghänge von Dent du Chat und Mont de la Charvaz am Westufer und Chambotte am Ostufer fallen teilweise steil zum See ab. Der Canal de Savières, der den See mit der Rhone verbindet, ist sehr malerisch, genauso wie die folgende Staustrecke der Rhone, auf der die schöne Fahrt bis zum Lac du Lit au Roi fortgesetzt werden kann (siehe Seite 15).

In der weiteren Umgebung liegen das Bugeymassiv und die Haut-Rhône, der Mont Revard, Chambéry, die Hauptstadt Savoyens, die Montagne de l'Epine und der Lac d'Aiguebelette, ein See mit ganz anderem Charakter (siehe Seite 115).

▲ Lac d'Annecy - Talloires

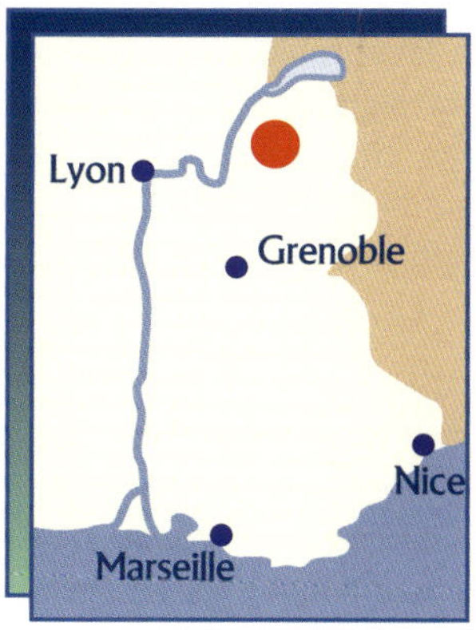

ANNECY (Lac d')

HAUTE-SAVOIE

Lyon 140 km - Genève 44 km - Chambéry 37 km - Grenoble 92 km

Altitude : 447 mètres - Altitude : 447 metres - Höhe über Meer: 447 Meter
Superficie : 2 740 ha - Surface area : 6 770 acres - Fläche: 2 740 Hektaren
Profondeur maximum : 65 mètres (78,70 mètres au Boubioz, source sous-lacustre)
Maximum depth : 65 metres (78.70 m at Boubioz, a spring under the lake)
Maximale Tiefe: 65 Meter (78,70 m bei Boubioz, Quelle im Seegrund)

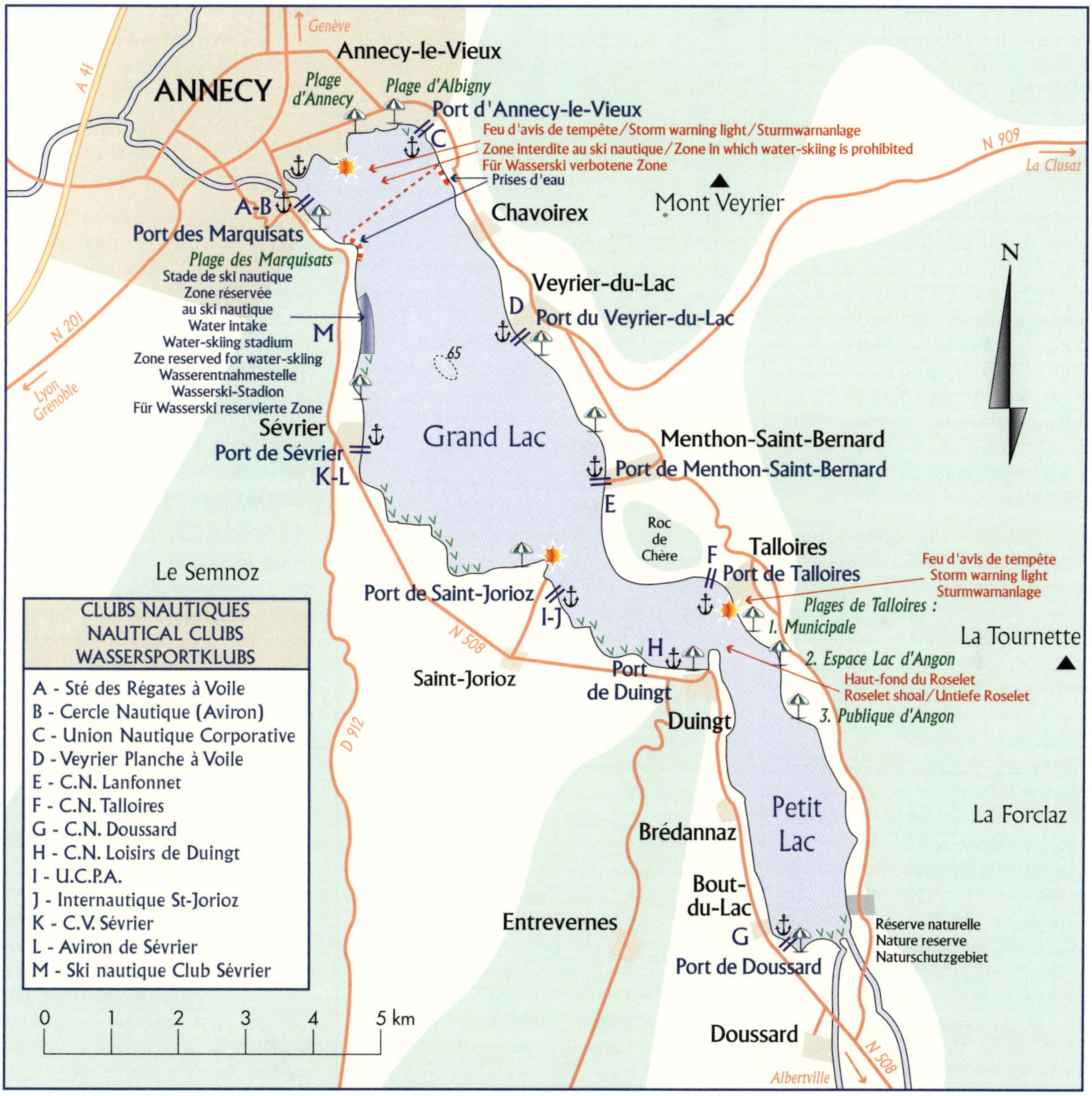

À juste titre considéré comme un des plus beaux lacs de France, le lac d'Annecy réunit les suffrages de tous ceux qui le pratiquent ou le découvrent : beauté du site et possibilité de pratiquer tous les sports nautiques, à l'exception du jet-ski®. Sa configuration tourmentée ajoute à son charme; ses grandes dimensions (14,6 kilomètres de longueur) permettent à chacun d'en profiter à loisir malgré une très forte fréquentation estivale. Que ce soit sur une des nombreuses plages ou à bord de votre bateau, vous serez séduit par ce plan d'eau étincelant enchâssé dans un cadre superbe de montagnes.

Rightly considered to be one of the most beautiful lakes in France, the lac d'Annecy gets a favourable verdict from all those who use it or who make its acquaintance ; they appreciate the beauty of the setting and the possibility of enjoying all water sports, except for jet-ski®. The lake's irregular shape adds to its charm. Its great size (14.6 kilometres long) enables everyone to enjoy it freely, in spite of the very large number of visitors in the summer season. Whether you are on one of the numerous beaches or aboard your boat, you will be delighted by this glittering expanse of water, surrounded by superb mountain scenery.

Mit vollem Recht wird der Lac d'Annecy als einer der schönsten Seen Frankreichs bezeichnet. Mit seinen vielen Buchten, eingebettet in eine wundervolle Berglandschaft, ist er sehr schön gelegen, und es kommen hier auch alle Wassersportfreunde auf ihre Rechnung (ausgenommen Jet-Ski®). Trotz des intensiven Betriebes während der Sommerzeit findet man auf der immensen Wasserfläche von 14,6 km Länge Ruhe und Entspannung, sei es an Bord des eigenen Schiffes, oder an einem schönen Plätzchen an einem der zahlreichen Badestrände.

ACTIVITÉS AUTORISÉES - Motonautisme - Ski nautique - Voile - Planche à voile - Aviron - Canoë-kayak - Plongée - Baignade - Pêche.

INTERDIT - Jet-ski® - Traction de personnes sur un matériel flottant (ex. : boudin pneumatique).

PRESTATIONS AUTOUR DU PLAN D'EAU - Une dizaine de ports de plaisance, dont ceux des Marquisats (80 anneaux) et de Saint-Jorioz (100 anneaux) - 2 engins de levage (Marquisats et Savoie Marine à Saint-Jorioz) - Slip-way à Sévrier - Mécaniciens - Shipchandlers - Poste de carburant à Sévrier - Location de bateaux de plaisance et de pédalos, hôtels, restaurants, campings dans toutes les communes du bord du lac - Une ville riveraine importante (Annecy, 100 000 habitants).

RÉGLEMENTATION - La réglementation à observer sur le lac d'Annecy est d'abord la réglementation générale, celle que l'on apprend pour passer le permis de conduire fluvial et qui est détaillée dans le *Code Vagnon fluvial*, édition de l'année. Mais l'arrêté préfectoral du 26/06/95 a complété cette réglementation par des dispositions propres au lac et qu'il faut connaître aussi.

On peut se procurer dans les mairies, offices de tourisme, à la D.D.E. (voir les adresses ci-après), cet arrêté préfectoral et un dépliant intitulé *Guide de Plaisance*, très clair et très bien fait, qui résume parfaitement les particularités d'utilisation du lac (un imprimé plus sommaire peut être diffusé par certains commerces, hôtels, restaurants et campings riverains). Outre les documents habituels concernant le pilote et l'embarcation, **l'arrêté préfectoral et le *Guide Plaisance* doivent être à bord de tout bâtiment motorisé; le *Guide Plaisance* est seul exigé pour les bateaux non motorisés et de location.** Pour cette raison, nous ne reprendrons pas ces dispositions particulières puisqu'elles figurent sur le *Guide Plaisance* qui est à bord ou qu'on peut se procurer facilement.

Signalons simplement les quelques points supplémentaires suivants :

- la "bande de rive", tout autour du lac, est d'une largeur moyenne de 200 mètres ;

PERMITTED ACTIVITIES - Motor-boats - Water-skiing - Sailing - Windsurfing - Rowing - Canoe and kayak - Diving - Swimming - Fishing.

PROHIBITED - Jet-ski® -Towing of people on floating supports (e.g. inflatable rings or rafts)

SERVICES AROUND THE LAKE - About ten pleasure boat harbours, including those at les Marquisats (80 rings) and at Saint-Jorioz (100 rings) - 2 boat cranes (Marquisats and Savoie Marine at Saint-Jorioz) - Launching slipway at Sévrier - Mechanics - Ship's chandlers - Refuelling station at Sévrier - Hire of pleasure boats and pedal craft, hotels, restaurants, camp-sites in all the towns and villages round the lake - A major shoreside town (Annecy, population 100 000).

REGULATIONS - The main regulations to be obeyed on the Annecy lake are the general regulations that one learns in order to pass the test to obtain one's river skipper's licence and that are reproduced in full in the current edition of the *Code Vagnon Fluvial*. But you must also be familiar with the additional local regulations contained in the notice issued by the Prefect on June 26, 1995.

You can obtain this Prefect's notice in the municipal offices, tourist offices and at the D.D.E. (local infra-structure office) as well as a very clear and well produced leaflet entitled *Guide de Plaisance*, which gives a perfect summary of the specificities of using this lake. A less complete résumé of this leaflet is also handed out by some shops, hotels, restaurants and camping-sites around the lake. In addition to the usual documents relating to the skipper of the boat, the "arrêté préfectoral" and the *Guide de Plaisance* must obligatorily be carried on board all motor powered craft. Only the *Guide de Plaisance* is required for boats without an engine and hired boats. For this reason, we shall not reproduce or describe in detail these local regulations, as they appear in the *Guide de Plaisance* which is on board or which can be easily obtained.

We shall simply draw your attention to the following points :

- the shoreside strip all around the lake has an average width of 200 m
- speed is limited :
  - to 50 KPH (25 KPH at night) for leisure craft

ERLAUBT - Motorboote – Wasserski – Segeln – Windsurfen – Rudersport – Kanu – Kajak – Tauchen – Baden – Angeln.

VERBOTEN - Jet-Ski® – Schleppen von Personen auf irgendwelchen schwimmenden Unterlagen (ausgenommen Hydrobob).

LEISTUNGSANGEBOT RUND UM DEN SEE - Mehrere Jachthäfen, die beiden wichtigsten sind Marquisats (80 Ringe) und Saint-Jorioz (100 Ringe) – 2 Kräne (Marquisats und Savoie Marine in Saint-Jorioz) – Slipmöglichkeit in Sévrier – Mechaniker – Schiffsbedarf – Tankstelle in Sévrier – Vermietung von Sportbooten und Pedalos – Hotels, Restaurants und Campingplätze in allen Gemeinden am See.

Die bedeutendste Stadt ist Annecy mit 100 000 Einwohnern.

VERORDNUNGEN - Wer sich auf seinen Aufenthalt am Lac d'Annecy mit Hilfe des *Code Vagnon fluvial*, "édition de l'année" (erscheint jedes Jahr neu) vorbereitet hat, kennt die dort gültige Schifffahrtsverordnung, die der allgemeinen französischen Binnenschifffahrtsverordnung entspricht. Daneben muss man die speziell für den Lac d'Annecy geltenden Zusatzregelungen des "Arrêté préfectoral du 26/06/95" kennen. Diese Zusatzbestimmungen sowie das Faltblatt "*Guide de Plaisance*", das sehr einfach und klar die Besonderheiten zusammenfasst, die es auf diesem See zu beachten gilt, sind erhältlich in den Bürgermeisterämtern, Fremdenverkehrsämtern und bei der D.D.E. (Adressen im französischen Text). Eine vereinfachte Ausgabe des *Guide de Plaisance* wird in verschiedenen Geschäften, Hotels, Restaurants und auf den Campingplätzen rund um den See abgegeben.

Außer den üblichen Schiffsdokumenten müssen die beiden Papiere "Arrêté préfectoral" und "*Guide de Plaisance*" an Bord jedes motorisierten Bootes sein (für nicht motorisierte Fahrzeuge und Mietboote ist nur der *Guide de Plaisance* obligatorisch). Auf die Wiedergabe der beiden Dokumente in diesem Führer haben wir verzichtet, da sie sich entweder an Bord befinden oder sehr leicht zu beschaffen sind.

• la vitesse est limitée :
  - à 50 km/h (la nuit : 25 km/h) pour les bateaux de plaisance ;
  - à 20 km/h (jour et nuit) pour les bateaux de location d'une puissance égale ou inférieure à 10 CV ;
  - à 5 km/h dans la bande de rive et les canaux du Thiou et du Vassé ;
• le port du gilet de sauvetage est obligatoire si l'on fait du canoë-kayak en dehors de la bande de rive ;
• les règles de stationnement sont assez astreignantes (demander à l'Administration un permis de stationner). Il est interdit de passer la nuit sur un bateau au mouillage.

LE PLAN D'EAU - La Société des Régates à Voile d'Annecy nous a fourni d'intéressantes précisions sur le régime de ce lac qui forme un plan d'eau régulièrement venté et pour lequel on peut distinguer 3 zones avec des conditions de vent sensiblement différentes :
- la baie d'Annecy,
- le Grand Lac,
- le Petit Lac (voir la carte).

Elle signale que les vents sont très changeants, ceci étant dû aux effets cumulés du relief, du thermique et du vent synoptique.

Les principaux vents dominants sont la bise (vent du Nord) ou la bise noire (Nord-Est), à partir de 11/12 heures, force 2 à 4/5, quand les conditions sont anticycloniques.

En baie d'Annecy, en conditions thermiques, si l'eau du lac est fraîche : le matin (9 heures à 11 heures) vent du Sud-Est force 1 ; l'après-midi (13 heures à 20 heures) vent Ouest-Nord-Ouest force 1 à 3.

Les tempêtes sont rares. Dans tous les cas, le clapot est court dès force 3 ou 4.

L'arrivée d'une dépression s'annonce par un vent d'Ouest, force 1 à 4. Orage ou passage de dépression : vent du Sud, force 1 à 5/6.

CLUBS NAUTIQUES

Voile

- Société des Régates à Voile (E.F.V.), 31 rue des Marquisats, 74000 Annecy, tél. 04 50 45 48 39
- Cercle de Voile de Sévrier (E.F.V.), route du Port, 74320 Sévrier, tél. 04 50 52 65 22
- Club Nautique de Doussard (E.F.V.), Le Bout-du-Lac, 74210 Doussard, tél. 04 50 44 81 45
- Internautique de Saint-Jorioz (E.F.V.), 45 impasse des Roseaux, 74410 Saint-Jorioz, tél. 04 50 68 93 04 et 04 50 68 93 02
- Centre Nautique Loisirs Duingt, 74410 Duingt
- Cercle Nautique de Talloires, 74290 Talloires
- Cercle Nautique du Laufonnet, 74290 Menthon-Saint-Bernard
- Union Nautique Corporative Annécienne, avenue du Petit Port, 74940 Annecy-le-Vieux

© ATD Haute-Savoie/Hervé CHELLE

- to 20 KPH (day and night) for hired boats with a motor of 10 HP or less
- to 5 KPH within the shoreside strip and in the Thiou and Vassé canals
• it is obligatory to wear a life-jacket in a canoe or kayak if you go beyond the shoreside strip.
• the rules for mooring are rather restrictive (you must ask the Administration for a mooring permit). Spending the night aboard a moored boat is prohibited.

THE STRETCH OF WATER - La Société des Régates à voile d'Annecy has supplied us with interesting information on the prevailing conditions on this lake, which has regular wind patterns and on which there are 3 distinct zones each having widely different wind conditions :
- the bay of Annecy,
- the Grand Lac,
- the Petit Lac (look at the map).

The club points out that the winds are subject to rapid and frequent change as a result of the cumulated effects of the contours of the terrain, thermal phenomena and the synoptical wind.

The main prevailing winds are the North wind and the "bise noire"(north-east) which blow from 11 to 12 o'clock onwards at force 2 to 5 during anticyclone conditions.

In the bay of Annecy, in thermal conditions, if the water of the lake is cold : mornings (9 to 11am) south-easterly wind, force 1 ; afternoons (1 pm to 8 pm west-north-westerly wind, force 1 to 3.

Gales are rare. In all cases, a short chop gets up as soon as the wind reaches force 3 or 4.

The arrival of a depression is heralded by a west wind, force 1 to 4. Storm or short-lived depression : south wind, force 1 to 5 or 6.

NAUTICAL CLUBS

Sailing

Water-skiing

Rowing

Canoe and Kayak

Diving

(See details in French text under "Clubs nautiques").

Hier noch einige wichtige ergänzende Bestimmungen:
• Die Uferzone ist 200 m breit.
• Zulässige Höchstgeschwindigkeit:
  - 50 km/h (nachts 25 km/h) für Sportboote
  - 20 km/h (Tag und Nacht) für Mietboote mit bis zu 10 PS
  - 5 km/h in der Uferzone und in den Kanälen Thiou und Vassé
• Das Tragen von Rettungswesten in Kanus und Kajaks außerhalb der Uferzone ist obligatorisch.
• Die Bestimmungen über das Stationieren von Schiffen sind sehr streng (Bewilligung bei der Schifffahrtsbehörde einholen).

Auf vor Anker liegenden Schiffen darf nicht übernachtet werden.

DAS GEWÄSSER - Die Société des Régates à voile d'Annecy hat uns interessante Informationen über die Wetterverhältnisse auf dem See geliefert. Es weht ständig ein Wind; der See kann in drei Zonen mit verschiedenen Windverhältnissen eingeteilt werden:
- die Bucht von Annecy,
- den Grand Lac,
- den Petit Lac (siehe Karte)

Die Winde sind sehr wechselhaft. Sie resultieren aus verschiedenen Faktoren wie Bodenbeschaffenheit, Luftströmungen und Windrichtung.

Die häufigsten Winde sind die Bise (Nordwind) und die Bise noire (Nordostwind). Sie wehen bei Hochdruckwetterlagen ca. ab 11 h mit Windstärken von 2 bis 4/5.

Wenn eine Warmluftströmung besteht und das Wasser im See frisch ist, weht in der Bucht von Annecy am Morgen etwa von 9 h bis 11 h ein schwacher Wind aus Südost (Windstärke 1). Am Nachmittag, ca. von 13 h bis 20 h, kommt der Wind aus Westnordwest (Windstärke 1 bis 3).

Stürme sind selten, ab Windstärke 3 oder 4 entstehen jedoch kurze, harte Wellen.

Ein Tief kündigt sich mit Westwind an (Windstärke 1 bis 4). Bei Gewittern und durchziehenden Tiefdruckgebieten weht ein

- Veyrier Planche à Voile, Vieille route des Penssières, 74290 Veyrier-du-Lac
- U.C.P.A., route de la Plage, 74410 Saint-Jorioz, tél. 04 50 68 93 02

Ski nautique
- Ski Nautique Club de Sévrier, 74320 Sévrier

Aviron
- Aviron de Sévrier, 74320 Sévrier
- Cercle Nautique d'Annecy, avenue des Marquisats, 74000 Annecy
- Cercle Nautique de Talloires, 74290 Talloires
- Club des Sports d'Annecy-le-Vieux, 29 avenue du Petit Port, 74940 Annecy-le-Vieux

Canoë-kayak
- Canoë-Kayak Club d'Annecy, 6 rue Colonel Chapuisien, 74000 Annecy, tél. 04 50 51 06 14

Plongée
- Club Aquatique International de Doussard, 74210 Doussard
- Club Subaquatique Alpin, 29 avenue des Marquisats, 74000 Annecy
- La Coulée Douce, 74320 Sévrier

LOCATION DE BATEAUX - Il existe des sociétés de location de bateaux (avec et sans permis et de pédalos) dans toutes les communes riveraines du lac.

BATEAUX DE PROMENADE - Vous pouvez choisir de découvrir le site grandiose du lac d'Annecy par une croisière à bord d'un des nombreux bateaux à passagers qui sillonnent le lac. Trois adresses :
- La Compagnie des Bateaux, 2 place au Bois, 74000 Annecy, tél. 04 50 51 08 40, fax 04 50 51 08 40
- M. Dupraz, tél. 04 50 51 52 15
- M. Toé, tél. 04 50 45 00 42

BAIGNADE - Les plages, au nombre d'une douzaine, sont généralement de sable, gravier ou galets, parfois d'herbe. Certaines sont surveillées en saison. Elles ont toutes pour avantage d'être placées face à un paysage superbe. Rappelons que la baignade est interdite dans les roselières.

LA QUALITÉ DES EAUX ET LA PÊCHE - Il y a quarante ans, une réalisation exemplaire a été entreprise pour sauver le lac d'Annecy de la pollution. Le plan d'eau a été bouclé par un collecteur périphérique d'eaux usées et aujourd'hui les eaux usées de la plupart des communes du bassin versant ne se déversent plus dans le lac. Celui-ci est devenu un lac propre. Baigneurs et pêcheurs apprécient.

Les pêcheurs du lac d'Annecy trouveront des gardons, des perches, des féras, des truites de lac et, dans les zones très profondes, des lottes et ombles chevaliers. Le lac est classé en 1re catégorie du domaine public.
- Association des Pêcheurs amateurs, M. Lacombe, route de la Combe, 74290 Veyrier-du-Lac
- Association de Pêche professionnelle, 96 avenue des Marquisats, 74000 Annecy

© ATD Haute-Savoie/Hervé CHELLE

▲ Mouettes rieuses

BOAT HIRE - There are boat hire companies (with and without skipper's licence) and pedal craft hirers in all the localities around the shores of the lake.

EXCURSION BOATS - You can choose to discover the grandiose site of the Annecy lake by taking a cruise aboard one of the numerous passenger boats that criss-cross the lake. Three addresses (See details in French text under "Bateaux de promenade").

SWIMMING - There are a dozen beaches, mostly of sand, gravel or pebbles, and sometimes with grass. Some of them have life-guard supervision in the holiday season. They all have the advantage of being opposite superb scenery.

We remind you that bathing is forbidden in the reed-beds.

THE QUALITY OF THE WATER AND FISHING - Forty years ago, an exemplary scheme was put into action to save the Annecy lake from pollution. A drain to collect effluent was installed all round the periphery of the lake and today the waste water from almost all the towns and villages in the lake basin no longer finds its way into the lake. The water of the lake has become clean. Swimmers and fishermen are appreciative.

Those fishing in the Annecy lake find roach, perch, féra lake trout and, in the very deep parts, burbot and char. The lake is classed in category 1 of the public domain.

USEFUL ADDRESSES - (See details in French text under "Adresses utiles").

TOURISM - Aside from boating, swimming and fishing, you can profit from your stay on the shores of the Annecy lake to discover a region that is richly endowed with points of interest for the tourist. First of all, the town of Annecy (the lakeside, the old town, the castle, etc.), then the other localities round the lake shore : Menthon-Saint-Bernard (castle) Talloires (setting), Duingt (setting and the castles of Ruphy and Héré), Sévrier (bell museum).

In the chalk abutments of the Alps, the lake constitutes a lateral defile that separates two massifs, the Bornes and the Bauges. There are interesting excursions that can be made on

Südwind mit Windstärken von 5 bis 6.

WASSERSPORTKLUBS

Segeln

Wasserski

Rudersport

Kanu- und Kajak

Tauchen

(Adressen im französischen Text unter "Clubs nautiques").

VERMIETUNGEN - Boote (mit und ohne Führerschein zu fahren) und Pedalos können in allen Gemeinden rund um den See gemietet werden.

AUSFLUGSSCHIFFE - Entdecken Sie die Schönheiten des Lac d'Annecy mit einem der zahlreichen Ausflugsschiffe! Hier drei Adressen (Adressen im französischen Text unter "Bateaux de promenade").

BADEN - Es gibt rund ein Dutzend Badestrände mit Sand, mehr oder weniger feinem Kies, manchmal mit Gras. Einige sind während der Hauptsaison überwacht. Alle sind schön gelegen und bieten Aussicht auf eine herrliche Landschaft. Das Baden im Schilf ist verboten.

WASSERQUALITÄT UND ANGELN - Vor vierzig Jahren wurden einmalige, vorbildliche Maßnahmen getroffen, um den Lac d'Annecy vor der Verschmutzung zu retten. Die Wasserfläche wurde ringsum durch einen Abwasserauffanggürtel abgeriegelt. Heute gelangen praktisch keine Abwässer mehr in den See. Das Wasser ist sehr sauber, das wissen Badegäste und Angler natürlich zu schätzen.

Der Lac d'Annecy gehört den Angelrevieren der 1. Kategorie an. Hauptsächliche Fischarten: Plötze, Barsch, Felchen, Seeforelle und in sehr tiefen Zonen Quappe und Wandersaibling.

NÜTZLICHE ANSCHRIFTEN - (Adressen im französischen Text unter "Adresses utiles").

TOURISMUS - Nicht nur Wassersportler, Badegäste und Angler kommen am Lac d'Annecy auf ihre Rechnung, es gibt auch in

Château de Ruphy devant le Massif de la Tournette ▶

ADRESSES UTILES

- Service Navigation (D.D.E.), chemin des Carrières, BP 578, 74054 Annecy cedex, tél. 04 50 66 77 10
- Office de Tourisme d'Annecy, 1 rue Jean Jaurès, 74000 Annecy, tél. 04 50 45 00 33
- Office de Tourisme de Saint-Jorioz, route de l'Église, 74410 Saint-Jorioz, tél. 04 50 68 61 82
- Office de Tourisme de Talloires, tél. 04 50 60 70 64
- Office de Tourisme de Sévrier, place de la Mairie, 74320 Sévrier, tél. 04 50 52 40 56
- Office de Tourisme de Menthon-Saint-Bernard, tél. 04 50 60 14 30

TOURISME - En dehors de la navigation, de la baignade, de la pêche, vous pouvez profiter de votre séjour au bord du lac d'Annecy pour découvrir une région éminemment touristique. Tout d'abord, la ville d'Annecy (le site des bords du lac, le vieil Annecy, le Château, etc.) puis les localités riveraines : Menthon-Saint-Bernard (château), Talloires (son site), Duingt (site et châteaux de Ruphy et d'Héré), Sévrier (Musée de la Cloche).

Dans les Préalpes calcaires, le lac constitue une cluse qui sépare deux massifs, les Bornes et les Bauges. Ces massifs, d'une altitude raisonnable (1 600 à 2 500 mètres) peuvent faire l'objet d'excursions intéressantes :

- le Mont Veyrier, tout près d'Annecy ;
- la Montagne de Semnoz et le Crêt de Chatillon, à l'ouest du lac ;
- les Glières, Thônes, La Clusaz et le massif des Aravis, à l'est ;
- le col de la Forclaz, au sud-est.

Certains de ces itinéraires offrent des points de vue remarquables sur le lac.

A noter qu'une piste cyclable a été établie sur l'ancienne voie ferrée, de Sévrier à Brédannaz, sur une douzaine de kilomètres.

Signalons enfin la grandiose et nocturne "fête du lac" qui attire, chaque premier samedi d'août, plus de 100 000 spectateurs.

these massifs, whose height is only moderate (from 1 600 m to 2 500 m) :

- Mont Veyrier, very close to Annecy
- the Semnoz mountain and the Chatillon crest, to the west of the lake
- les Glières, Thones, La Clusaz and the Arairs massif, to the east
- the Foulaz pass, to the south-east

Some of these itineraries offer fabulous view points over the lake.

It is worth mentioning that a cycling track, about 12 kilometres in length, has been created along the disused railway track between Sévrier and Brédannaz.

Lastly, we should not forget the grandiose night-time lake festival which draws more than 100 000 spectators every first Saturday in August.

der Umgebung viel Interessantes zu erkunden und zu entdecken. Da ist einmal die Stadt Annecy (Uferanlagen, Alt-Annecy, Schloss usw.), dann die Seegemeinden Menthon, Saint-Bernard (Schloss), Talloires (Stadtanlage), Duingt (die Stadtanlage und die Schlösser Ruphy und Héré) und Sévrier (Glockenmuseum).

Der See liegt in einer Schlucht, die zwei Bergmassive der Voralpen trennt, Les Bornes und Les Bauges. Diese beiden Gebirgszüge mit einer respektablen Höhe von 1 600 bis 2 500 m laden zu interessanten Touren mit folgenden Zielen ein:

- Mont Veyrier, direkt bei Annecy
- Montagne de Semnoz und Crêt de Chatillon, westlich des Sees
- Les Glières, Thônes, La Clusaz und das Arairsmassiv, östlich des Sees
- Der Col de la Foulaz, im Südosten

Einige dieser Touren bieten prächtige Aussichten auf den See.

Auf der alten Eisenbahntrasse zwischen Sévrier und Brédannaz wurde ein 12 Kilometer langer Radweg angelegt.

Das grandiose Sommernachtfest "Fête du lac", das am ersten Samstag im August stattfindet, zieht jedes Jahr über 100 000 Zuschauer an.

© ATD Haute-Savoie/Yann ARTHUS BERTRAND

Nernier ▲

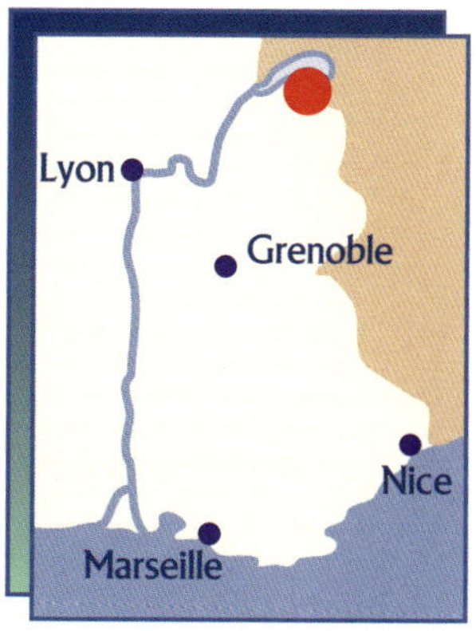

LÉMAN (Lac) (Rive française)

HAUTE-SAVOIE

Depuis Évian : Thonon 9 km - Genève 42 km - Lausanne/Ouchy (en bateau) 13 km Montreux 38 km - Annecy 86 km - Chambéry 137 km - Lyon 185 km

Altitude : 372 mètres - Altitude : 372 metres - **Höhe über Meer: 372 Meter**

Superficie : 58 240 ha, soit 582,4 km² (dont 234 km² d'eaux territoriales françaises) Surface area : 143 914 acres, which is 225 square miles (of which 90 square miles are French territorial waters) - **Fläche: 58 240 Hektaren oder 582,4 km² (davon 234 km² französisches Gewässer)**

Profondeur maximum : 309,7 mètres - Maximum depth : 309.7 metres - **Maximale Tiefe: 309,7 Meter**

Longueur maximum : 72 kilomètres (rive sud), 95 kilomètres (rive nord) - Largeur maximum : 13,8 kilomètres - Maximum length : 72 kms (southern shore), 95 kms (northern shore) - Maximum width : 13,8 kms - **Maximale Länge: 72 km (Südufer), 95 km (Nordufer) - Maximale Breite: 13,8 km.**

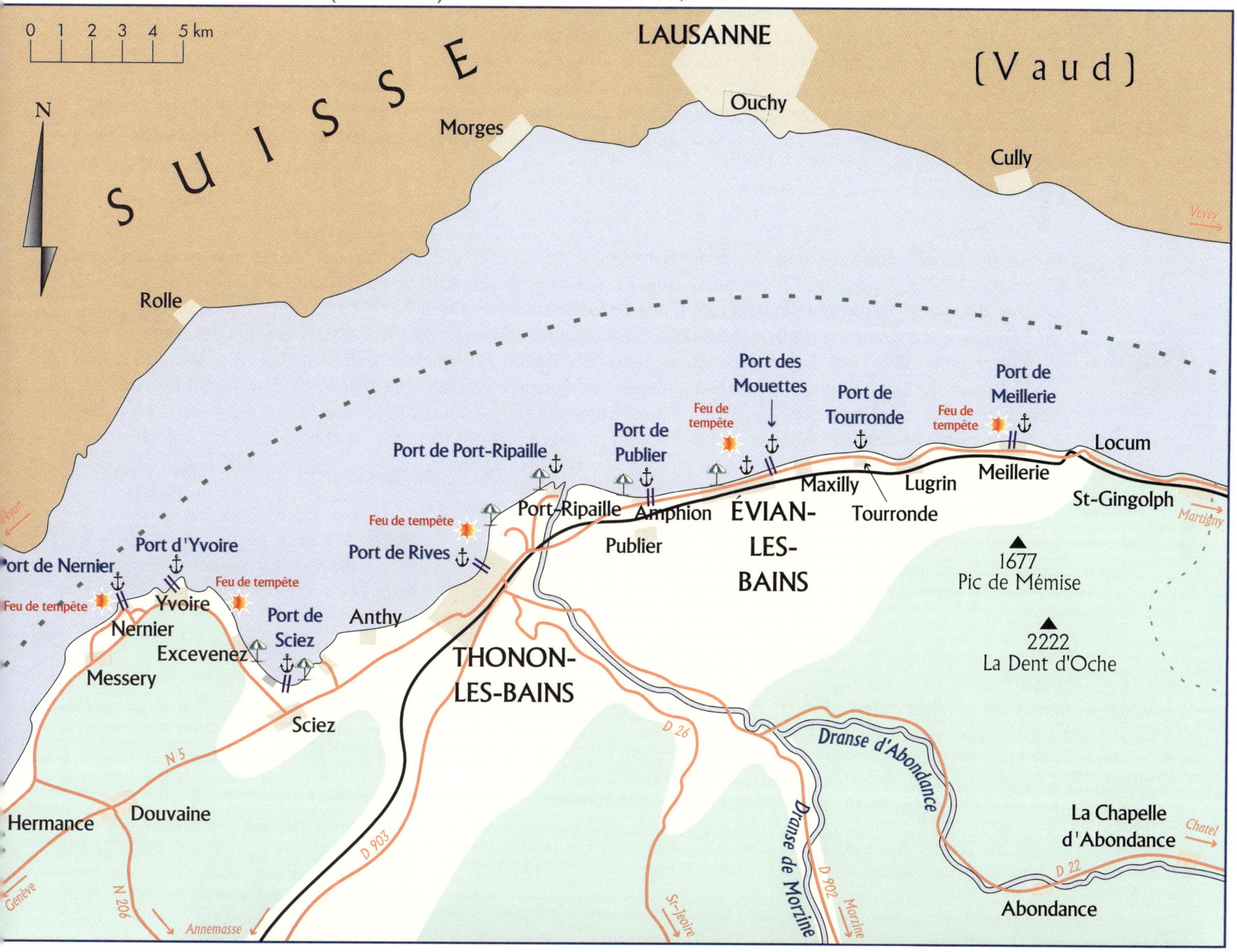

Dans ce guide des lacs et plans d'eau, le Léman occupe forcément une place à part en raison de ses dimensions. Pensez donc : 72 kilomètres de long, treize fois plus vaste que le lac du Bourget, vingt-et-une fois le lac d'Annecy ! Ses caractéristiques physiques en font une mer intérieure. Et ajoutez-y son caractère international, puisque la Suisse et la France se le partagent. Il n'est pas surprenant que les plaisanciers soient si nombreux et qu'ils disposent, rien que sur la rive française (celle qui nous intéresse), de la bagatelle de 3 400 anneaux... Baigneurs, pêcheurs et touristes apprécient aussi la magie particulière qui se dégage de cet immense plan d'eau aux rives embrumées, lointaines et proches à la fois. Notamment cette rive française qui rappelle à la fois la Suisse toute proche et un bord de mer.

▲ Yvoire

In this guide on lakes and other stretches of water, the Lac Léman is inevitably in a class of its own, because of its great size. Just think : 72 kilometres long, thirteen times larger than the Lac du Bourget, twenty-one times larger than the Lac d'Annecy ! It has the characteristics of an inland sea. On top of that, it is international in character, as France and Switzerland share it. It is not surprising that its use for nautical leisure activities is so intense and that, on the French side alone (the part we are covering), yachtsmen have available to them a mere 3 400 mooring rings ! Swimmers, fishermen and tourists also appreciate the peculiar magic which is exuded by this huge expanse of water, whose shores shrouded in mist seem at once far off and close by. In particular, the French shore-line reminds you both of neighbouring Switzerland and of a sea coast.

In diesem Führer der Seen und Wasserflächen nimmt der Lac Léman (Genfersee) wegen seiner Größe eine besondere Stellung ein: Er ist 72 Kilometer lang, 13-mal so groß wie der Lac du Bourget und 21-mal so groß wie der Lac d'Annecy! Fast könnte man ihn als Binnenmeer bezeichnen. Dazu kommt seine internationale Lage, denn die Schweiz und Frankreich teilen sich seine Fläche. Es überrascht nicht, dass die Wassersportler so zahlreich sind und dass sie – allein auf der französischen Seite, die dieser Führer beschreibt, – über die Kleinigkeit von 3 400 Ringen verfügen können ...Badegäste, Angler und Touristen lassen sich gleichermaßen bezaubern von der besonderen Ausstrahlung dieser immensen Wasserfläche mit den im Dunst liegenden Ufern, die gleichzeitig in der Nähe und in der Ferne zu liegen scheinen. Das trifft insbesondere auf die französische Seite zu, die so nah an der Schweiz liegt und doch in gewisser Weise an eine Meeresküste erinnert.

ACTIVITÉS AUTORISÉES - Motonautisme - Ski nautique - Voile - Planche à voile - Aviron - Canoë-kayak - Plongée - Baignade - Pêche.

INTERDIT - Jet-ski®.

PRESTATIONS AUTOUR DU PLAN D'EAU (Rive française) - 9 ports de plaisance : Nermier (220 places) - Yvoire (300 places) - Sciez (417 places) - Thonon (780 places) - Port Ripaille (privé, 600 places) - Amphion/Publier (95 places) - Evian (817 places) - Lugrin (60 places) - Meillerie (110 places). 3 engins de levage : Thonon (15 tonnes), Port Ripaille (6 tonnes), Evian port des Mouettes (7,5 tonnes). Rampes d'accès dans presque tous les ports (voir la carte) - Carburant à Thonon, Evian port des Mouettes - Mécaniciens - Shipchandlers - Hôtels - Restaurants - Campings - Location de bateaux. Deux villes importantes sur la rive française : Thonon (50 000 habitants) et Evian (7 000 habitants). Les villes suisses sont proches : Genève, bien sûr, et sur la rive d'en face : Nyon, Lausanne, Vevey, Montreux, Bouveret, etc.

PERMITTED ACTIVITIES - Motorboats - Water-skiing - Sailing - Windsurfing - Rowing - Canoe and kayak - Diving - Swimming - Fishing.

PROHIBITED - Jet-ski®.

SERVICES AROUND THE LAKE (French side) - 9 pleasure boat harbours : Nermier (220 berths) - Yvoire (300 berths) - Sciez (417 berths) - Thonon (780 berths) - Port Ripaille (private, 600 berths) - Amphion /Publier (95 berths) - Evian (817 berths) - Lugrin (60 berths) - Meillerie (110 berths). 3 boat lifting gear : Thonon (15 tons), Port Ripaille (6 tons), Evian, Port des Mouettes (7.5 tons). Access slipways in almost all the harbours (see the map) - Refuelling station at Thonon, Port des Mouettes at Evian - Mechanics - Ship's chandlers - Hotels - Restaurants - Camping-sites - Boat hire. Two major towns on the French shore : Thonon (population 50 000) and Evian (population 7 000). The Swiss towns are not far : Geneva, of course, and on the opposite shore, Nyon, Lausanne, Vevey, Montreux, bouveret, etc.

ERLAUBT - Motorboote – Wasserski – Segeln – Windsurfen – Rudersport – Kanu – Kajak – Tauchen – Baden – Angeln.

VERBOTEN - Jet-Ski®.

LEISTUNGSANGEBOT AM SEE (französisches Ufer) - 9 Sportboothäfen: Nermier (220 Plätze) – Yvoire (300 Plätze) – Sciez (417 Plätze) – Thonon (780 Plätze) – Port Ripaille (privat, 600 Plätze) – Amphion Publier (95 Plätze) – Evian (817 Plätze) – Lugrin (60 Plätze) – Meillerie (110 Plätze).

3 Kräne: Thonon (15 Tonnen), Port Ripaille (6 Tonnen), Evian Port des Mouettes (7,5 Tonnen). Sliprampen in fast allen Häfen (siehe Karte) – Treibstoff in Thonon, Evian Port des Mouettes – Mechaniker – Schiffsbedarf – Hotels – Restaurants – Campingplätze – Schiffsvermietungen.

Auf der französischen Seite gibt es zwei bedeutende Städte: Thonon (50 000 Einwohner) und Evian (7 000 Einwohner). Auch die Schweizer

RÉGLEMENTATION - Si vous avez obtenu le permis fluvial avec le *Code Vagnon fluvial*, vous connaissez la réglementation générale valable sur le Léman comme sur les autres lacs. Mais il convient d'y ajouter des dispositions propres au Léman, qui découlent d'une convention franco-suisse et du Règlement Particulier de Police. Voici les principales de ces dispositions particulières.

- Sur tout le lac, à moins de 300 mètres de la rive, les bateaux motorisés ne doivent pas dépasser 10 km/h. Dans les eaux territoriales françaises, des bandes de rive discontinues, d'une largeur variant de 50 à 150 mètres, sont balisées ; à l'intérieur de ces bandes, vitesse maximum de 5 km/h.
- Les priorités à observer entre bateaux sont les suivantes (par ordre décroissant) :
  1. Bateaux à passagers et convois remorqués,
  2. Bateaux à marchandises,
  3. Bateaux de pêche (ils montrent un ballon blanc ou jaune),
  4. Bateaux à voile.

  Les bateaux motorisés non compris en 1, 2, 3 ci-dessus doivent s'écarter des bateaux à rames.
- Dans la brume, deux sons prolongés indiquent la présence d'un bateau à passagers. De jour, ce bateau montre un ballon vert et, de nuit, un feu vert sur un feu blanc.
- Les chenaux d'accès aux ports sont signalés par des feux rouges à bâbord en venant du large et des feux verts à tribord.
- Le ski nautique doit se pratiquer à plus de 300 mètres de la rive. Passer à plus de 100 mètres des autres bateaux et des baigneurs. Les skieurs doivent savoir nager et être revêtus d'une brassière.
- Dans les eaux françaises, gilet de sauvetage obligatoire pour la pratique du canoë-kayak, pour l'aviron à plus de 100 mètres de la rive et pour les personnes ne sachant pas nager qui utilisent un engin de plage. Celui-ci ne peut pas s'éloigner à plus de 100 mètres de la berge.
- Le véliplanchiste doit porter un gilet, doit disposer d'un pavillon rouge et ne peut s'éloigner à plus de 500 mètres de la rive sans accompagnateur.
- La plongée ne peut se pratiquer que de jour, entre le lever et le coucher du soleil. Usage du fusil sous-marin interdit.
- Depuis la rive, des feux clignotants orange annoncent l'arrivée d'une tempête. La marche à suivre dans ce cas est donnée plus loin, à la fin de la rubrique "Le plan d'eau".

LE PLAN D'EAU - Le lac Léman se divise en deux parties : le Grand Lac, la partie la plus large (13,8 km d'Evian à Ouchy), la plus profonde, et le Petit Lac, d'Yvoire à Genève, plus étroit et moins profond. La rive française se situe dans sa majeure partie sur le Grand Lac.

A la différence des autres plans d'eau de notre guide, qui ont un ou deux vents

REGULATIONS - If you have obtained your river skipper's licence with the *Code Vagnon Fluvial*, you know the general regulations that are in force on the Lac Léman, as on the other lakes. But there are in addition, Lac Léman's own specific regulations, which were instigated by a Franco-Swiss convention and by the Règlement Particulier de Police. We resume below the main elements of these local regulations :

- All round the entire lake, within 300 metres of the shore, boats with engines must not exceed 10 KPH. In French territorial waters, discontinuous shoreside strips, whose width varies from 50 to 150 metres are marked out. Within these shoreside strips, the speed limit is 5 KPH.
- The right of way hierarchy between boats is the following (in descending order) :
  1. passenger boats and push-tow convoys
  2. freight vessels
  3. fishing boats (they show a white or yellow ball)
  4. sailing boats

  Boats with engines that are not included in categories 1, 2 or 3 above must sheer off to allow rowing boats free passage.
- In fog or mist, two long blasts of the horn indicate the presence of a passenger boat. By day, these boats show a green sphere and by night they show a green light above a white light.
- Water-skiing must be practised more than 300 metres from the shore. Towing boats and skiers must stay more than 100 metres away from other boats and from swimmers. Skiers must be able to swim and must wear a life-jacket.
- In French waters, the wearing of life-jackets is obligatory for crews of canoes and kayaks, for rowing crews if they go more than 100 metres from the shore and for non-swimmers who use a beach-craft. The latter should not venture farther than 100 metres from the shore.
- Wind-surfers must wear a life-jacket, be equipped with a red flag and must not go more than 500 metres from the shore without an accompanying boat.
- Diving can only be practised during the day, between dawn and sunset. The use of a spear-gun gun is forbidden.
- Orange flashing lights on the shores signal the impending arrival of a gale. The procedure to follow when these circumstances arise is described later, at the end of the section "The stretch of water".

THE STRETCH OF WATER - The Lac de Léman is composed of two parts : the Grand Lac is the widest (13,8 kilometres from Evian to Ouchy) and the deepest part; the Petit Lac, stretching from Yvoire to Geneva, is narrower and less deep. Most of the French shore is on the Grand Lac.

Contrary to the other stretches of water described in this guide, which have one or two prevailing winds (most often north and south), this inland sea is subject to quite a number of

Städte liegen nah: Genf und am gegenüberliegenden Ufer Nyon, Lausanne, Vevey, Montreux, Bouveret, usw.

VERORDNUNGEN - Wer sich auf seinen Aufenthalt am Lac Léman mit Hilfe des *Code Vagnon fluvial* vorbereitet hat, kennt die dort gültige Schifffahrtsverordnung, die derjenigen für die anderen französischen Seen und Großwasserflächen entspricht. Daneben gilt es noch einige zusätzliche Regelungen zu beachten, die in Zusammenhang mit dem französisch-schweizerischen Abkommen und mit der hier geltenden besonderen Polizeiverordnung stehen.

Das sind die wichtigsten Sonderbestim mungen:

- Auf dem ganzen See dürfen motorisierte Schiffe in einer 300 m breiten Uferzone nicht schneller als mit 10 km/h fahren. Auf dem französischen Teil gibt es eine Anzahl gekennzeichneter Uferzonen von 50 bis 150 Meter Breite, in denen eine Maximalgeschwindigkeit von 5 km/h gilt.
- Die Vortrittsberechtigung unter den Schiffen ist wie folgt geregelt:
  - 1. Passagierschiffe und Schleppzüge
  - 2. Frachtschiffe
  - 3. Fischerboote (gekennzeichnet mit gelbem oder weißem Ball)
  - 4. Segelschiffe

  Motorschiffe (in den Punkten 1, 2 und 3 nicht eingeschlossen) müssen Ruderbooten ausweichen.
- Bei Nebel zeigen zwei lange Huptöne das Herannahen eines Passagierschiffes an. Am Tag sind Passagierschiffe mit einem grünen Ball gekennzeichnet und nachts mit einem grünen über einem weißen Licht.
- Die Zufahrten zu den Häfen sind auf der Backbordseite (vom See her kommend) mit roten Lichtern und auf der Steuerbordseite mit grünen Lichtern markiert.
- Wasserskifahrer müssen zum Ufer einen Mindestabstand von 300 m einhalten und 100 m zu anderen Schiffen und Badenden. Sie müssen des Schwimmens kundig sein und eine Schutzjacke tragen.
- Auf französischem Gebiet ist das Tragen von Rettungswesten obligatorisch für:
  - Kanu- und Kajakfahrer
  - Ruderer, die sich weiter als 100 m vom Ufer entfernen
  - Benutzer von Wassersport-/Spielgeräten, die des Schwimmens unkundig sind. Sie dürfen sich nicht mehr als 100 m vom Ufer entfernen!
- Windsurfer müssen eine Rettungsweste tragen und mit einer roten Flagge gekennzeichnet sein. Ohne Begleitung dürfen sie sich nicht mehr als 500 m vom Ufer entfernen.
- Tauchen ist nur tagsüber erlaubt, zwischen Sonnenaufgang und Sonnenuntergang. Harpunen sind verboten.
- Orange blinkende Lichter am Ufer zeigen einen herannahenden Sturm an. Die richtige Verhaltensweise in diesem Fall wird

▲ Nernier

dominants (Nord et Sud le plus souvent), cette mer intérieure subit un certain nombre de vents de secteurs divers, de beau temps ou de mauvais temps, qui portent souvent des noms charmants. Nous ne saurions mieux faire que de reproduire "in extenso" le texte que nous a adressé à ce sujet la Société Nautique du Léman français, à Thonon.

Le Lac Léman, écrit le responsable de l'école de voile de ce club, est soumis principalement à un régime de vents thermiques. Ceux-ci sont très locaux et propres à chaque partie du lac. Il est difficile de les citer tant ils sont nombreux. Toutefois, le lac est parfois balayé sur toute sa surface par un **séchard** de Nord-Nord-Est de force 1 à 2.

Il reçoit également parfois l'équivalent du mistral, appelé ici la **bise**. Celle-ci peut être assez forte, 6 ou 7 Beaufort, et générer des creux de plus de 2 mètres si elle dure plusieurs jours.

Un autre vent balaie le lac, du côté du Bouveret. Il s'agit de la **vaudaire** qui peut être brutale et arriver en coup de vent.

Bien entendu, lors du passage d'une perturbation, un vent de secteur Ouest-Sud-Ouest précède celle-ci. Il est nommé ici tout simplement le **vent** et il est d'autant plus fort que la perturbation est creuse.

Deux autres phénomènes sont particulièrement redoutés sur le Léman : le **joran**, de secteur Nord-Ouest et le **bornan** de Sud-Sud-Est. Ces phénomènes sont violents et brutaux et le vent peut monter de 0 à 10 Beaufort en quelques minutes. Ceux-ci durent rarement plus d'une heure et sont souvent liés à des situations orageuses.

Ils sont généralement annoncés par un système de feux clignotants orange installé tout autour du lac.

Au sujet de ces feux, nous compléterons le texte de la S.N. du Léman en précisant que sur la rive française, les feux de tempête sont au nombre de cinq : à Nernier, Excevenez, Thonon, Evian et Meillerie.

winds coming from different points of the compass, bringing good or bad weather and often bearing charming names. We could not do better than to reproduce an extensive part of the text that we have received on this subject from the Société Nautique du Léman français, based at Thonon.

"The Lac Léman" writes the director of the sailing school of this club "is chiefly affected by a pattern of thermal winds. These are very localised and are proper to each section of the lake. They are so numerous that it would be difficult to mention all of them. However, sometimes the entire surface of the lake is swept by a séchard from north north-west, force 1 to 2.

Sometimes we get the local equivalent of the mistral, that is here called the bise. This can be quite strong, 6 or 7 Beaufort, and generate waves more than 2 metres high, if it lasts for several days.

Another wind that blows over the whole lake, coming from the Bouveret side, is the vaudaire that can be brutal and arrive in sudden gusts.

Naturally, when atmospheric disturbances occur, they are preceded by a wind from the sector west south-west. This is known here quite simply as the vent and its strength increases proportionally to the drop in atmospheric pressure. Two other phenomena are particularly feared on Lac Léman : the joran, from the north-west, and the bornan, from the south south-est. These phenomena are violent and sudden and the wind can rise from 0 to 10 Beaufort in the space of a few minutes. They rarely last for more than one hour and are often associated with storm conditions.

They are generally announced by a system of orange flashing warning lights installed all around the shores of the lake.

On the subject of these warning lights, we can give a complement to the information provided by the sailing club by adding that there are five lights on the French part of the shore and that they are situated at Nernier, Excenevez, Thonon, Evian and Meillerie.

am Schluss des Abschnitts "Das Gewässer" beschrieben.

DAS GEWÄSSER - Der Lac Léman besteht aus zwei Teilen, dem Grand Lac, dem größeren und tieferen Teil (13,8 Kilometer, von Evian bis Ouchy), und dem Petit Lac von Yvoire bis Genf, der schmaler und weniger tief ist. Das französische Ufer erstreckt sich zum größten Teil dem Grand Lac entlang.

Im Unterschied zu anderen Seen und Wasserflächen in diesem Führer, wo ein oder zwei hauptsächliche Winde vorherrschen (am häufigsten Nord- und Südwind), gibt es auf diesem Binnenmeer verschiedene Winde, je nach Lage des betreffenden Seeteils und Wetterlage. Oft haben diese Winde fantasievolle Namen – die Société Nautique du Léman français in Thonon hat uns entsprechende Informationen geliefert.

Der Lac Léman unterliegt hauptsächlich den Warmluftströmungen. Diese sind je nach Seeabschnitt sehr unterschiedlich. Es gibt so viele, dass es fast unmöglich ist, alle zu nennen.

Manchmal weht über den ganzen See hinweg ein **trockener** Wind mit Windstärke 1 bis 2. Das Gegenstück dazu ist der Mistral, der hier **Bise** genannt wird. Die Bise kann Windstärken bis 6 oder 7 Beaufort erreichen und – wenn sie mehrere Tage lang bläst – Wellen von mehr als 2 Metern aufwerfen.

Auch ein anderer heftiger Wind, "**La Vaudaire**" genannt, peitscht manchmal die Wasserfläche auf. Er weht von Le Bouveret her und kann sich ganz plötzlich entwickeln.

Bei Durchzug einer Störung geht ihm ein Wind aus Westsüdwest voraus. Man nennt ihn hier einfach "**Le Vent**" und er ist umso stärker, je tiefer der Luftdruck ist.

Besonders zu fürchten sind der "**Joran**", der aus Nordwest kommt und der "**Bornan**" aus Südsüdost. Beides sind heftige, wilde Winde, die innerhalb von einigen

Léman en automne ▲

A 40 apparitions de lumière par minute, c'est un avis de prudence signalant l'arrivée probable d'une tempête. On doit observer la plus grande vigilance.

A 90 apparitions de lumière par minute, les bateaux au large doivent regagner un port ou un abri et la sortie des ports est interdite.

CLUBS NAUTIQUES - Sur les cinquante-trois kilomètres de rive française, les clubs nautiques sont trop nombreux pour les citer tous. En voici quelques-uns :

- Société Nautique du Léman français, port de Rives, 74200 Thonon, tél. 04 50 71 07 29
- Cercle de la Voile d'Evian, port des Mouettes, BP 103, 74500 Evian, tél. 04 50 75 06 46
- Club de Voile de Meillerie-Lugrin
- Club Nautique de Sciez
- Canoë-Kayak de Thonon, base nautique des Clerges, 74200 Thonon, tél. 04 50 26 41 40
- Léman Aviron-Club, Collonges bât. 22, 74200 Thonon, tél. 04 50 71 56 57
- Maison des Jeunes et de la Culture d'Evian (aviron), 74500 Evian

LOCATION DE BATEAUX - Barques, canoës, pédalos peuvent être loués sur presque tous les sites de la rive française.

BATEAUX A PASSAGERS - Pour les touristes qui n'ont pas de bateau, une croisière sur un bateau à passagers leur permettra de savourer tout le charme de cet immense lac, entre les collines vaudoises et les montagnes du Chablais, avec les Alpes suisses en toile de fond.

Avec ses nombreux navires, la Compagnie Générale de Navigation exploite des lignes régulières (Evian-Ouchy en 35 minutes) et, en saison, le tour du Lac ou du Grand Lac et même des croisières nocturnes avec orchestre.

Une autre société, Navirives, exploite le bateau *Colibri* pour des croisières

Flashing 40 times per minute, the lights give warning of the probable arrival of a gale and invite lake users to exercise the greatest vigilance and prudence.

When the lights flash at a rate of 90 flashes per minute, all boats on the lake should make straight for a harbour or other shelter and no boats are permitted to leave any port.

NAUTICAL CLUBS - The sailing clubs spread over the fifty-three kilometres of French coastline are too numerous to allow us to mention all of them. A few of them are listed in the French text under "Clubs nautiques").

BOAT HIRE - You can hire fishing boats, canoes and pedal craft at almost all sites on the French shore.

PASSENGER BOATS - For those tourists who do not have a boat, a cruise on a passenger boat will enable them to savour all the charm of this immense lake set between the hills of the Swiss canton of Vaud and the French Chablais mountains, with the Swiss Alps as a backdrop.

The Compagnie Générale de Navigation, which possesses a large number of boats, runs regular ferry services (Evian-Ouchy in 35 minutes) and, in season, offers excursions round the Lac or the Grand Lac and even evening cruises with an orchestra aboard.

Another company, Navirives, runs cruises with commentaries aboard its boat *Colibri*, which departs from the Rives harbour at Thonon (See details in French text under "Bateaux à passagers").

SWIMMING - On the French shore there are 6 swimming places with surveillance : Excevenez - Sciez - Thonon - Amphion Publier - Evian - St-Gingolph. The beaches rarely have sand, most being shingle.

FISHING - The Lac Léman is classed in the 2nd category, but it is a special category, because of the international status of the lake which gives rise to its own specific regulations (convention with Switzerland). All

Minuten von Windstärke 0 auf 10 Beaufort anschwellen können. Sie dauern selten länger als eine Stunde und kommen meist bei Gewitterlagen auf.

Herannahender Sturm wird in der Regel durch die Sturmwarnanlagen rund um den See (orange blinkende Lichter) angekündigt.

Auf der französischen Seite sind fünf Sturmwarnanlagen vorhanden: in Nernier, Excenevez, Thonon, Evian und Meillerie.

40 Blinkzeichen pro Minute zeigen einen möglichen herannnahenden Sturm an. Dann ist Vorsicht geboten.

Bei 90 Blinkzeichen pro Minute müssen alle Boote, die sich noch auf dem offenen See befinden, einen Schutzhafen aufsuchen. Jedes Verlassen des Hafens ist verboten.

WASSERSPORTKLUBS - Auf den 53 km am französischen Ufer sind die Wassersportklubs zu zahlreich, um vollständig aufgeführt zu werden. Einige davon finden Sie im französischen Text unter "Clubs nautiques").

VERMIETUNGEN - Ruderbote, Kanus und Pedalos können in fast allen Ortschaften am französischen Ufer gemietet werden.

PASSAGIERSCHIFFE - Wer kein eigenes Boot besitzt, kann auf einem Passagierschiff die Schönheit dieser immensen Wasserfläche genießen, die zwischen den waadtländischen Hügeln und dem Chablais liegt, im Hintergrund die Schweizer Alpen.

Mit zahlreichen Schiffen unterhält die Compagnie Générale de Navigation regelmäßige Kurse (Evian-Ouchy in 35 Minuten). In der Saison kann man Rundfahrten auf dem See machen und sogar Nachtfahrten mit Musik.

Das Ausflugsschiff *Colibri* der Gesellschaft Navirives bietet kommentierte Rundfahrten an (ab Hafen Rives in Thonon).

commentées au départ du port de Rives à Thonon.

- Compagnie Générale de Navigation, place du Port à Evian, tél. 04 50 70 73 20 et quai de Rives à Thonon, tél. 04 50 71 14 71
- Société Navirives, 14 avenue Jules Ferry, 74200 Thonon, tél. 04 50 71 52 42

BAIGNADE - Sur la rive française, on compte 6 baignades surveillées : Excevenez - Sciez - Thonon - Amphion/Publier - Evian - St-Gingolph. Les plages sont rarement de sable, plus souvent de galets.

PÊCHE - Le lac Léman est classé en 2e catégorie mais c'est une catégorie spéciale en raison du caractère international du lac qui conduit à une réglementation spécifique (concordat avec la Suisse).

Tout renseignement auprès de l'A.A.P.P. du Léman, M. P. Michel, Président, Le Beauregard, 25 avenue d'Abondance, 74500 Evian, tél. 04 50 75 00 07

Les espèces les plus fréquentes sont : omble chevalier - féra - truite - perche - brochet.

ADRESSES UTILES

- Service de la Navigation du Léman (D.D.E.), 7 rue François Morel, BP 163, 74207 Thonon cedex, tél. 04 50 71 11 75, fax 04 50 71 77 15
- Office de Tourisme d'Evian, place d'Allinges, 74500 Evian, tél. 04 50 75 04 26, fax 04 50 75 61 08
- Office de Tourisme de Thonon, place du Marché, 74200 Thonon, tél. 04 50 71 55 55, fax 04 50 71 68 33
- Office de Tourisme d'Yvoire, place de la Mairie, 74140 Yvoire, tél. 04 50 72 80 21, fax 04 50 72 91 61

TOURISME - Depuis la rive française du Léman, une riche palette de visites et d'excursions s'offre au touriste.

Tout d'abord, la rive elle-même, ses villes et ses sites : Yvoire, Thonon, le château de Ripaille, Evian, Meillerie et St-Gingolph.

Ensuite, son arrière-pays : le Chablais (pic de Mémise et sa vue sur le lac, Abondance) et, plus loin, le Faucigny.

Enfin, on peut aller "sur Suisse", comme disent les frontaliers, puisque la Suisse est toute proche avec Genève et le canton de Vaud en face : Lausanne, Vevey, Montreux. Sans oublier, en remontant le Rhône, le canton du Valais. Mais attention ! la police cantonale valaisanne ne pardonne rien aux automobilistes étrangers...

information can be obtained from the A.A.P.P. of the lake (President : M.P.-Michel) (See details in French text under "Pêche").

The most abundant species are : Char - ferox trout - perch - pike.

USEFUL ADDRESSES - (See details in French text under "Adresses utiles").

TOURISM - The tourist based on the French shore of Lac Léman has a rich choice of visits and excursions. Firstly, there is the shore itself with its towns and sites : Thonon, the Château de Ripaille, Evian, Meillerie and St-Gingolph.

Then there is the hinterland : the Chablais mountains (Pic de Mémise with its view over the lake, Abondance) and farther off the Faucigny.

Lastly, one can go "sur Suisse" as the local people like to say. Switzerland is of course very near, with Geneva and the canton of Vaud right opposite : Lausanne, Vevey, Montreux. And then, going up the Rhône, there is the canton of Valais. But, be warned! The police in Valais show no leniency towards foreign motorists.

(Adressen im französischen Text unter "Bateaux à passagers").

BADEN - Am französischen Ufer gibt es 6 überwachte Badestrände: Excevenez – Sciez – Thonon – Amphion Publier – Evian – St-Gingolph. Die meisten davon sind Kiesstrände, Sand ist eher selten.

ANGELN - Der Lac Léman gehört den Angelrevieren der 2. Kategorie an. Die Bestimmungen tragen jedoch der internationale Lage bzw. einem Sonderabkommen mit der Schweiz Rechnung. Auskünfte bei der A.A.P.P. du Léman, M. P. Michel, Präsident. (Adressen im französischen Text unter "Pêche").

Hauptsächliche Fischarten: Wandersaibling, Felchen, Forelle, Barsch, Hecht.

NÜTZLICHE ANSCHRIFTEN - (Adressen im französischen Text unter "Adresses utiles").

TOURISMUS - Entlang dem französischen Ufer bieten sich dem Touristen viele Möglichkeiten für Ausflüge und Exkursionen an. An erster Stelle seien die Uferorte genannt: Thonon, Schloss Ripaille, Evian, Meillerie und St-Gingolph. Dann das Hinterland mit dem Chablais (Pic de Mémise mit herrlicher Seesicht und Abondance) und, etwas weiter entfernt, Le Faucigny.

Schließlich kann man in die nahe Schweiz fahren, nach Genf und in den Kanton Waadt am gegenüber liegenden Ufer mit Lausanne, Vevey und Montreux. Aber Vorsicht, die Waadtländer Polizei zeigt den ausländischen Automobilisten gegenüber keine Nachsicht! Fährt man das Rhonetal hinauf, kommt man in den Kanton Wallis.

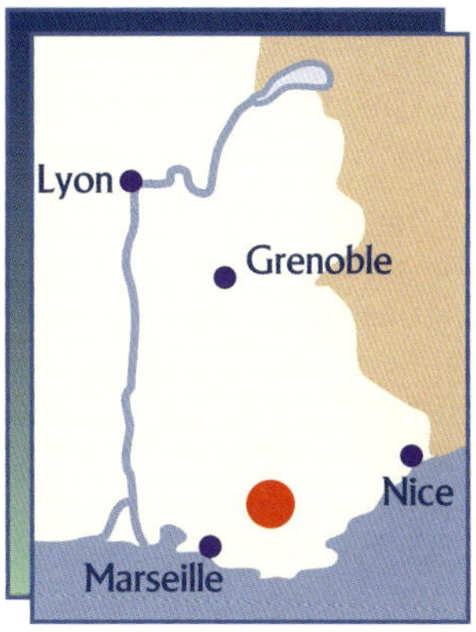

CARCÈS (Lac de)

VAR

Brignoles 20 km - Draguignan 32 km - Aix-en-Provence 72 km - Marseille 86 km Toulon 74 km - Fréjus 66 km

Altitude : 160 mètres environ - Altitude : approx. 160 metres **- Höhe über Meer: etwa 160 Meter**

Superficie : 110 ha environ - Surface area : 272 acres **- Fläche: 110 Hektaren**

Baignade et navigation sont interdites sur ce très joli lac sinueux du Haut Var entre Brignoles et Draguignan. Il est propriété de la ville de Toulon et alimente en eau potable cette ville et 15 communes de la Ceinture toulonnaise. Nous avons quand même tenu à le citer dans ce guide en pensant aux pêcheurs et aux touristes car le site de ce lac endormi et reposant sera apprécié par les uns et les autres.

Swimming and boating are prohibited on this very pretty, twisty lake in the Haut-Var between Brignoles and Draguignan. It belongs to the town of Toulon and drinking water is drawn from it for Toulon itself as well as for 15 parishes of the surrounding suburbs. But we wanted to include it in this guide, as we felt sure that both fishermen and tourists would appreciate the site of this restful and drowsy lake.

Der Lac de Carcès im Haut-Var zwischen Brignoles und Draguigan ist im Besitz der Stadt Toulon und versorgt diese zusammen mit fünfzehn umliegenden Gemeinden mit Trinkwasser. Baden und Befahren sind verboten, trotzdem haben wir ihn in diesen Führer aufgenommen. Bestimmt wird der verträumte, buchtenreiche See von Anglern und Touristen gerne besucht.

ACTIVITÉ AUTORISÉE - Pêche.

INTERDIT - Toutes les autres activités. "Il a toujours été stipulé", écrit la mairie de Carcès, "que la baignade et la navigation sur le lac étaient interdites, pour des raisons de sécurité". Car la possibilité de pompage d'eau durant la saison sèche peut faire baisser le niveau d'eau brutalement de 5 à 6 mètres.

PRESTATIONS AUTOUR DU PLAN D'EAU - Néant.

LE PLAN D'EAU - Il s'agit d'une retenue établie sur la rivière Issole, tout près de son confluent avec l'Argens. Le niveau de l'eau peut baisser considérablement, comme on vient de le dire. A l'inverse, l'existence de vannes-toits sur le barrage permet de faire monter le niveau de 2,50 mètres au-dessus du niveau normal. La retenue est asséchée tous les dix ans. La dernière vidange a eu lieu en février 1999.

LE BARRAGE - Construit de 1934 à 1939, c'est un barrage en terre battue.

CLUBS NAUTIQUES - Néant.

PERMITTED ACTIVITY - Fishing.

PROHIBITED - All the other activities. "It has always been stipulated" writes the municipal office of Carcès, "that swimming and boating were prohibited for security reasons." For the possibility of pumping off water during the dry season can produce a sudden lowering of the water level by as much as 5 or 6 metres.

SERVICES AROUND THE LAKE - None.

THE STRETCH OF WATER - It is a reservoir created by damming the river Issole very near to its confluence with the Argens. The level of the water can go down considerably, as we have stated above. Inversely, as the dam is fitted with special sluice-gates, it is possible to allow the water level to rise 2.50 metres above its normal level. The reservoir is run dry once every ten years. The last draining was carried out in February 1999.

THE DAM - Built between 1934 and 1939, it is constructed of compacted earth.

NAUTICAL CLUBS - None

USEFUL ADDRESS - (See details in French text under "Adresse utile").

ERLAUBT - Angeln.

VERBOTEN - Alle Aktivitäten außer Angeln sind verboten, und zwar aus Sicherheitsgründen. Wird in Trockenperioden Wasser aus dem See gepumpt, kann der Wasserspiegel ohne weiteres in kürzester Zeit um 5 bis 6 m fallen.

LEISTUNGSANGEBOT RUND UM DEN SEE - Kein Angebot.

DAS GEWÄSSER - Der Lac de Carcès ist ein Staubecken des Flusses Issole nahe beim Zusammenfluss mit dem Argens. Wie bereits erwähnt, kann der Wasserspiegel sehr rasch sinken. Durch die Abflussregulierung am Wehr kann das Niveau aber auch erhöht werden, uns zwar auf bis zu 2.50 m über dem normalen Wasserstand. Alle zehn Jahre lässt man das Staubecken auslaufen. Die letzte Entleerung erfolgte im Februar 1999.

DAS STAUWEHR - Das Wehr mit seinem Erdschüttdamm wurde zwischen 1934 und 1939 errichtet.

WASSERSPORTKLUBS - Keine Klubs.

ADRESSE UTILE - Syndicat d'Initiative de Carcès, le Vieux Moulin, 83570 Carcès, tél. 04 94 04 59 76.

TOURISME - La route sinueuse, entre pins et plan d'eau, qui suit ce dernier sur 5 ou 6 kilomètres est très jolie. A son terme, le village de Carcès, pittoresque. A quelques kilomètres, l'abbaye du Thoronet.

La région de Brignoles, à la terre rouge et aux vignobles, et le Haut Var (Tourtour, Salernes, cascade de Sillans) permettent des excursions intéressantes dans cet arrière-pays varois injustement délaissé au profit de la côte.

TOURISM - The twisty road, winding between pine trees and the lake and running along the water's edge for 5 or 6 kilometres, is very pretty. At the end of it is the picturesque village of Carcès. A few kilometres away is the Abbaye du Thoronet.

The region of Brignoles, with its red earth and its vineyards, and the Haut Var (Tourtour, Salernes, Sillans waterfall) offer interesting excursions in the Var hinterland that has been unjustly neglected because of the lure of the coast.

NÜTZLICHE ANSCHRIFT - (vAdresse im französischen Text unter "Adresse utile").

TOURISMUS - Die gewundene Straße, die über 5 bis 6 Kilometer zwischen Pinien und Ufer dem See entlang führt, ist sehr schön. An ihrem Ende liegt der idyllische Ort Carcès. Einige Kilometer entfernt liegt die Abbaye du Thoronet.

Charakteristisch für die Region um Brignoles sind die Weinberge und die rote Erde. Im Haut-Var (Tourtour, Salernes, Cascade de Sillans), diesem zu Gunsten der Küstengegend leider etwas vernachlässigten Gebiet, sind interessante Ausflüge und Exkursionen möglich.

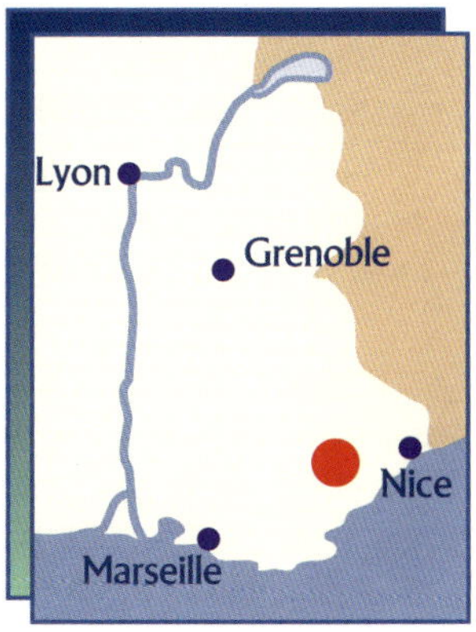

SAINT-CASSIEN (Lac de)

VAR

Grasse 22 km - Cannes 33 km - Fréjus 21 km - Draguignan 42 km
Nice 66 km - Toulon 108 km

Altitude : 147 mètres - Altitude : 147 metres - **Höhe über Meer: 147 Meter**
Superficie : 420 ha - Surface area : 1 038 acres - **Fläche: 420 Hektaren**
Profondeur maximum : 47 mètres - Maximum depth : 47 metres
- Maximale Tiefe: 47 Meter

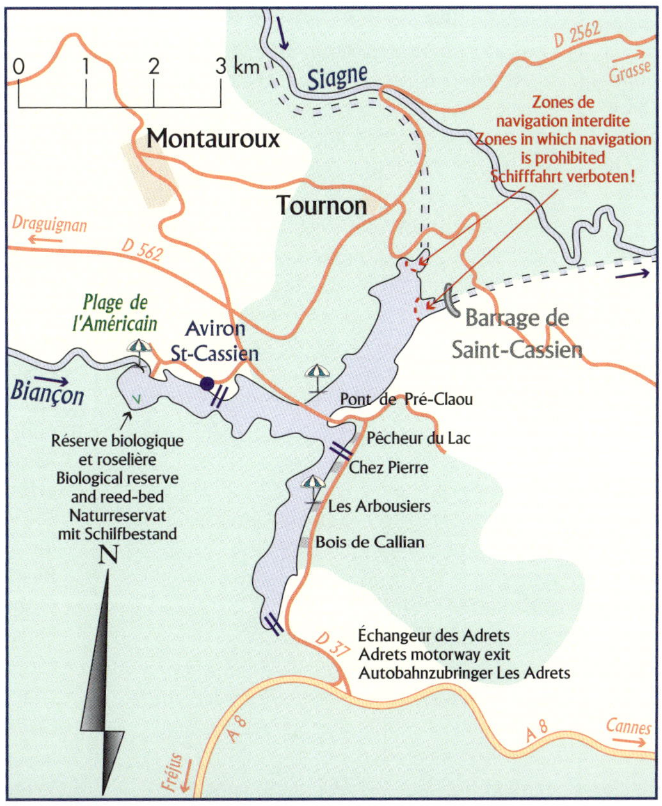

Lors de notre passage au lac de St-Cassien, un dimanche de septembre, le niveau de l'eau était bas, le lac ressemblait davantage à une rivière endormie, étroite et sinueuse. Sur le plan d'eau : une embarcation d'aviron, deux planches à voile, des barques de pêcheurs, des pédalos. On pensait trouver là une animation nautique plus intense. Mais les centaines d'automobilistes qui se pressaient sur la départementale qui suit le lac (Grasse et Cannes sont à deux pas) étaient sans doute venus pour savourer la beauté du décor boisé, les plaisirs de l'eau les plus paisibles comme le pédalo ou la pêche ou la nature dans la réserve biologique. Ce lac le plus au sud-est de notre sud-est a une particularité intéressante : il est à un kilomètre d'un échangeur d'autoroute !

When we visited the Lac de St-Cassien on one September Sunday, the water level was low and the lake looked more like a sleepy river, narrow and twisting. On the water, we could see one competition rowing boat, two wind-surf boards, several fishermen's skiffs and some pedalos. We had imagined that we would find there some more substantial nautical activity. But the hundreds of motorists crowding the small road that runs alongside the lake (Grasse and Cannes are very close by) had doubtless come to admire the beauty of the wooded landscape, to enjoy the most relaxing pleasures of the water, such as pedalo rides and fishing, or to look at nature in the biological reserve. This lake, which is the farthest to the south-east in the south-east of France, has the interesting characteristic of being only one kilometre from a motorway exit!

Als wir an einem Septembersonntag am Lac de St-Cassien vorbeifuhren, lag der Wasserspiegel tief, der See glich eher einem verschlafenen Fluss, eng und gewunden. An Wasserfahrzeugen zählten wir lediglich ein Ruderboot, zwei Surfer, einige Fischerboote und ein paar Pedalos. Wir hatten mehr Betrieb erwartet! Aber die einigen hundert Automobilisten, die der Uferstraße entlang fuhren (Grasse und Cannes liegen in unmittelbarer Nähe), hatten zweifellos die Absicht, in dieser schönen Waldgegend Erholung zu suchen, eine geruhsame Fahrt mit dem Pedalo zu machen, zu angeln oder den Frieden und die Stille im Naturreservat zu genießen.

Dieser im äußersten Zipfel des Südostens gelegene See liegt übrigens nur einen Kilometer vom Autobahnzubringer entfernt!

ACTIVITÉS AUTORISÉES - Voile - Planche à voile - Aviron - Canoë-kayak - Baignade - Pêche.

INTERDIT - Motonautisme (autre qu'électrique) - Ski nautique - Jet-ski® - Plongée

PRESTATIONS AUTOUR DU PLAN D'EAU - Une base d'aviron - Plusieurs restaurants sur la D. 37. Montauroux (4 000 habitants), la localité la plus proche, est à 3 kilomètres.

RÉGLEMENTATION - Le règlement particulier du lac de St-Cassien considère ce dernier comme un "petit plan d'eau". Cette définition n'existant pas dans la réglementation générale, on peut en conclure que les règles de route à observer sont celles applicables sur les rivières et non sur les lacs (voir le *Code Vagnon fluvial*). En dehors de la réglementation générale qu'on trouve dans le code, voici quelques dispositions particulières propres au lac de St-Cassien.

Compte tenu de la nature du plan d'eau (production d'énergie électrique et réserve d'eau potable), les activités nautiques s'exercent aux risques et périls des pratiquants. Ceux-ci sont tenus de prendre toutes les précautions appropriées pour éviter accidents et avaries du fait des variations du niveau ou de la présence d'obstacles immergés.

La navigation à moteur autre qu'électrique est interdite, ainsi que toute habitation sur une embarcation.

Il y a des zones de navigation interdite à 300 mètres du barrage et de la queue de retenue. Elles sont indiquées sur la carte.

En raison de son étroitesse, le lac n'a pas de bande de rive mais la vitesse des embarcations ne doit pas dépasser 5 km/h sur l'ensemble du plan d'eau.

Des chenaux créés pour les embarcations de sécurité sont matérialisés par des bouées coniques jaunes.

La plongée est interdite.

Le plan d'eau peut être utilisé pour l'écopage des avions amphibies ("Canadairs") chargés de la lutte contre les incendies de forêts. A la vue de cette manœuvre, toutes les embarcations doivent s'éloigner le plus rapidement possible de l'axe de passage et laisser ensuite libre la zone dégagée jusqu'à une heure après le dernier passage d'un avion.

LE PLAN D'EAU - La retenue de St-Cassien fait partie d'un système assez complexe. Elle recouvre l'ancien lit du Biançon, affluent de la Siagne, le barrage étant lui-même établi sur le Biançon. Elle reçoit les eaux de la Siagne qui sont dérivées depuis l'amont et amenées au lac par une galerie. C'est une autre galerie qui, depuis le barrage et l'usine, les restituera à l'aval dans la Siagne, dans la retenue de Tanneron.

Le plan d'eau est utilisé, on l'a vu, pour permettre l'écopage des Canadairs dans leur lutte contre les incendies de forêts, malheureusement très fréquents dans la région.

PERMITTED ACTIVITIES - Sailing - Wind-surfing - Rowing - Canoe and kayak - Swimming - Fishing.

PROHIBITED - Motor-boats (other than electric) - Water-skiing - Jet-ski® - Diving

SERVICES AROUND THE LAKE - A rowing base - Several restaurants on the D. 37. The nearest town, Montauroux (population 4 000), is 3 kilometres away.

REGULATIONS - The specific regulations of the St-Cassien lake consider it to be a minor stretch of water. As this definition does not exist in the general regulations, one can conclude that the traffic rules to be complied with are those applicable on rivers and not those for lakes (see the *Code Vagnon Fluvial*). In addition to the general regulations that you find in the code, here are some of the Lac de St-Cassien's own local regulations.

In view of the nature of the lake (generation of electricity and drinking water reservoir), nautical leisure activities are undertaken at the risks and perils of the participants. The latter are required to take all appropriate precautions to avoid accidents and damage that might result from variations in the level of the water or from the presence of submerged obstacles.

The use of motor-boats other than electrically powered ones is prohibited. You are not allowed to live aboard any boat.

There are zones in which no craft are permitted, 300 metres above the dam and 300 metres from the top end of the reservoir. They are shown on the map.

Because it is so narrow, the lake does not have any shoreside strip but there is an overall speed limit of 5 KPH throughout the lake.

Channels intended for security craft are marked out with yellow conical buoys.

Diving is forbidden.

The reservoir may be used for scooping up water by the amphibious planes ("Canadairs") used in fighting forest fires. As soon as they see these manoeuvres, the crews of all boats must move as rapidly as possible away from the zone where the plane passes and must then leave this zone free until one hour after the last passage of a plane.

THE STRETCH OF WATER - The St-Cassien reservoir forms part of a rather complex system. It covers the former bed of the Biançon river, a tributary of the Siagne, and the barrage itself dams the Biançon. The waters of the Siagne have been diverted from a point upstream and are brought to the reservoir by an underground channel. Below the barrage and the generating station, another underground channel takes the water back to the Siagne farther downstream, in the Tanneron reservoir. The St-Cassien reservoir is used, as we have already seen, to allow the Canadair® aircraft to scoop up water for their fight against the forest fires that are unfortunately very frequent in the area.

ERLAUBT - Segeln – Windsurfen – Rudersport – Kanu – Kajak – Baden – Angeln.

VERBOTEN - Motorboote (außer mit Elektroantrieb) – Wasserski – Jet-Ski® – Tauchen.

LEISTUNGSANGEBOT RUND UM DEN SEE - Stützpunkt eines Ruderklubs – Mehrere Restaurants an der D 37.

Das nächst gelegene Dorf ist Montauroux (4000 Einwohner) in 3 Kilometern Entfernung.

VERORDNUNGEN - Die speziell für den Lac de Saint-Cassien geltende Verordnung stuft den See als "petit plan d'eau" (Kleinwasserfläche) ein. Diese in der allgemeinen Binnenschifffahrtsverordnung nirgends erwähnte Bezeichnung lässt darauf schließen, dass hier die Schifffahrtsverordnung für Flüsse und nicht diejenige für Seen zur Anwendung gelangt (siehe *Code Vagnon Fluvial*, "édition de l'année", erscheint jedes Jahr neu). Neben dieser Verordnung gelten einige besondere Regelungen für den Lac de Saint-Cassien:

- Die Nutzung des Wassers (Energieproduktion und Trinkwassergewinnung) hat den Vorrang vor allen anderen Aktivitäten. Das Ausüben von Wassersport erfolgt auf eigenes Risiko und es müssen alle Vorsichtsmaßnahmen getroffen werden, um Zwischenfälle zu vermeiden. Besonderes Augenmerk ist auf die variable Höhe des Wasserspiegels und die Hindernisse unter Wasser zu richten.
- Motorboote sind verboten (ausgenommen Fahrzeuge mit Elektroantrieb)
- Das Wohnen auf Schiffen ist untersagt.
- In einer Zone bis 300 m oberhalb des Wehrs und auf dem angrenzenden Seezipfel ist die Schifffahrt verboten (siehe Karte).
- Weil der See so schmal ist, ist keine Uferzone festgelegt, es darf jedoch nirgends schneller als mit 5 km/h gefahren werden. Die Fahrrinnen für Sicherheitsfahrzeuge sind mit gelben kegelförmigen Bojen bezeichnet.
- Tauchen ist verboten.
- Im Kampf gegen Waldbrände dient der See den Löschflugzeugen ("Canadairs") zur Wasserentnahme. Ist ein solches Manöver im Gange, müssen sich alle Fahrzeuge unverzüglich aus der Anflugachse entfernen und dürfen diesen Bereich erst eine Stunde nach dem letzten Wegflug eines Flugzeuges wieder befahren.

DAS GEWÄSSER - Das Staubecken Saint-Cassien ist Teil eines komplexen Systems. Es liegt im ehemaligen Bett des Biançon, einem Zufluss der Siagne. Das Kraftwerk selbst wurde am Biançon erbaut. Ihm fließt das Wasser der Siagne zu, das von weiter oben über einen unterirdischen Kanal herangeführt wird. Ein anderer unterirdischer Kanal führt das Wasser vom

Comme on peut le voir sur la carte, il a la forme d'une hélice tripale (alors que le moteur est proscrit!) ou d'une étoile à trois branches. La branche sud, sous la colline du bois de Callian et sous les restaurants de la D 37 est la plus fréquentée par les pédalos. La végétation rabougrie de sa rive ouest résulte sans doute d'un incendie de forêt plus ou moins récent. La branche nord est très belle et très sauvage car aucune route ne la suit. La branche ouest, par où arrive le Biançon, possède sur ses berges la base d'aviron et la plage de l'Américain. Les rives sont secrètes et très prisées des pêcheurs et des adeptes du camping sauvage.

Abrité des vents dominants, le plan d'eau est peu venté, écrit le Club Nautique de St-Cassien qui a sa base d'aviron sur le lac. Et d'ajouter qu'on observe, en été, une brise de chaleur l'après-midi. En intersaison, des vents modérés. Des orages en fin d'été. Quand il souffle, le vent est très irrégulier et tourbillonnant.

Le marnage n'a jamais dépassé 5 mètres depuis ces cinq dernières années. Record absolu depuis la mise en eau, selon E.D.F. : 7,35 mètres. Il est dû essentiellement aux besoins en eau.

Les visiteurs qui ne vont pas sur l'eau apprécieront particulièrement la végétation méditerranéenne qui recouvre les collines dominant le lac : arbousiers, chênes-lièges, mimosas, bruyère, et aussi la réserve biologique qui comprend une roselière pour l'hivernage des oiseaux d'eau de passage.

LE BARRAGE - Le barrage en alluvions à noyau central étanche a une longueur de 210 mètres et une hauteur de 66 mètres. La production annuelle de l'usine est de 44 millions de kWh.

CLUB NAUTIQUE

- Club Nautique de Saint-Cassien (aviron), lieu-dit Biançon, 83440 Montauroux, tél. 04 94 76 53 26, fax 04 94 47 64 04

LOCATION DE BATEAUX - Des pédalos peuvent être loués, notamment aux restaurants de la D 37 : Bois de Callian - Les Arbousiers - Chez Pierre - au *Pêcheur du lac*, et à la plage de l'Américain.

BATEAU DE PROMENADE - Néant.

BAIGNADE - Des panneaux préviennent, à l'entrée du lac : "Baignade dangereuse". En dessous des Arbousiers, il y a, en eaux basses, une minuscule plage. A l'extrémité de la branche ouest, la plage de l'Américain (à l'accès compliqué mais avec drapeau U.S.!) est un peu mieux aménagée (plage de petits graviers, cadre agreste). Mais ces plages restent sommaires et ne sont pas surveillées.

As you can see on the map, the lake is in the shape of a triple-bladed propeller (although engines are banned!) or of a three-pointed star. The southern branch, under the hill of the Callian wood and below the restaurants on the D. 37, is the most heavily used by pedalos. The stunted vegetation on its west bank is doubtless the consequence of a more or less recent forest fire. The northern branch is very beautiful and totally unspoilt, as there is no road near it. The western branch, into which the Biançon flows, has on its banks the rowing base and the Américain beach. The shores are secluded and undisturbed, which makes them very popular with fishermen and enthusiasts of camping in isolated spots.

Sheltered from the prevailing winds, the lake gets little wind, as we were informed by the Club Nautique de St-Cassien, which has its rowing base on the reservoir. The club added that there is a heat induced breeze in the afternoons during the summer, moderate winds in spring and autumn and storms in late summer. When the wind does blow up, it is very irregular and swirling.

In the past five years, the variation in the water level has never exceeded 5 metres. The all-time record since the reservoir was created is 7.35 metres, according to the electricity company. The variation is mainly caused by differing requirements for water.

Visitors who do not venture onto the water will particularly appreciate the Mediterranean type of vegetation that covers the hills overlooking the lake : Arbutus, cork-oaks, mimosas and heather. They will also like the biological reserve, which includes a reed-bed for the winter habitat of migratory aquatic birds.

THE DAM - The dam, made of alluvium with a water-tight central core, is 210 metres long and 66 metres high. The annual output of the generating station is 44 million kWh.

NAUTICAL CLUB - (See details in French text under "Club nautique").

BOAT HIRE - You can hire pedalos on the Plage de l'Américain and from the restaurants on the D. 37 : Bois de Callian - Les Arbousiers - Chez Pierre - Pêcheur du Lac

EXCURSION BOAT - None

SWIMMING - There are warning panels at the entrance to the lake "Baignade dangereuse" (Bathing dangerous). Below the Arbousiers restaurant, there is, when the water level is low, a minute beach. At the extremity of the western branch, the Plage de l'Américain (to which access is complicated, but which has a stars and stripes flag!) is slightly more suitable (fine gravel beach and rural setting). But these beaches remain barely adequate and there is no surveillance.

Wehr und dem Kraftwerk wieder dem Unterlauf der Siagne zu, ins Staubecken Tanneron.

Der See wird, wie bereits erwähnt, von den Canadairs zur Wasserentnahme benutzt im Kampf gegen die Waldbrände, die in diese Region leider häufig sind.

Wie man auf der Karte sieht, hat das Gewässer die Form einer dreiflügeligen Schraube oder eines dreizackigen Sterns. Der südliche Teil unterhalb von Bois de Callian und der Restaurants an der D 37 ist der von Pedalos am häufigsten befahrene. Die kümmerliche Vegetation an seinem Westufer ist mit Sicherheit die Folge der häufigen Waldbrände. Der nördliche Teil ist sehr schön und unberührt, denn hier führt dem Ufer entlang keine Straße. Am westlichen Teil schließlich, in den der Biançon mündet, liegt der Flugplatz Saint-Cassien und der Badestrand Plage de l'Américain. An den verborgenen Ufern trifft man auf viele Angler und Anhänger des wilden Campierens.

Der Ruderklub Club Nautique de Saint-Cassien, der seinen Sitz am See hat, teilte uns mit, dass der See ziemlich windgeschützt liegt. Im Sommer kommt am Nachmittag eine leichte warme Brise auf. In der Zwischensaison wehen mäßige Winde. Im Spätsommer sind Gewitter häufig. Dann blasen stürmische, unregelmäßige Winde.

Der Niveauunterschied des Wasserspiegels machte während der letzten fünf Jahre nie mehr als 5 Meter aus. Absoluter Rekord seit Inbetriebnahme des Staubeckens durch die E.D.F. waren 7.35 m.

Die Besucher, die nicht wegen des Wassersportes herkommen, schätzen besonders die mediterrane Vegetation, die die umliegenden Hügel bedeckt – Korkeichen, Mimosen, Heidekraut – oder sie interessieren sich für das Naturreservat mit einem Schilfbestand, wo verschiedene Wasservogelarten überwintern.

DAS STAUWEHR - Der Damm, aus aufgeschütteter Erde gebaut, mit dichtem Kern, ist 210 m lang und 66 m hoch. Die jährlich produzierte Strommenge des Kraftwerks beträgt 44 Millionen kWh.

WASSERSPORTKLUB - (Adresse im französischen Text unter "Club nautique").

VERMIETUNGEN - Man kann Pedalos mieten, und zwar in den Restaurants an der D 37, in Bois de Callian, Les Arbousiers und Chez Pierre am Badestrand Plage de l'Américain.

AUSFLUGSSCHIFFE - Es gibt kein Ausflugsschiff.

PÊCHE - Le lac de St-Cassien est classé en 2e catégorie (eaux à prédominance cyprinidés). Il recèle toutes les variétés de poissons blancs et de carnassiers connus en France.

Associations de pêche : "La belle Mouchetée" et "La Fario".

Dépositaires de permis sur le lac : "Les Bois de Callian", "Chez Pierre", sur la D 37.

ADRESSES UTILES

- Direction Départementale de l'Équipement, 244 avenue de l'Infanterie de Marine, 83000 Toulon, tél. 04 94 46 83 83
- E.D.F. Énergie Méditerranée, Groupe d'Exploitation Hydraulique Verdon, 181 avenue J. Cazelles, 83300 Draguignan, tél. 04 94 50 93 40, fax 04 94 68 79 45
- Office de Tourisme de Montauroux, Pl. Clos, 83440 Montauroux, tél. 04 94 47 75 90, fax 04 94 47 69 97

TOURISME - Le lac de St-Cassien est au cœur d'une des régions les plus belles de l'arrière Côte-d'Azur, derrière le Tanneron et l'Esterel, et à mi-chemin de Grasse, de Fayence et de Fréjus. Visiter ces trois villes et également les villages plus proches du lac : Callian et Montauroux, leurs vieilles maisons et leur cachet provençal. Vous pouvez aussi remonter les Gorges de la Siagne (prendre la route de Grasse puis la direction de St-Cézaire-sur-Siagne d'où on a un premier point de vue sur ces gorges).

FISHING - The lac de St-Cassien is classed in the 2nd category (water with predominance of fish of the carp family). It contains all the varieties of white fish and predators known in France.

Fishing associations and issuing points for permits to fish on the lake : see details in French text under "Pêche".

USEFUL ADDRESSES - (See details in French text under "Adresse utile").

TOURISM - The St-Cassien lake is in the heart of one of the most beautiful regions of the hinterland of the Côte d'Azur, behind the Tanneron and the Esterel moutain massifs and at mid-distance between Grasse, Fayence and Fréjus. You should visit these three towns and also the nearest villages to the lake : Callian and Montauroux, with their old houses and their Provence style. You can also go up the Gorges de la Siagne (take the road towards Grasse and then the turning to St-Cézaire-sur-Siagne, from where you have a first view-point over these gorges).

BADEN - Am See warnen Schilder: "Baignade dangereuse" (Baden ist gefährlich!). Unterhalb Les Arbousiers gibt es bei niedrigem Wasserstand einen winzigen Badestrand. Im Westen, am äußersten Ende des Sees, liegt der Badestrand Plage de l'Américain – mit kompliziertem Zugang, aber einer U.S.-Flagge! Er ist nur wenig besser eingerichtet, ein kümmerlicher Kiesstrand, und wie der Strand bei Les Arbousiers nicht überwacht.

ANGELN - Der Lac de Saint-Cassien gehört den Angelrevieren der 2. Kategorie an. Er ist vorwiegend ein Karpfengewässer, enthält aber daneben alle in Frankreich bekannten Weißfische und Raubfische.

Fischereigenossenschaften: "La Fario" und "La belle Mouchetée".

Lizenzen erhältlich bei: "Les bois de Callian", "Au pêcheur du Lac", "Chez Pierre" an der D37.

NÜTZLICHE ANSCHRIFTEN - (Adressen im französischen Text unter "Adresses utiles").

TOURISMUS - Der Lac de Saint-Cassien liegt in einer schönsten Gegenden des Hinterlandes der Côte d'Azur, vor Tanneron und Esterel, auf halbem Weg zwischen Grasse, Fayence und Fréjus. Ein Besuch der drei Orte und auch der Dörfer am See, Callian und Montauroux, mit ihren alten Häusern und ihrem provenzalischen Ambiente lohnt sich. Auch die Fahrt in die Gorges de la Siagne ist empfehlenswert. Man nimmt die Straße nach Grasse und fährt dann in Richtung St-Cézaire-sur-Siagne, von wo aus man einen ersten Ausblick auf den Gebirgsengpass hat.

Remerciements

Thanks – Herzlichen Dank!

Agence Touristique Départementale de la Haute-Savoie — Agence Touristique Départementale de la Savoie — C. Amiez, Service Navigation — ASPTT Lyon Voile — Aviron-Club du lac d'Aiguebelette — B. Bourjac, Bureau Tourisme Sainte-Croix — G. Barré, B.N. Sautet — Cercle de la Voile de Valence — B. Chouial, C.D.T. Alpes-de-Haute-Provence — Club APELI, Entressen — Club Nautique de Castillon — Club Nautique Dauphinois — Club Nautique d'Esparron de Verdon — Club Nautique de Saint-Cassien — Club Nautique de Saint-Étienne — Club de Voile de la Baie de Saint-Michel — Club de Voile de Grenoble-Laffrey — Comité Départemental du Tourisme de l'Isère — Communauté de communes du Pays d'Amplepuis-Thizy — Cordier, Service Navigation — S. Cote, GUC — D. Deleau, Service Navigation — Direction Départementale de l'Équipement de l'Ain, M. Dumont — L. Dode, C.N. Chambon — Exbrayat, Service Navigation — G. Flaugère, C.N.R. — J.-P. Fontaine, Service Navigation — Fornero - Service Navigation-Gibelin, D.D.E. — Giuliani, C.N.R. — J.-J. Gros, Service Navigation — D. Jan, Service Navigation — Mme Le Hir, Service Navigation — Mairie d'Aiguebelette — Mairie d'Allemont — Mairie de Carcès — Mairie de Le Lac d'Issarlès — Mairie de Massignieu-de-Rives — Mairie de Mizoen — Mairie de Nantua — N. Mallet, Service Navigation — P. Mantilleri, S.R.V. Annecy — Marcellin, Service Navigation — S. Minaro, E.D.F. — P. Perroud, C.N. Voile Aix-les-Bains — A. Petiot, Service Navigation — O. Pillonel, SEGAPAL — G. Poret, Eaux Sports — Mme N. Quesnoy, O.T. Nantua — Office de Tourisme d'Allemont — Office de Tourisme de Castellane — Office de Tourisme de Corps — Office de Tourisme de l'Embrunais — Office de Tourisme de Montauroux — Office de Tourisme de Poncin — Office de Tourisme du Roannais — G. Raymond, S.N.L. Thonon — P. Rilliard, Service Navigation — Roblin, Service Navigation — W. Ropert, Marina de Cap Bully — Sorgues, Service Navigation — S.P.A.C. Club de Voile — Syndicat d'Aménagement du Roannais touristique — Syndicat Mixte pour l'Aménagement du Lac d'Aiguebelette — Syndicat Mixte d'Aménagement des Gorges de la Loire — Syndicat Mixte de l'Ile Chambod — E. Tribbia, Laffrey — M. Vallet, Y.C. Rhône — D. Vialin, Naviginter — Mme K. Vittoz, O.T. Lac de Paladru — Yacht-Club du Bourget-du-Lac.

Remerciements à Michel Bonnard, pour ses mises à jour.

TABLE DES ANNONCEURS

RÉGISSEUR EXCLUSIF DE LA PUBLICITÉ :

Les Éditions du Plaisancier
43, Porte du Grand Lyon
NEYRON - 01707 MIRIBEL Cedex
Tel. 04 72 01 58 68 - Fax. 04 72 01 58 69

GUIDE VAGNON LACS ET PLANS D'EAU
Imprimé en France
Dépôt légal : décembre 1999 N° 8411
ISBN N° 2-85725-249-8